古代歷史文化研究輯刊

六 編

王明蓀 主編

第 3 冊

東漢皇權的深化與侷限
——明、章二帝鞏固政權的措施

王惟貞 著

國家圖書館出版品預行編目資料

東漢皇權的深化與侷限——明、章二帝鞏固政權的措施／王惟
貞 著 — 初版 — 新北市：花木蘭文化出版社，2011〔民 100〕
目 2+192 面：19×26 公分
（古代歷史文化研究輯刊 六編：第 3 冊）
ISBN：978-986-254-597-3（精裝）
1. 皇帝制度 2. 政權 3. 東漢
618   100015452

ISBN-978-986-254-597-3

9 789862 545973

古代歷史文化研究輯刊
六 編 第三 冊   ISBN：978-986-254-597-3

東漢皇權的深化與侷限——明、章二帝鞏固政權的措施

作　　者　王惟貞
主　　編　王明蓀
總 編 輯　杜潔祥
出　　版　花木蘭文化出版社
發 行 所　花木蘭文化出版社
發 行 人　高小娟
聯絡地址　新北市永和區中正路五九五號七樓
　　　　　電話：02-2923-1455／傳真：02-2923-1452
網　　址　http://www.huamulan.tw 信箱 sut81518@gmail.com
印　　刷　普羅文化出版廣告事業
初　　版　2011 年 9 月
定　　價　六編 25 冊（精裝）新台幣 40,000 元

東漢皇權的深化與侷限
——明、章二帝鞏固政權的措施

王惟貞　著

作者簡介

王惟貞，一九七三年生，台北新莊人。私立輔仁大學歷史學士、國立清華大學歷史學碩士及博士。先後於私立中華大學、私立華梵大學、私立輔仁大學及國立台灣體育大學任教，擔任通識中心兼任講師與助理教授。早年以魏晉史事為研究主體，近年來則關注兩漢至魏晉之間的政治變動與社會脈絡。

提　要

　　東漢「明章之治」和西漢「文景之治」是漢代著名的兩大盛世。「文景之治」後的漢武帝時代，西漢的國勢達於巔峰；相反地，後「明章之治」的東漢政權卻日益衰落。因此，本文試圖站在史料與後人的研究基礎上，重新分析明章時代的史事，以理解東漢衰落的原因。

　　過去的研究，往往著重在明、章二帝個人特質的差異性，魏文帝曹丕「明帝察察、章帝長者」的說法，也成為後世研究者的共識。然而，過於強調明、章二帝個人特質的差異性，反而忽視了明、章二帝的治國政策具有高度的延續性。如同明帝的「永平之政」是光武帝「建武之政」的延續般，章帝對明帝政策的繼承與延續，遠遠超過後人的理解。因此，即使明帝與章帝分別採取「尚嚴」、「尚寬」的治國風格，還是不能掩飾光武帝、明帝、章帝三帝政策一脈相傳的事實。

　　其次，光武帝建國後，有鑑於王莽篡漢的教訓，不准外戚與政。然而，章帝以降的朝政，卻不斷出現外戚和女主干政的歷史事件。外戚與女主掌握朝政的原因，除了幼帝在位、太后臨朝聽政外，更重要的因素則是來自東漢建國後，政權結構上的嚴重瑕疵。為了鞏固帝國的根基，東漢初年諸帝透過削弱三公權力、嚴格管理官僚集團及宗室諸王等方式，加強中央集權。相較於中央改革的成功，地方改革卻失敗了，這又加深了東漢初年諸帝對中央官僚體系、儒生、宗室諸王的猜疑與不信任。正因為諸帝猜忌以三公為首的官僚集團和宗室諸王，有親戚關係卻無血緣關係的外戚，成為皇權最有力的支持者。在中央集權的政治結構下，皇帝、女主與外戚遂成為生命共同體，直到東漢覆滅為止。

目

次

第一章 序 論

在長達數百年的漢代歷史中，東漢初年的明帝和章帝父子，締造了「明章之治」的成就。與「明章之治」相輝映的，還有以「賢后」著稱的明德馬后。對於後人而言，這是一個既美麗又輝煌的時代，也是一個儒家倫理獲得伸張、讓人安心的年代：明帝與馬后的相知相伴、明帝對兒子的尊重與支持、章帝與明德馬后之間的母子情深，在在讓人動容。儒家三綱中「父為子綱」、「夫為妻綱」的理想，〔註1〕在這個時代，似乎得到落實的機會。

建武四年（28），正當光武帝劉秀出兵攻打反叛的彭寵時，跟隨光武帝出征，且身懷六甲的陰貴人（日後的光烈陰后），在元氏縣生下兩人的第一個皇子，東漢明帝。明帝出生時，光武帝雖已建都洛陽，帝國仍然動盪不安，威脅四起。洛陽以東有張步的割據勢力，北方的漁陽則有彭寵之憂。盤據在關中的赤眉兵，部份軍隊雖然被光武帝平定了，關中地區仍處於一團混亂中。至於洛陽的南方，佔據梁、豫、兗一帶的劉永，和光武帝劉秀都是西漢皇室的後裔。西漢末被封為梁王的劉永，是梁孝王的直系子孫，和西漢皇室的血緣關係比劉秀更為親近。東漢政權便是在四方的挑戰中，逐漸站穩了步伐，建立起政權的基礎。因此，在軍事倥傯之際出生的明帝，從小便親身經歷東漢建國過程的艱辛，也親眼看到光武帝朝政由無到有的歷史變革。繼承皇位的明帝，為了確保國家的穩定，一方面戰戰兢兢地處理國事，另一方面則全盤接收光武帝時代的制度與政策，使建武時代的政治規劃得以延續下來。如

〔註1〕關於三綱的內容及實質意義，可以參酌閻鴻中，〈唐代以前「三綱」意義的演變──以君臣關係為主的考察〉，《錢穆先生紀念館刊》，第 7 期，1999，頁56～75。

果說明帝仍活在光武帝的陰影下，相較之下，在光武帝末年出生、沒有經歷戰爭洗禮的章帝，則是承接一個根基已穩固的帝國。中元二年（57）二月，光武帝在南宮前殿崩逝。光武帝的逝世及章帝的出生，正好象徵西漢與王莽時代的結束，以及新時代的來臨。永平十八年（75）八月，明帝崩逝，年輕的章帝即位。章帝在位期間，在明帝永平之政的基礎上，東漢的國勢達到高峰。然而，章帝過世後，東漢的國勢卻由盛而衰，不復興盛。

傅樂成在論及明章二帝的政績時，讚揚光武帝、明帝和章帝三帝為東漢建立優美的世風與淳美的政教，是東漢帝國的精神支柱，這也是東漢中期以後，帝國沒有立即分崩瓦解的原因。〔註2〕王俊梅則認為明、章二帝採取了一連串的措施，成功鞏固了政權，將東漢的國勢和社會推向了高峰，建立了後世稱道的"明章之治"。〔註3〕楊鶴泉則認為漢明帝的「永平之政」，是光武中興的進一步拓展。明帝在地方吏治、社會經濟、邊疆問題、水利建設等方面的努力，為人民創造出一個安定的社會環境。〔註4〕身處章帝時代的儒者王充，則大力讚揚章帝與東漢政府，認為「漢國在百代之上」。〔註5〕然而，在讚賞「明章之治」的美名時，我們更應該思索：為何一個美麗又輝煌的時代卻是走向衰亡的起點？難道這個時代並不像表面般的美好？在父慈子孝、相敬如賓的美好畫面下，是否暗藏著許多難以言喻的困難與問題？光武帝、明帝和章帝三帝所建立的淳美政教，又為何無法阻止東漢帝國的中衰？范曄曾以「業絕天筭」一語感嘆章帝的早逝。〔註6〕後人也多認為章帝早逝、和帝以幼年即位，導致大權旁落在女主與外戚的手中，是東漢衰亡的關鍵。然而，和帝以降的女主與外戚，真的是東漢皇權不彰、國勢衰微的關鍵嗎？〔註7〕有

〔註2〕 傅樂成，《中國通史》（台北：大中國圖書公司，1993），第6章，〈漢帝國的盛世〉，頁158。

〔註3〕 王俊梅，〈明章之治淺論〉，《衡水師專學報》，第3卷第1期，2001。王氏在摘要中提到「明、章二帝採取了一系列旨在鞏固政治的措施，使東漢繼光武中興之後，出現"大治"景象，把東漢的政治推向了發展的高峰。」

〔註4〕 楊鶴泉，《漢明帝研究》（長春：吉林文史出版社，2002），〈前言〉，頁1～24。

〔註5〕 關於王充的讚美章帝的目的，請參見孫如琦，〈王充溢美章帝原因辨析〉，《杭州大學學報》，第24卷第3期，1994。

〔註6〕 新校標點本《後漢書》，卷35，〈曹褒傳〉，頁1205。

〔註7〕 如黃清敏在〈東漢中後期女主執政現象試探〉一文中，即言「東漢中後期，

沒有更深層的因素在其中呢？值得一提，女主與外戚並不是和帝以降特有的政治現象。自光武帝建國後，光武帝的后族郭氏和陰氏、明帝的馬氏、章帝的竇氏都是相當著名的外戚，上述的外戚家族難道不曾影響，或者僭取東漢皇權的運作嗎？大陸學者祝總斌在研究兩漢魏晉的宰相制度時，曾提出東漢光武帝並未延續西漢的中朝制度，〔註8〕等於在制度上減少外戚干政的機會與制度。誠如祝氏所言，少了中朝的憑藉，東漢的外戚又透過哪些方式僭取皇權？

其次，在「皇權與宗室」、「外戚與女主」之外，是否還有其他因素干預了東漢政權的運作？陳　師啓雲在其研究東漢儒者荀悅的專著中，曾提到：

> 王莽改革的失敗，對東漢乃至中華中古思想文化更深層的影響是儒家改革理想的幻滅。作爲漢儒改革理想核心的"今文經學"喪失了改革的信念精神以後，在東漢時徒存外表軀殼，……改革理想和精神的喪失，決定了東漢光武帝、明帝、章帝朝政的"保守主義"性質。不管是光武的崇儒，抑或是明、章的尚法，他們的改革，只是對現實的問題"頭痛醫頭，腳痛醫腳"式的反應。這種缺乏遠大理想和寬宏視野的政策措施，是導致東漢衰落和終於滅亡的"中距程"原因。〔註9〕

陳　師認爲東漢衰落的原因，與新莽政權的覆滅息息相關。換言之，王莽改

章帝竇太后、和熹鄧太后、安思閻太后、順烈梁太后、桓思竇太后和靈思太后先後執掌政權，東漢中後期皇權的每況愈下，政局的分崩離析，世風的日趨澆薄，無不與此六后之興衰及其外戚之沈浮密切相關。」黃氏全文收錄在《廣西社會科學》，2005 年第 11 期（總第 125 期），頁 129。黃氏的說法，將東漢政權的衰頹歸罪於女主和外戚的身上。永元四年（92），和帝聯合了部份諸王及太監，發動政變，徹底排除竇氏的影響力，重新掌握皇權。皇帝手握大權，沒有竇氏和章德竇后的干預，東漢政權卻依舊中衰。或許，女主與外戚只是眾多衰敗的原因之一，而不是唯一的因素。

〔註8〕 祝總斌，《兩漢魏晉南北朝宰相制度研究》（北京：中國社會科學出版社，1990二版），第 3 章，〈兩漢的三公（下）──西漢成帝綏和改制以後至東漢末的三公〉，頁 58～70。

〔註9〕 陳師 啓雲著、高專誠譯，《荀悅與中古儒學》（瀋陽：遼寧大學出版社，2000），〈中譯版自序〉，頁 2。

革的失敗，不只影響了東漢以後的政治格局，也影響了學術與思想的發展。如果說王莽的改革失敗深深影響了整個東漢的政治發展，或許，我們應該重新理解東漢初年諸帝的史事。整個東漢，是如前人所言的：章帝過世後，才由盛而衰？還是早在建國時，便已埋下了滅亡的伏筆？而外戚、宦官，甚至是州郡豪強等等，只是加速滅亡的次要因素？

歷來對東漢歷史的研究，大多集中在兩漢之際的變局及東漢末年的政局，自明帝以降、至桓帝即位前的政局，都乏人問津。相較於後人對東漢末年的熱烈研究，〔註10〕明章時代雖有「明章之治」的美名，當代的史事卻顯得幽隱不明。劉宋范曄在撰寫《後漢書》時，曾引用魏文帝曹丕「明帝察察，章帝長者」的說法，〔註11〕形容明、章二帝的施政特色，深深影響了後人對明、章二帝的看法。在近代的研究中，最重要的當屬王夫之的《讀通鑑論》。王夫之分別論及明帝時代的上陵制度、養老禮及三公等史事。王夫之並藉諸王獄案一事，分析明帝之所以「疑忌殘忍」的原因。〔註12〕對章帝的討論，王夫之直指明德馬后之賢出於「馬后好名而名成」，並認為東漢外戚之禍始於馬氏。〔註13〕王氏對明章時代的分析確實精彩，在許多議題上，王氏的見解也有其獨到而發人省思之處。然而，在《讀通鑑論》中，明帝和章帝各有七條子目，遠遠不及光武帝的三十八條子目。明帝和章帝所佔的篇幅甚少，甚至和日後的和帝、安帝合為一卷。在內容上，主要集中在少數的政治事件，對明章時代的分析難免有不完備之處。趙翼的《廿二史箚記》，則以兩卷的篇幅分析東漢光武帝信用讖書、東漢功臣多近儒、東漢諸帝不長壽及母后臨朝聽政的狀況。〔註14〕然而，趙氏的分析是以《後漢書》為主體，時間上縱貫整個東漢時期，無法突出明章時代的特殊性。〔註15〕

民國以後，「明章之治」依然沒有引起太大的注意。在專著方面，相較於

〔註10〕東漢末年研究之熱烈，與三國時代的研究密切相關。

〔註11〕《後漢書》，卷3，〈肅宗孝章帝紀〉，頁159。

〔註12〕清‧王夫之，《讀通鑑論》（台北：里仁出版社，1985），卷7，〈明帝〉，頁190。

〔註13〕《讀通鑑論》，卷7，〈章帝〉，頁195。

〔註14〕趙翼，《廿二史箚記》（台北：華世出版社，1977），卷4、5，〈後漢書〉，頁76～115。

〔註15〕同樣的狀況亦出現在王鳴盛《十七史商榷》和劉咸炘《後漢書知意》。

東漢光武帝的眾多研究和專書，〔註 16〕明、章二帝的研究依舊寥寥無幾。在少數的研究中，王俊梅與楊建宏分別撰文討論「明章之治」。王氏大抵採用曹丕的論點，分別說明明帝「尚嚴、好法」及章帝「尚寬、好儒」的政治風格。王氏在文章中沿用王夫之的論點，提出章帝之失在於章帝對外戚、吏治的控制過於鬆散，導致政治上開始出現衰敗的景象。〔註 17〕楊建宏分析明帝與章帝的統治方式後，提出明、章二帝都是繼承自光武帝的柔道政策。兩者的不同在於：明帝是柔道政策的剛化，章帝則是柔道政策的軟化。楊氏認為明章時代柔道思想的兩極分化，和當代的社會背景、歷史與哲學思想有關，也被明章二帝個人的性格所左右。〔註 18〕值得一提，過去的研究，大都把明帝的永平之政視為建武之政的延續，〔註 19〕相較之下，章帝則是大改父祖之道。楊氏卻將明章二帝視為光武政策的延續，強調三人之間的聯繫關係。楊氏的說法，對於筆者的研究，啟迪甚多。然而，楊氏的文章中過於強調地方豪強和皇帝統治風格的關係，反而忽視了作者特別強調的個人風格及歷史與哲學根源。「地方豪強」成為唯一的解釋，明章時代史事的背後生成因素反而不彰。

　　在明章二帝的個別研究上，明帝時代的諸王獄案一直是後人注意的焦點。曹金華、王健、廖伯源、蕭陽光、冷鵬飛等學者曾針對明帝時代的諸王問題來討論，特別是楚王劉英的獄案。王健首先破除後人與《後漢書》的誤解，認為楚國的封土與其他諸王相當，國勢相當富裕。其次，王氏認為劉英的宗教崇拜，是劉英在政治上離心的手段，也是一種象徵。至於獄案的部份，王氏認為明帝以楚王獄案為藉口，大力整肅宗室、功臣子弟州郡豪傑，以及依附在諸王之下的賓客士人，為皇權消除潛在的不安定因素。〔註 20〕廖氏則

〔註 16〕 目前，與光武帝有關的人物傳記分別有黃留珠，《劉秀傳》（北京：人民出版社，2003）、曹金華，《漢光武帝劉秀評傳》（南京：江蘇古籍出版社，2002）、張鶴泉，《光武帝劉秀傳》（哈爾濱：黑龍江人民出版社，1993）及劉修明，《從崩潰到中興》（上海：上海古籍出版社，1989）等書。

〔註 17〕 王俊梅，〈明章之治淺論〉，《衡水師專學報》，第 3 卷第 1 期，2001。

〔註 18〕 楊建宏，〈論東漢明章時期柔道政策的兩極分化〉，《長沙大學學報》，1996 第 4 期。

〔註 19〕 相關的論點，可以范曄為代表。范曄即在明帝的本紀後，讚美明帝「遵奉建武制度，無敢違者。」《後漢書》，卷 2，〈顯宗孝明帝紀〉，頁 124。

〔註 20〕 王健，〈楚王劉英之獄探析〉，《中國史研究》，1999 第 2 期。

對楚王的罪名提出懷疑，認為明帝利用整治劉英的機會，警告諸王，達到殺雞儆猴之效。此外，廖氏認為明帝時代的諸王獄案，與光武帝更易皇后、太子一事密切相關，也反映出明帝與其他兄弟間的緊張關係。[註21] 蕭陽光、冷鵬飛則是全面檢視明帝與諸王之間的相處以及楚王獄案的罪狀，認為楚王獄案起因於光武年間的更易皇后與太子事件。蕭氏與冷氏認為廢后事件為明帝與諸藩王的相處埋下了導火線，迫使明帝為了維護自己的統治而廣興大獄。[註22] 曹金華更是直指明帝的諸王獄案，與光武帝更易太子、教子不嚴、分封不均有關。[註23] 綜合上述的研究，明帝時代的諸王獄案確實與光武時代的政局脫不了干係。但是，諸王獄案只是明帝時代的一個政治事件及面向，並不能說明明帝時代的全貌。對於明帝的全面了解，仍嫌不足。

張鶴泉的《漢明帝研究》，則是唯一一本針對明帝時代的政治、經濟、文化和禮制等各方面建設來分析的著作。[註24] 張氏認為明帝永平之政相當成功，是漢初社會中興的進一步拓展，並認為永平之政可以和建武之政相比擬。張氏的研究，確實可以幫助後人快速了解明帝時代的發展，但是，張氏的著作基本上仍是按照《後漢書》本紀和列傳的記載，在文中羅列明帝一生的經歷與當時的政治發展，屬於介紹性的著作。可惜的是，限於篇幅的限制，張氏對於明帝時代的諸王問題、制禮作樂等重要政治課題，都是粗略介紹，沒有更深入的探討，廣而不深。曹金華則從明帝即位的歷史背景，說明明帝「唯嚴是用」的統治方略。[註25] 曹氏認為明帝的「嚴切政治」，一方面起於明帝的「忌疑殘忍」個性，另一方面則是光武帝「頗以嚴猛為政」政治態度的發揮，目的是為了解決外戚、宗族及社會問題。曹氏認為明帝的「嚴切」雖然解決了光武末期的各種矛盾，但是也打擊了當代的知識分子與學術文化的發展，更在地方吏治上形成以酷吏為主的「苛刻」風俗，迫使章帝走向寬厚的

[註21] 廖伯源，〈東漢楚王英案考論〉，《中國文化研究所學報》，1996 新第 5 期。

[註22] 蕭陽光、冷鵬飛，〈東漢楚王英謀逆案疑析〉，《湖南行政學院院報》，2000 第 6 期。

[註23] 曹金華，〈論東漢前期的"諸王之亂"〉，《史學月刊》，1996 第 5 期。

[註24] 張鶴泉《漢明帝研究》及張氏，〈論漢明帝〉，《北華大學學報（社會科學版）》，第 1 卷第 2 期，2000。

[註25] 曹金華，〈漢明帝及其"嚴切"政治〉，《揚州大學學報·人文社會科學版》，1999 第 3 期。

政治風格。曹氏爲了強調明帝的「嚴切」政治風格與光武帝之間的聯繫，將討論重心通通放在明帝對外戚、宗室諸王、功臣家族及公卿官吏四者的處置上，既忽略了明帝個人的因素，也不見明帝與明德馬后、馬氏之間的私人關係。此外，曹氏過於強調明帝和諸王的緊張關係，也忽視了明帝與東平王劉蒼等人的和平關係。如此一來，對讀者而言，明帝不過是一冷酷嚴切、執行父業的帝王，至於明帝爲何嚴切？個人的考量爲何等等，均不見分析，偏而不全，十分可惜。

　　章帝時代的白虎觀會議及《白虎通》（或稱《白虎通義》）則深受後人的重視。〔註26〕渡邊義浩認爲白虎觀會議確立了漢代「儒教國家」的政治理念，〔註27〕安居香山則從緯書的角度，說明緯書在會議中所扮演的角色，不下於今文經與古文經。〔註28〕湯其領則認爲白虎觀會議的召開，是爲了解決光武與東漢初年的潛在危機，即今、古文經之爭。湯氏認爲《白虎通義》成功確立了尊卑貴賤，並促成今、古文經合流，東漢政權能在外戚與宦官鬥爭之間屹立不搖，便是白虎觀會議的效應。〔註29〕林聰舜則認爲《白虎通》是皇權有計畫地介入儒學的解釋，代表了章帝對儒學扮演帝國意識形態的重要性的高度認知。林氏一方面從「國憲」的角度，說明和曹褒「漢禮」間的關係，另外一方面則強調章帝時代希望整合儒學的學派與解釋，成爲政治統治的唯一綱領，進而鞏固東漢政權的統治基礎。〔註30〕王四達則認爲漢武帝的遵儒，是漢代對西周傳統的「再接」，白虎觀會議及《白虎通義》則是漢武帝以來再接周道的歷史運動的邏輯結果。〔註31〕上述學者的研究，對白虎觀會議及《白

〔註26〕　大陸地區的研究，可以參酌王四達，〈五十年來中國大陸有關《白虎通義》的研究狀況述評〉，《華僑大學學報（人文社科版）》，2001第1期。

〔註27〕　渡邊義浩，《後漢國家の支配と儒教》（東京：雄山閣出版社，1995），頁423。

〔註28〕　安居香山，〈緯書思想研究的歷史及其課題〉，《日本學者論中國哲學史》（台北：駱駝出版社，1987）

〔註29〕　湯其領，〈白虎觀會議與東漢政權苟延〉，《徐州師範學院學報（哲學社會科學板）》，1996第2期。

〔註30〕　林聰舜，〈帝國意識形態的重建——扮演「國憲」基礎的《白虎通》思想〉，宣讀於「哲學學門專題計畫研究成果發表會」，後收錄在國科會人文處/中研院社科所主編之《哲學論文集》（台北：中研院社科所，1998）

〔註31〕　王四達，〈從《白虎通義》看漢代儒學及其歷史命運〉，《華僑大學學報（人文

虎通》的內容及目的，有相當深刻的分析與討論。然而，作爲會議召集人的章帝，卻沒有引起太多的注意。在其他議題方面，曹金華認爲章帝時代的遷都之爭，是外戚竇氏與馬氏之爭下的產物，顯示該時代政治集團內部鬥爭的複雜性。曹氏將章帝時代的遷都之爭，和馬、竇二氏的政治鬥爭劃上等線，並把馬、竇二氏勢力的消長，和明德馬后、章德竇后相連結。〔註32〕

　　簡而言之，章帝時代的研究及分析，大多集中在「個性寬厚」、「寵溺外戚」、「召開白虎觀會議」三者上。在白虎觀會議之外，後人的研究並不多。少數的研究中，大多延續王夫之的看法，抨擊章帝過於寵溺外戚，甚至將日後的外戚干政之禍歸罪於章帝。至於章帝爲何寵幸外戚？章帝與群臣的關係，甚至是章帝和外戚馬氏、竇氏之間的權力糾結，都乏人問津。章帝個人，甚至是明德馬后和章德竇后的想法及立場，隱然不見。綜合上述學者的研究，擁有東漢治世美名的明章時代，所引起的重視與討論，卻是十分稀少。明帝的諸王獄案、章帝的白虎觀會議雖然吸引了眾人的眼光，卻不足以完整說明、解釋明章二帝時代的政治事件及歷史背景。那麼，該怎麼理解明章時代？就成了筆者急欲解釋的課題。

　　　後人對「明章之治」的理解，主要是站在《後漢書》的基礎上，漢代史料的不足，也導致後人研究上的困難。如何在有限的史料中，爬梳出新的解釋，更是一大考驗。這方面，新出土的石刻碑銘提供了新的資料與方向，也稍稍彌補舊有史料的不足。此外，筆者的討論雖以「明章之治」爲主，但誠如楊建宏所言，明章時代的政治策略實與光武帝密不可分，也深深影響了日後的和帝，因此，本文的討論勢必會觸及光武帝與和帝時代的史事。再者，王莽建國後，外戚干政甚至是篡位的問題，一直被視爲東漢的殷鑑，然而東漢外戚與女主干政之禍卻未稍減，該如何理解女主所扮演的角色，以及皇帝、女主與外戚三者間的關係，都是本文將要處理的問題。

　　爲了釐清上述的問題，筆者將從「明帝時代」、「章帝時代」及「后妃政治」三者入手，藉以重建明章時代的完整風貌。本文總共分成七章：

第一章：序論

社科版）》，2003 第 1 期。

〔註32〕曹金華，〈從馬竇之爭看班固等"反遷都"論戰的實質〉，《揚州大學學報・人文社會科學版》，1998 第 2 期。

第二章：東漢明帝即位前的政局

第三章：東漢明帝即位後的政局

第四章：外戚環伺的章帝時代

第五章：章帝時代的朝政

第六章：后妃與東漢政權

第七章：結論

　　受限於筆者個人的識見及能力，本文的討論仍有許多疏漏與不盡之處，還望先進們的指教。筆者衷心希望，透過本文的研究，能夠吸引更多世人的注意與興趣，進而重新理解明章時代的點點滴滴。那麼，這篇文章的目的便已完成。

第二章　東漢明帝即位前的政局

中元二年（57）二月，在位三十二年的東漢光武帝劉秀病逝於洛陽南宮前殿，享年六十二歲。皇太子劉莊即皇帝位，是爲東漢明帝，並尊母后陰皇后爲皇太后。出生於建武四年（28）的東漢明帝劉莊，即位時正好三十歲，與光武帝劉秀稱帝時同歲。同樣三十歲的年紀，看起來只是時間上的巧合，卻預告了明帝日後要面臨的政治危機。

爲了處理國喪，以太尉趙憙爲首的東漢朝廷，〔註1〕忙著辦理各種事務及葬禮的儀式，而光武末年就國的諸侯王也紛紛趕回洛陽奔喪。三月，安葬光武帝於洛陽郊區的原陵。四月，初即位的明帝，卻用非常謙卑的語氣發表了第一道詔書。詔書中提到：

> 予末小子，奉承聖業，夙夜震畏，不敢荒寧。先帝受命中興，德侔帝王，協和萬邦，假於上下，懷柔百神，惠於鰥寡。朕承大運，繼體守文，不知稼穡之艱難，懼有廢失。聖恩遺戒，顧重天下，以元元爲首。公卿百僚，將何以輔朕不逮？……方今上無天子，下無方伯，若涉淵水而無舟楫。夫萬乘至重而壯者慮輕，實賴有德左右小子。高密侯（鄧）禹元功之首，東平王蒼寬博有謀，並可以受六尺之託，臨大節而不撓。其以禹爲太傅，蒼爲驃騎將軍。太尉（趙）憙告謐南郊，司徒（李）訢奉安梓宮，司空（馮）魴將校復土。其

〔註1〕關於太尉趙憙，新校標點本《資治通鑑》作趙熹，周天游《後漢紀校注》則作趙喜，本文依《後漢書》，卷2，〈顯宗孝明紀〉，及卷26，〈趙憙傳〉，爲趙憙。爲行文方便，凡是《資治通鑑》皆簡稱《通鑑》。

　　　　封憙爲節鄉侯，訴爲安鄉侯，魴爲楊邑侯。〔註2〕

明帝在詔文中一再強調自己年紀尚輕，思慮淺薄，對於匆忙接下帝位一事，深感惶恐不安，所以非常需要公卿百官及光武朝舊臣的協助。爲了得到眾臣的協助，除了光武末年的三公：太尉趙憙、司徒李訴、司空馮魴三人繼續留用外，明帝另外任命光武朝的大功臣鄧禹爲太傅，及同母弟、東平王劉蒼爲驃騎將軍。然而，對照於明帝的謙遜，及延用光武朝政人事安排的苦心，皇室內部卻充滿了不安的氣氛。

　　同樣三十歲當上皇帝，明帝面臨完全不同的挑戰與威脅。光武帝面臨的威脅，除了先稱帝的更始皇帝外，還有在各地方割據的大小地方勢力，如赤眉、隗囂、公孫述等軍事政治集團；明帝所面臨的，卻是來自於皇室內部成員的威脅。同爲陰皇后所生的山陽王劉荊以大鴻臚郭況的名義，寫信煽動東海王劉彊舉兵奪取天下。東海王劉彊迅速將書信上報給朝廷，顯示對明帝的一片忠誠，但曾爲太子的劉彊，對明帝而言，其身分就是一個最大的威脅。對明帝的挑戰，不只來自劉彊和劉荊二人，還包含其他封王的兄弟。《後漢書·趙憙傳》提到：

　　　　及（光武）帝崩，憙受遺詔，典喪禮。是時藩王皆在京師，自王莽篡亂，舊典不存，皇太子與東海王等雜止同席，憲章無序。憙乃正色，橫劍殿階，扶下諸王，以明尊卑。時藩國官屬出入宮省，與百僚無別，憙乃表奏謁者將護，分止它縣，諸王並令就邸，唯朝晡入臨。整禮儀，嚴門衛，內外肅然。〔註3〕

光武帝尚未下葬，整個皇宮卻是一副「憲章無序」的景象。統一已經超過二十年的東漢帝國，〔註4〕不只是皇太子和諸王行止同座，毫無上下尊卑之分，連諸王的官屬也和中央官僚毫無差別。《後漢書》將這個混亂的景象歸罪於王莽，認爲新莽篡漢是西漢「舊典不存」的原因。出身於太學的光武帝劉秀，在建國後，白天忙著處理國家大事後，還不忘召集公卿、郎將來講論經理，直到半夜才肯休息，連身爲皇太子的明帝都勸諫光武帝要好好愛惜身

〔註2〕 《後漢書》，卷2，〈顯宗孝明紀〉，頁95～96。

〔註3〕 《後漢書》，卷26，〈趙憙傳〉，頁914～915。

〔註4〕 自建武十二年（36）平定公孫述的勢力、統一天下，到光武帝逝世（57）爲止，東漢已經維繫超過二十年的時光。

體。〔註5〕如此汲汲營求於國事的態度，卻獨獨忘了要重建皇太子與諸王之別的眾多禮儀。這個疏忽，讓初即位的明帝，面臨了極度混亂的場面。

在統一天下的過程中，光武帝以西漢宗室的身分，獲得時人的認同與支持。新建立的朝代，延用了「漢」的稱呼，光武帝的統一大業也被後人稱爲「光武中興」。漢朝的壽命得以延續，而劉姓也再度得到天的祝福與天命，一切的情況似乎都驗證了西漢末期京房、夏賀良「漢有再受命之符」的預言。〔註6〕當西漢的稱號、皇室宗室、官僚制度一一獲得重建和恢復時，最重要的嗣位之禮卻沒有重建。清儒趙翼在比較兩漢的建國功臣時，曾提出「西漢開國功臣，多出於亡命無賴。至東漢中興，則諸將帥皆有儒者氣象。」〔註7〕光武帝君臣間對學問的喜好，確實與西漢建國初年截然不同。光武帝本人嫻熟儒家的五經，也著迷於西漢末年流行的圖讖符籙。〔註8〕在繁忙的國事之餘，光武帝曾經爲了讀圖讖，讀到「中風發疾，苦眩甚」的程度。〔註9〕光武好讖，也連帶影響了諸皇子的喜好，如沛王劉輔「善說圖讖」。〔註10〕明

〔註5〕　《後漢書》，卷1，〈光武帝紀〉，頁85。

〔註6〕　《後漢書》，卷23，〈竇融傳〉，頁798，「融等於是召豪傑及諸太守計議，其中智者皆曰：『漢承堯運，歷數延長。今皇帝姓號見於圖書，自前世博物道術之士谷子雲、夏賀良等，建明漢有再受命之符，言之久矣，……。』」同樣的觀念，在新校標點本《漢書》，卷75，〈李尋傳〉，頁3193，「哀帝久寢疾，幾其有益，遂從賀良等議。於是詔制丞相御史：『……惟漢興至今二百載，歷紀開元，皇天降非材之右，漢國再獲受命之符，朕之不德，曷敢不通夫受天之元命，必與天下自新。』」前後二文，除了反映出東漢的建國，深受「符命」、「漢再受命」的影響，也顯示從西漢末年開始，無論是對時政不滿的儒士，還是觀察天象異端的方士們，不斷在社會中散布漢朝當再受命的觀念，形成一股強大的輿論，逼得西漢哀帝更改帝號來因應。這種要求更新的呼籲，竟成爲王莽建立「新朝」的法理依據。

〔註7〕　《廿二史箚記》，卷4，〈東漢功臣多近儒〉，頁89。

〔註8〕　關於光武帝之好讖，參考賀凌虛〈讖對秦漢政治的影響〉一文，收錄氏著，《東漢政治思想論集》（台北：五南圖書，2002），頁546～547。

〔註9〕　吳樹平，《東觀漢記校注》（河南：中州出版社，1987），卷1，〈世祖光武皇帝〉，頁11。

〔註10〕　《後漢書》，卷42，〈沛獻王劉輔傳〉，頁1427。

帝和章帝的詔文中，也可以看到圖讖的文字。東漢初期好讖、用讖的態度，無疑是延續自西漢末年、王莽時代的思想潮流與社會風尚。「漢」王朝的名稱及思想潮流被延續下來，西漢時代發生的政治問題，也在東漢時代獲得一一矯正的機會。但是，正如趙翼所言，東漢卻是一個完全不同於西漢的時代，而東漢初期的「明章之治」正好可以說明其中的轉變。

第一節　即位前的明帝與東漢政局

　　東漢明帝劉莊，本名陽，是光武帝第四個皇子。根據《後漢書》的記載，建武四年（28），當光武帝出征彭寵時，跟隨光武帝出征的貴人陰麗華在元氏縣（今河北省，漢爲常山國治）生下了她的第一個皇子，也就是日後的明帝。〔註 11〕不過，在明帝之上，尚有皇長子劉彊、沛獻王劉輔、楚王劉英三位兄長；此外，早在明帝出生前，光武帝已在建武二年（26）冊立貴人郭聖通爲皇后、皇長子劉彊爲太子。光武帝生前育有十一位皇子，身爲第四位皇子的明帝，本來是沒有太多的機會能問鼎皇位。

　　在被立爲太子前，明帝便已顯現出聰明、早慧的一面。建武十五年（39），當光武帝正爲了度田一事傷透腦筋時，卻在陳留郡送來的文書上，意外看到「潁川、弘農可問，河南、南陽不可問」的附註文字。〔註 12〕不明究竟的光武帝，把陳留郡吏找來問話，但是陳留郡吏堅持是在街上得到的馬路消息。郡吏的回答，讓光武帝非常生氣，當時年僅十二歲、剛封爲東海公的明帝，卻從幕帳後一語道出度田不順的癥結點，在於河南、南陽是東漢功臣、皇室

〔註11〕　《後漢書》，卷 2，〈顯宗孝明紀〉，頁 95。

〔註12〕　《後漢書》，卷 22，〈劉隆傳〉，頁 780～781。光武帝的度田是否成功，學者爭論不一。早期的學者如范文瀾和林劍鳴二氏，均認爲度田制徹底失敗，東漢政府屈服於地方豪強；曹金華、孟素卿、高敏等學者，則認爲度田制相當成功，曹氏甚至認爲度田制嚴重打擊郡國大姓及兵長，是東漢明章之治的基礎。文見曹金華，〈劉秀“度田”史實考論〉，《史學月刊》，2001 年第 3 期，頁 41～47。周興春則認爲光武帝下詔度田的目的，主要是爲了清查核實墾田畝數和戶口、年齡，並不是爲了打擊地方豪強及減少土地的兼併。見周興春，〈論光武帝劉秀度田並沒有失敗—兼論東漢前期土地政策〉，《德州師專學報》，14 卷 3 期，1998，頁 25～28。

宗室居住的地方。這些功臣近戚往往佔有大批的人口與土地，遠超過國家的規定；然而，正因為功臣近戚的特殊身分，當地官吏深恐得罪這些權高位重的功臣近戚，因此不便對這兩個區域進行度田與檢核的工作。事後，果如明帝所言。這個記載，一方面道出光武時代推動度田政策時，所遇到的現實問題與瓶頸；另一方面，卻也衍生一個新的問題，年紀輕輕的明帝為什麼會正好出現在那個場景中，而不是其他的皇子或是皇太子劉彊？是明帝正好在宮廷附近玩耍，無意中聽到呢？或者，在這個時期，由於皇子們尚未封王、年紀尚幼，光武帝把所有的皇子放在宮內照顧，沒有意識到未來諸王相爭的嚴重性？

事實上，綜觀《後漢書》的其他記載，早期幾乎看不到其他皇子獨自活動的痕跡。光武帝時代，有鑑於西漢「七國之亂」的歷史教訓，雖然分封諸子為王，卻把所有諸王都留在京師洛陽，不讓諸王與地方官吏有所聯繫，壯大諸王的力量。但是，建武二十四年（48），光武帝卻下詔「申明舊制阿附藩王法」，限制諸王與朝臣、賓客間的交通；建武二十八年（52），光武帝又利用廢后郭后過世的機會，大力整頓諸王與賓客交通的問題，事後並遣諸王就國。從以上的記載，包含明帝在內，光武帝的諸位皇子並不是一直安安分份待在皇宮及王宮內，而是個個都在努力交通賓客、朝臣，招納各地知名人士，企圖壯大自己的社會與政治影響力。〔註13〕相較於日後諸王在皇宮外的努力與積極運作，年幼的明帝卻被史書塑造成一個待在光武帝身旁，及時對國事發表意見並解決父皇問題的聰明皇子。生為光武帝的皇子，明帝的個人形象確實非常特殊而突出。

然而，無論是否被立為太子，明帝的生活和其他的皇子並沒有太大的不同，即使是在光武帝的喪禮上。建武十五年（39），明帝和其他的兄弟同時被封為公，〔註14〕在建武十七年（41）時，又與其他兄弟同時進爵為王。不過，就在明帝由東海公進爵為東海王時，正逢郭皇后被廢、立陰皇后的事件。《後漢書・光武帝紀》：

> 冬十月辛巳，廢皇后郭氏為中山太后，立貴人陰氏為皇后。進右翊

〔註13〕關於光武諸王在外交結賓客的記載，筆者將於下文討論，在此先存而不論。

〔註14〕建武十五年（39）四月，光武帝封皇子劉輔為右翊公、劉英為楚公、劉陽為東海公、劉康為濟南公、劉蒼為東平公、劉延為淮陽公、劉荊為山陽公、劉衡為臨淮公、劉焉為左翊公、劉京為琅邪公。

公輔爲中山王，食常山郡。其餘九國公，皆即舊封進爵爲王。〔註15〕
表面上，明帝與其他兄弟同日封王，與廢后事件似乎沒有任何關係。不過，
就在郭皇后被廢、改立陰皇后之際，光武帝先改封廢后爲中山王后，接著才
封郭皇后的次子、右翊公劉輔爲中山王。換言之，廢后與封王是同時進行的
事件，劉輔之所以能先封王，目的爲了安撫郭皇后與郭皇后所生的皇子們。
光武帝確實費盡苦心來安排廢后的去路，劉輔先被封爲中山王，後又增加國
土的封地。在安排好郭氏後，光武帝才接著封其他皇子爲王。當陰貴人被立
爲皇后，身爲陰皇后長子的明帝，命運在此時已經開始不同了。

　　建武十九年（43），有妖巫信徒佔據原武城（今河南省原陽縣城）作亂，
自稱將軍。光武帝派遣臧宮率領北軍及黎陽營士兵平亂。由於久攻不下、士
卒傷亡情況嚴重，光武帝於是召集群臣及諸王商討對策。當時仍爲東海王的
明帝認爲許多跟著妖巫弟子單臣、傅鎮作亂的民眾，大多都是被巫妖的弟子
信徒所強迫，只是城外被臧宮的大軍包圍住，無法暗中逃出。因此，明帝建
議要稍稍放鬆圍城的軍事防勢，自然會有百姓逃跑，至於逃跑的亂民由亭長
追捕即可。〔註16〕光武帝接受明帝的建議後，果然迅速敉平了亂事。明帝在
建武十五年（39）、十九年（43）先後兩次進言，都獲得光武帝的支持與落實。
相較於明帝對實際國事政務的敏銳，當時仍爲太子的劉彊則顯得惶惶不安。

〔註15〕《後漢書》，卷1，〈光武帝紀〉，頁68。

〔註16〕《後漢書》，卷18，〈臧宮傳〉，頁694～695，「（建武）十九年，妖巫維汜弟子
　　　　單臣、傅鎮等，復妖言相聚，入原武城，劫吏人，自稱將軍。於是遣（臧）宮
　　　　將北軍及黎陽營數千人圍之。賊穀食多，數攻不下，士卒死傷。帝召公卿諸侯
　　　　王問方略，皆曰『宜重其購賞』。時顯宗爲東海王，獨對曰：『妖巫相劫，勢無
　　　　久立，其中必有悔欲亡者。但外圍急，不得走耳。宜小挺緩，令得逃亡，逃亡
　　　　則一亭長足以禽矣。』帝然之，即勑宮徹圍緩賊，賊分散，遂斬臣、鎮等。」
　　　　這段引文中，可以看到光武帝召集所有的公卿大臣和諸王，一起商討處置的方
　　　　法。不過，史書完全不見其他諸侯王和太子的個別意見，只保留明帝一人的意
　　　　見。同樣的情況，也出現在前文提到明帝對河南、南陽度田一事的解讀。史料
　　　　記載有闕漏？還是後世的史官故意突出明帝的形象？明德馬后在撰寫《顯宗起
　　　　居注》時，曾大筆刪除馬防侍奉湯藥的事跡，保全明帝不寵幸外戚的形象。或
　　　　者，這二處的記載出自明德馬后或是其他人的加工潤飾？雖然沒有確切的證據
　　　　可以說明，《後漢書》對光武諸王記載的可靠性，值得存疑。

劉彊是廢后郭勝通的長子，出生於建武元年（25），正是光武帝剛剛稱帝，努力鞏固河北勢力與更始政權抗衡的時代。從建武二年（26）被立為皇太子至建武十九年（43）被廢為止，劉彊共當了十七年的皇太子。史書記載，看不出光武帝對太子有何期望與訓練，但是光武帝仍在劉彊周圍安排了一批官員來教導太子，除了先後任的太子太傅王丹、張湛外，還有郅惲。〔註17〕然而，王丹與張湛兩人並非以經學著稱，而是位嚴謹、自制、直言的長者。〔註18〕不知是受到師傅們的影響，或者是劉彊的天性就是如此，史書上的劉彊是一個個性敦厚而謹慎的人。當郭后在建武十七年（41）被廢時，光武帝並沒有立刻剝奪劉彊皇太子的身分。心有不安的劉彊不斷上書要求讓出皇太子的職位。對於劉彊的請求，光武帝表現出猶豫再三的態度，對劉彊的退讓相當不忍，遲遲不願易太子，延至建武十九年（43）才改立明帝為太子，廢太子劉彊則改封為東海王。在廢郭后、太子劉彊的政治事件中，曾經傳授劉彊《韓詩》的郅惲，先後在這兩個事件中出現，分別勸諫光武帝以及劉彊。《後漢書‧郅惲傳》提到當時的情況，曰：

> 及郭皇后廢，惲乃言於帝曰：「臣聞夫婦之好，父不能得之於子，況臣能得之於君乎？是臣所不敢言。雖然，願陛下念其可否之計，無令天下有議社稷而已。」帝曰：「惲善恕己量主，知我必不有所左右而輕天下也。」后既廢，而太子意不自安，惲乃說太子曰：「久處疑位，上違孝道，下近危殆。昔高宗明君，吉甫賢臣，及有纖介，放逐孝子。春秋之義，母以子貴。太子宜因左右及諸皇子引愆退身，奉養母氏，以明聖教，不背所生。」太子從之，帝竟聽許。〔註19〕

關於光武帝廢郭后、立陰后一事，歷來的討論相當多，對光武帝此舉亦是貶多於褒。無論後世的褒貶為何，郅惲倒是一語道出了光武帝的心境。對光武帝而言，許多事件與局勢，並不是外人可以理解的，尤其是夫妻之間的問題。對於劉彊而言，夾處其中的痛苦與尷尬，也間接透過郅惲的言語中傳達出來。為了自保，也為了保全郭氏親戚族人，劉彊只能黯然選擇退讓；為了避禍，

〔註17〕郅惲授劉彊《韓詩》，本身亦治《嚴氏春秋》及天文歷數，事蹟見《後漢書》，卷29，〈郅惲傳〉，頁1022～1032。

〔註18〕兩人同傳，見《後漢書》，卷26，頁928～932。

〔註19〕《後漢書》，卷29，〈郅惲傳〉，頁1031～1032。

劉彊處處小心謹慎，數次上書要求讓還東海封地，甚至透過明帝及其他兄弟表達不願意接受光武帝過於優渥的賞賜。當光武帝駕崩後，山陽王劉荊寫信給劉彊，煽動其舉兵取天下時。劉彊得到書信的反應，卻是「得書惶怖，即執其使，封書上之。」〔註20〕對照於劉荊的大膽行為，劉彊的小心謹慎，顯示出劉彊的處境，在廢皇后、太子後，一直是處於相當困難的局面。作為廢太子，不管劉彊如何謙讓與謹慎，他的廢太子身分和經歷，都有可能淪為下一個政治鬥爭的工具。

光武帝在建武十九年（43）廢太子劉彊，改以明帝為太子。劉彊是廢后郭聖通的長子，而明帝則是新立皇后陰麗華的長子。同樣身為長子，劉彊與明帝兩人地位的轉變，根本原因還是在建武十七年（41）的廢后事件。「子以母貴」的情況，讓原本毫無機會的明帝成為東漢的第二個皇帝。然而，廢立皇后與太子的事件，卻讓明帝時期的宗室關係埋下不和的伏筆。明帝時期屢次發生的諸王獄案，大都與此脫不了干係。換言之，明帝即位後，不只接收了光武時代的三公舊臣與官僚組織，也同樣承接了光武時代的政治格局與問題。明帝面臨的許多問題，其實是光武政局的延伸。因此，重新剖析光武帝時代的廢立事件，或許能有助於後人更加理解明帝的朝政問題。

第二節　廢后與廢太子事件

第一位被封為皇后的是光武郭后，名聖通，真定槀人（今河北地區）。〔註21〕父郭昌，是真定著姓；母為真定恭王女，號稱「郭主」，生郭聖通及弟郭況。郭聖通是當時西漢宗室真定王劉楊的外甥。〔註22〕藉由這場婚姻關係，光武帝得到劉楊與河北士人的支持，進而滅掉王郎的勢力，平定河北。〔註23〕建武二年（26）一月，在郭聖通被立為后之前，真定王劉楊因謀反

〔註20〕《後漢書》，卷42，〈廣陵思王劉荊傳〉，頁1447。

〔註21〕筆者按：所有的后妃，被立為皇后前，皆以本名敘述；無名字，則稱某貴人。封后後，方以后稱之，如和帝陰后。其次，若后妃被尊為皇太后後，則連同諡號稱之，如光烈陰后等。

〔註22〕關於劉楊，《後漢書》或稱劉揚、劉陽，本文以〈光武帝紀〉為主，稱為劉楊。

〔註23〕《後漢書》，卷21，〈劉植傳〉，頁760，「時真定王劉揚起兵以附王郎，十餘萬，世祖遣植說揚，揚迺降。世祖因留真定，納郭后，后即揚之甥也，故以

被殺，〔註24〕但是這件事並沒有影響光武帝對郭氏的重視。同年六月，郭聖通被立爲皇后，其所生之長子劉彊被立爲太子，太子舅郭況則封爲縣蠻侯，郭氏的勢力達到頂峰。郭氏另育有四子，分別是沛獻王劉輔、濟南安王劉康、阜陵質王劉延和中山簡王劉焉。建武十七年（41），郭皇后被廢，改立貴人陰麗華爲皇后；建武十九年（43），太子劉彊廢爲東海王，改封陰后子明帝爲太子。爲了補償郭氏，光武帝特意將陰后所生之女湉陽公主，嫁給郭況的兒子郭璜，加強陰氏與郭氏間的關係；明帝即位後，亦十分禮遇郭氏。但是，直到東漢滅亡爲止，都沒有郭氏女子再爲后妃的記載。郭氏雖然獲得光武帝與明帝禮遇，但受到楚王英事件、竇憲事件的牽連，和帝時「郭氏侯者凡三人，皆絕國」，再也無法影響東漢的政局。〔註25〕

關於廢郭后、立陰后的原因。光武帝在立陰后時，特地制詔三公，其文曰：

> （郭）皇后懷執怨懟，數違教令，不能撫循它子，訓長異室。宮闈之內，若見鷹鸇。既無關雎之德，而有呂、霍之風，豈可託以幼孤，恭承明祀。今遣大司徒涉、宗正吉持節，其上皇后璽綬。陰貴人鄉里良家，歸自微賤。「自我不見，于今三年。」宜奉宗廟，爲天下母。主者詳案舊典，時上尊號。異常之事，非國休福，不得上壽稱慶。

此結之。遂與揚及諸將置酒郭氏漆里舍，揚擊筑爲歡，因得進兵拔邯鄲，從平河北。」由上文可知，劉秀與郭氏聯姻的目的，是爲了爭取眞定王劉揚及河北地區人士的支持。這場婚姻對劉秀日後的發展，貢獻良多。首先，滅掉王郎勢力後，使劉秀有足夠的實力和更始帝對抗，並以河北爲基礎，逐步佔領關中、關東等地區，進而統一天下。其次，在河北發展勢力期間，又得到來自漁陽太守彭寵和上谷太守寇況的軍事支持。雖然在建武二年（26）劉揚和彭寵先後起兵謀反，但河北集團仍是東漢建國初期的主要力量。曹金華，《漢光武帝劉秀評傳》，第4章，〈經略河北〉，頁53～72。

〔註24〕《後漢書》，卷1，〈光武帝紀〉，頁28，「眞定王楊、臨邑侯讓謀反，遣前將軍耿純誅之。」臨邑侯劉讓是劉楊之弟。

〔註25〕《後漢書》，卷10，〈皇后紀〉，頁404。郭氏亦意識到自身勢力的衰微。從郭氏二侯受到楚王英獄案的牽連，以及郭璜因子郭舉是竇憲的女婿而受到牽連等事件來看，可知郭氏爲了提高家族的政治影響力，不只私下和諸王往來交通，也和當朝的外戚聯姻，藉以加強自己的勢力。

〔註26〕

《後漢書・皇后紀》亦提到郭后「以寵稍衰，數懷怨懟」。〔註27〕歷代學者大多認爲此事出於光武帝個人之喜好。在《後漢書》郭后傳末，附有范曄之論，其論曰：

> 物之興衰，情之起伏，理有固然矣。而崇替去來之甚者，必唯寵惑乎？當其接絍第，承恩色，雖險情贅行，莫不德焉。及至移意愛，析嬿私，雖惠心妍狀，愈獻醜焉。愛升，則天下不足容其高；歡隊，故九服無所逃其命。斯誠志士之所沈溺，君人之所抑揚，未或違之者也。郭后以衰離見貶，恚怨成尤，而猶恩加別館，增寵黨戚。至乎東海逡巡，去就以禮，使後世不見隆薄進退之際，不亦光於古乎！

〔註28〕

范曄從帝王個人之喜好來立論，並對光武優寵郭氏、劉彊去就有禮等事大加讚揚。王夫之也認爲光武帝之廢后，是出於對陰后的私心與偏愛，故「帝之易太子，意所偏私而不能自克。」〔註29〕曹金華則延續王夫之的觀點，認爲廢郭后、太子劉彊，是光武帝個人「偏私」所致，爲光武朝與明帝朝的諸王叛亂揭開序幕，明帝朝的嚴切政治及諸王獄案，皆與此相關。〔註30〕整個事件是否出於光武帝個人之愛憎，史料記載不多。美籍學者畢漢斯對此則有不同的看法。畢氏在分析東漢建國後的三大政治派系時，認爲郭聖通之立，是爲了安撫北方平原氏族。〔註31〕事實上，在眞定王劉楊謀反被殺後，劉秀爲了安撫劉楊的族人，在同一年五月即先封劉楊的兒子劉得爲眞定王；〔註32〕

〔註26〕 《後漢書》，卷10，〈皇后紀〉，頁406。

〔註27〕 《後漢書》，卷10，〈皇后紀〉，頁403。

〔註28〕 《後漢書》，卷10，〈皇后紀〉，頁404～405。

〔註29〕 《讀通鑑論》，卷6，〈光武〉，頁177。

〔註30〕 曹金華，〈論東漢前期的"諸王之亂"〉，頁12～18。

〔註31〕 英・崔瑞德、魯惟一編，楊品泉等人譯，《劍橋中國秦漢史》（北京：中國社會科學出版社，1992），第3章，〈王莽，漢之中興，後漢〉，頁295～296。

〔註32〕 《後漢書》，卷1，〈光武帝紀〉，頁29。詳細經過，參見《後漢書》，卷21，〈耿純傳〉，頁763～764。當時不只封劉楊的兒子，劉讓的兒子亦得續封故國。不過，劉楊、劉讓被誅殺一事，震驚了眞定王國，多少衝擊了眞定氏族的信任感。是以光武帝接著冊封郭聖通爲后、劉彊爲太子，目的還是爲了安定河北

六月，接著又立郭后及太子劉彊。因此，光武帝立郭后，是基於現實政治上的考量。既然郭后之立，是爲了政治考量，同樣的考量也決定了郭后之廢。畢氏即認爲廢郭后、立陰后之舉，實出於南陽派系的要求。帝國初建，郭氏與河北氏族確實是內戰時期非常重要的武力來源，也是光武帝相當依賴的力量。但是當天下太平後，光武帝對河北氏族的依賴大減，相反地，光武帝出身地的南陽派系在政治上的角色卻越來越重要。〔註33〕建武十七年（41）的廢后事件，即是光武帝屈從於南陽派系的政治壓力下所致。郭后無端被廢，使光武帝對郭氏族人充滿了歉意，〈皇后紀〉中還留下「帝憐郭氏」的字句，〔註34〕這也是郭后被廢後沒有被幽禁的原因。

　　不只是對郭后及郭氏族人心有憐惜，光武帝對廢太子劉彊也是同樣滿心不忍。劉彊的本傳中，說到：

> （建武）十七年而郭后廢，彊常慼慼不自安，數因左右及諸王陳其懇誠，願備蕃國。光武不忍，遲回者數歲，乃許焉。十九年，封爲東海王，二十八年，就國。帝以彊廢不以過，去就有禮，故優以大封，兼食魯郡，合二十九縣。〔註35〕

光武帝對劉彊的不忍與補償，正好說明了郭后及劉彊之廢，並不是完全出於光武帝本人的意願。劉彊之所以「慼慼不自安」，極力退讓，也正是體察到河北集團的勢力正在衰微，在孤立無援的情況下，唯有退讓才能自保。郭聖通與劉彊處境之艱難，也可以從廣陵思王劉荊的傳文中，看到一些端倪。《後漢書‧廣陵思王荊傳》曰：

> 光武崩，大行在前殿，荊哭不哀，而作飛書，封以方底，令蒼頭詐稱東海王彊舅大鴻臚郭況書與彊曰：「君王無罪，猥被斥廢，而兄弟至有束縛入牢獄者。太后失職，別守北宮，及至年老，遠斥居邊，海內深痛，觀者鼻酸。及太后尸柩在堂，洛陽吏以次捕斬賓客，至

政局。

〔註33〕廖伯源統計光武時代的雲台功臣、三公、九卿及郡國守相的來源，證明了光武帝偏用南陽人的說法。詳見廖伯源，〈試論光武帝用人政策之若干問題〉，《中央研究院歷史語言研究所集刊》，61 本第 1 分，1990，頁 1～27。

〔註34〕《後漢書》，卷 10，〈皇后紀〉，頁 403。

〔註35〕《後漢書》，卷 10，〈皇后紀〉，頁 403。

有一家三尸伏堂者，痛甚矣！……。」〔註36〕

由此傳，不只是郭聖通與劉彊處境艱難，也牽連到郭聖通所生的其他諸王。史書記載，明帝以劉荊是同母弟之故，把整件事情壓下來，不讓世人知悉。但是，除了同母弟的原因之外，世人皆同情郭后、劉彊無端被廢，應也是明帝考量的因素之一。明帝的考量，也同樣出現在處理郭氏諸王的態度上。濟南王劉康被人檢舉與顏忠等人陰謀不軌時，明帝亦「以親親故，不忍窮竟其事」，〔註37〕略施薄懲，削去五縣而已。相較於同樣與顏忠交通、被檢舉陰謀不軌的楚王劉英，明帝雖亦「親親不忍」，卻廢了劉英的王位，徙丹陽涇縣。劉英至丹陽後自殺身亡，明帝也僅以列侯禮葬之，而不是以王禮葬之。〔註38〕兩人之別，顯然可見。此外，明帝對中山簡王劉焉特別禮遇，特准其往來京師，也是出於相同的考量。〔註39〕簡而言之，郭后與劉彊的立與廢，是東漢初年各政治派系角力下的結果。

明帝的生母，光烈陰后陰麗華，南陽新野人，與光武帝同鄉。父為陰陸（或稱「睦」），母為鄧氏，上有前母兄陰識，下有同母弟陰興、陰就及陰訢。陰麗華以美貌著稱，據說光武帝早年至長安求學時，曾說過「仕宦當作執金吾，娶妻當得陰麗華。」〔註40〕後來，光武帝也確實娶得佳人歸。陰氏的家境相當富裕，〔註41〕當劉縯（字伯升，光武兄）、光武帝起兵後，正在長安遊學的陰識馬上回鄉，「率子弟、宗族、賓客千餘人往詣伯升」，〔註42〕是最早追隨劉縯兄弟的南陽家族之一。陰氏兄弟一路跟隨劉秀打天下，深獲光武帝

〔註36〕《後漢書》，卷42，〈廣陵思王荊傳〉，頁1446。

〔註37〕《後漢書》，卷42，〈濟南安王康傳〉，頁1431。

〔註38〕楚王英案，是明帝朝的重要獄案，牽連甚廣，歷來學者也不斷討論這個問題。留待下文再做討論。

〔註39〕《後漢書》，卷42，〈中山簡王焉傳〉，頁1449。

〔註40〕《後漢書》，卷10，〈皇后紀〉，頁405。

〔註41〕《後漢書》，卷32，〈陰就傳〉，頁1133，傳末曰：「（西漢）宣帝時，陰子方者，至孝有仁恩，臘日晨炊而竈神形見，子方再拜受慶。家有黃羊，因以祀之。自是已後，暴至巨富，田有七百餘頃，輿馬僕隸，比於邦君。子方常言『我子孫必將彊大』，至識三世而遂繁昌，故後常以臘日祀竈，而薦黃羊焉。」由此可見陰氏雖非著姓，仍是富家。

〔註42〕《後漢書》，卷32，〈陰識傳〉，頁1129。

的信賴，屬於功臣集團。

　　光武帝和陰麗華的婚姻生活，早期多在戰爭分離中度過。當光武帝被更始帝任命爲司隸校尉，赴洛陽述職時，陰麗華先歸家鄉新野。鄧奉起兵後，〔註43〕陰麗華又跟著光武帝的姊妹們遷到淯陽地區（今河南新野東北），暫住在鄧奉家；光武即位後，陰麗華才跟著光武姊妹至洛陽，被光武帝封爲貴人。在此之前，因爲政治上的考量，光武帝已另娶郭聖通爲妻。當陰麗華抵達洛陽時，不只要面對丈夫的新婦，還要面對新婦已生下兒子的事實。史書上並沒有記載陰麗華對這場婚姻的反應，大概是默然接受了事實。

　　史書上提到光武帝在決定立后時，曾以陰麗華「雅性寬仁，欲崇以尊位」爲由，欲立爲皇后。〔註44〕一方面，陰麗華是光武帝先娶之妻，當爲嫡妻；另外一方面，在光武帝另娶郭聖通一事上，陰麗華識大體的表現及委曲求全的態度，使光武帝想以皇后之位來補償陰麗華。光武帝的想法，卻遭到陰麗華的反對，最後反以後娶之郭聖通爲皇后。陰麗華爲何拒絕立后呢？如上文所言，陰麗華非常清楚光武帝的一統天下大業，仍需仰賴眞定郭氏及河北大族的力量，在這方面，南陽新野陰氏是無法，也沒有能力提供相同的力量。更關鍵的因素，還是在於「郭氏有子」。郭聖通在建武元年（25）生下光武帝的長子劉彊，一直與光武分隔兩地的陰麗華卻是膝下猶虛，毫無子嗣。光武帝立后時，天下仍是四分五裂，尚未完全平定。爲了穩定天下人心，「確定繼承人」自然是光武帝優先考量的方向。對此，陰麗華無法與郭聖通相提並論，只能選擇退讓。

　　陰麗華的退讓，除了得到光武帝的憐惜，沒有皇后之位的牽絆，反而讓陰麗華有更多機會隨光武帝四處出征。建武四年（28），當陰麗華隨光武帝征討彭寵時，終於在元氏縣（今河北，東漢爲常山國治）生下兩人的長子明帝，之後又連續生下東平憲王劉蒼、廣陵思王劉荊、臨淮懷公劉衡、琅邪孝王劉京四位皇子及數位公主。建武九年（33），陰麗華的母親鄧氏和弟弟陰訢被盜賊劫殺，傷痛的光武帝爲此下詔大司空，提到：

> 吾微賤之時，娶於陰氏，因將兵征伐，遂各別離。幸得安全，俱脫
> 虎口。以貴人有母儀之美，宜立爲后，而固辭弗敢當，列於媵妾。

〔註43〕鄧奉是光武姊夫鄧晨兄之子。

〔註44〕《後漢書》，卷10，〈皇后紀〉，頁405。

朕嘉其義讓，許封諸弟。未及爵土，而遭患逢禍，母子同命，愍傷
于懷。《小雅》曰：『將恐將懼，惟予與汝。將安將樂，汝轉棄予。』
風人之戒，可不慎乎？其追爵謚貴人父陸爲宣恩哀侯，弟訢爲宣義
恭侯，以弟就嗣哀侯後。及尸柩在堂，使太中大夫拜授印綬，如在
國列侯禮。魂而有靈，嘉其寵榮！〔註45〕

這道詔文，道出了兩人因戰亂分離的痛苦，也抒發了光武帝對於陰麗華委曲
求全、識大體的感激與憐惜。正是這份憐惜，讓光武帝藉著這件慘事追封陰
麗華的家人與親屬。陰麗華的忍讓，贏得光武帝的尊重，增加光武帝對陰興
兄弟的信任，也爲陰氏換取更多的發展空間。

但是，上述詔文中並沒有提及封陰興爲侯的事。在《後漢書·陰興傳》
中，正好補充相關的資料。傳文曰：

（建武）九年，還侍中，賜爵關內侯。帝後召興，欲封之，置印綬
於前，興固讓曰：「臣未有先登陷陣之功，而一家數人並蒙爵土，令
天下觖望，誠爲盈溢。臣蒙陛下、貴人恩澤至厚，富貴已極，不可
復加，至誠不願。」帝嘉興之讓，不奪其志。貴人問其故，興曰：「貴
人不讀書記邪？『亢龍有悔。』夫外戚家苦不知謙退，嫁女欲配侯
王，取婦眄睞公主，愚心實不安也。富貴有極，人當知足，夸奢益
爲觀聽所譏。」貴人感其言，深自降挹，卒不爲宗親求位。〔註46〕

《通鑑》將此事置於鄧氏和陰訢被盜賊劫殺之後，〔註47〕《通鑑》顯然認爲
這兩件事是有因果關係。陰氏的謙讓，確實讓光武帝留下非常深刻的印象。
然而，陰氏的謙讓，表面上是爲了止謗、避禍，事實上卻說明經過楚漢相爭、
西漢劉邦建國等歷史發展，論功行賞、功臣封侯的觀念已經深入人心，〔註48〕
當光武帝佔據河北、河內後，尚在猶豫是否稱帝時，四周的謀士將領如鄧禹、

〔註45〕《後漢書》，卷10，〈皇后紀〉，頁405～406。按照漢制，只有皇后的父親可
　　　　以追侯，當時陰麗華仍爲貴人，所以陰陸是沒有資格封侯。詳見《資治通鑑》，
　　　　卷42，〈漢紀34〉，光武帝建武九年條之胡注，頁1363。

〔註46〕《後漢書》，卷32，〈陰興傳〉，頁1131。

〔註47〕《通鑑》，卷42，〈漢紀34〉，光武帝建武九年條，頁1363。

〔註48〕關於項羽軍功論賞，及劉邦的白馬誓約，請參考李開元，《漢帝國的建立與劉
　　　　邦集團—軍功受益階層研究》（北京：生活·讀書·新知三聯書店，2000），
　　　　第3章，〈秦末漢初的王國〉，頁82～91。

馮異、馬武等人，即不斷勸戒光武帝要把握機會稱帝。其中，耿純明白道出
將領謀士跟隨光武帝的目的，就是爲了建立功業，在建國之後可以得到爵位
與封賞。如果沒有這層誘因，這些謀士將領很可能馬上棄光武而去。這段建
言，才讓光武帝認眞考慮即位一事。〔註49〕在功業爲重的觀念下，身爲外戚
的陰氏自然明白這層利害關係。陰識、陰興雖常跟隨光武帝出征，但是戰場
上殺伐之事，多是由其他將領負責，所以陰興才會以沒有軍功、天下不服爲
由，拒絕封侯。陰麗華與陰氏的小心謹慎，讓光武帝非常滿意。陰氏的影響
力，隨著郭后被廢、陰麗華被立爲皇后後逐漸加強，特別是當明帝被立爲太
子後，身爲太子舅家的陰氏，更成爲光武帝不可或缺的幫手以及太子背後的
重要支柱。光武帝不只敬重陰氏兄弟，常常委以重任，還數次以陰識謙讓的
行事爲範本，要其他貴戚多多效法。〔註50〕

　　從建武二年（26）到建武十七年（41）間，長達十五年的歲月中，陰麗華
和陰氏兄弟均以謙讓、謹愼的態度，伴隨在光武帝的身邊，最後終於取得后位
及太子位。范曄及後人常以郭后年老色衰來解釋建武十七年（41）的廢后事件，
然而，十九歲時嫁給光武帝的陰后，在封后時已經將近四十歲，青春貌美早已
不在，「年老色衰」的說法並不足以解釋郭、陰二后的情況。〔註51〕陰后之立，

〔註49〕《後漢書》，卷4，〈光武帝紀〉，頁21。又見曹金華，《漢光武帝劉秀評傳》，
　　　　第6章，〈稱帝建制〉，頁90～91。

〔註50〕光武帝對陰氏的重視，如明帝被立爲太子後，以陰識爲執金吾，並輔導太子；
　　　　當光武帝巡行天下時，陰識常常留鎮京師，掌握禁兵大權。事見《後漢書》，
　　　　卷32，〈陰識傳〉，頁1130及同書，卷32，〈陰興傳〉，頁1131。兩傳顯示出
　　　　光武帝劉秀對陰氏非常信任與重視。

〔註51〕大陸學者黃留珠也認爲郭聖通不是因年老色衰而被廢，主因是光武帝對郭
　　　　聖通出自「郡著姓」的背景不安，擔心這樣的皇后會造就出勢力強大的外
　　　　戚集團。相較之下，出身微賤的陰麗華，就不具備同樣的威脅。文見黃氏，
　　　　《劉秀傳》，第8章，〈強化皇權〉，頁332～333。黃氏從郭、陰二氏的出身
　　　　背景，來論建武年間的廢后事件。然而，黃氏的說法仍有商榷的餘地。首
　　　　先，郭聖通雖出自王族，河北大族在光武帝建國的過程中貢獻良多，但在
　　　　光武帝統一天下之後，史書上幾乎不見河北大族在朝中活動；相反地，南
　　　　陽出身者在朝中的政治影響力卻越來越大，連朝臣都要規勸光武帝不當只
　　　　用南陽人。郭伋曾在建武十一年建議光武「選補眾職。當簡天下賢俊，不

不管是否得力於畢氏所說的南陽派系，陰后確實是以她的謙退、忍讓及等待，最終被冊立為皇后。其次，無論整個廢立事件的起因為何，都對日後的東漢政局產生極大的影響，特別是在后族外戚的發展上。陰氏、郭氏都是跟隨光武帝建國的功臣元老之一。光武帝統一天下後，為了避免功臣集團有功高震主的情況發生，採取了「退功臣而進文吏」的作法。〔註52〕但是，牽涉到皇帝私人情感和家庭生活的後宮，功臣家族的女子卻從來沒有缺席過。功臣家族不只和皇室聯姻，也和各王室通婚，明帝陰貴人和賈貴人、章德竇后、和熹鄧后，甚至是章帝的廢太子、清河孝王劉慶的王妃耿氏，都是功臣家族的後裔。東漢諸帝的後宮，處處可見功臣家族女子的身影。因此，掌握后妃來源，便成為功臣大族發展家族勢力的重要管道。〔註53〕從光武帝時代開始，后妃的選立、后妃與皇子間的關係，甚至是諸王間的關係與聯繫，尤其是外戚勢力的消長，在在影響了光武帝與明帝時代的政局。明帝時期的諸王獄案遂不可避免。

第三節　光武時代的皇子與宗室

　　光武帝總共有十一位皇子，其中，出自廢后郭聖通的皇子為廢太子（後

宜專用南陽人。」見《後漢書》，卷31，〈郭伋傳〉，頁1092。由此可見，南陽大族的政治勢力早就凌駕在河北大族之上，就算劉彊即位，也無法壓制南陽大族的勢力。因此，郭氏之廢，並非起因於河北大族之盛，而是受到河北大族之衰所致。此外，陰麗華並非出身微賤，相反地，陰氏是南陽地區的富家與大族，地方勢力相當雄厚。哥倫比亞大學學者畢漢斯在其名著《漢代中興》一文中，從光武帝兄弟及姊妹的婚配對象來分析劉氏、鄧氏、陰氏等家族的背景。畢氏認為陰氏的社會地位與地方勢力，和劉氏、鄧氏不相上下，故能互相通婚。因此，光武帝娶陰麗華為妻，一方面是被陰麗華的美貌所吸引，另外一方面也是考量到陰氏的實力與春陵劉氏（定居於南陽白水鄉，劉秀祖居地）門當戶對。見 Hans Bielenstein, "The Restoration of The Han Dynasty", Vol.3, The People, The Museum of Far Eastern Antiquities, Bulletin, No.39,1967，pp.19～20.

〔註52〕相關的研究，請見曹金華，《漢光武帝劉秀評傳》，第12章，〈加強封建專制集權〉，頁237～245。

〔註53〕關於東漢后妃來源，請見附表（一）：東漢后妃及出身表。

封東海恭王）劉彊、沛獻王劉輔、濟南安王劉康、阜陵質王劉延及中山簡王劉焉。出自陰皇后的皇子爲明帝、東平憲王劉蒼、廣陵思王劉荊、臨淮懷公劉衡（早夭，不及封王），及琅邪孝王劉京。此外，還有許美人所生的楚王劉英。如前所述，光武帝的皇子在建武十五（39）年封公、建武十七年（41）一併進爵爲王。建武元年（25）出生的廢太子劉彊是最年長的皇子，在建武十七年（41）光武帝封諸皇子爲王時，只有十七歲，尚未到弱冠之年，其餘兄弟的年紀則更小。這些封王的皇子，從光武帝建武二十八年（52）開始到明帝永平五年（62）間，陸陸續續離開洛陽，回到自己的封國。〔註54〕

　　如上文所言，光武帝以西漢的「七國之亂」爲借鏡，在諸皇子封王後，仍然將諸王留在京城，不讓諸王與地方官吏有太多的聯繫。除了光武諸王們的權力受到限制，連在建武初年分封的中山王劉茂、廣陽王劉良（叔父）、太原王劉章（劉縯子）、魯王劉興（劉縯子）、城陽王劉祉（族兄）、泗水王劉歙（族父）、眞定王劉德（劉楊子）、淄川王劉終（劉歙子）等八位同姓王中，也只有光武帝的叔父劉良一人在建武五年（29）改封爲趙王後就國。大陸學者曹金華認爲光武帝不願讓宗室諸王就國的原因，在於受到眞定王劉楊反叛事件的刺激，使光武帝意識到裂土分封對皇室的潛在威脅。因此，建武十三年（37）天下一統後，光武帝先將宗室諸王降爵爲侯，其次則是省併了西漢的舊有封國，直到建武十七年（41）才重新分封自己的皇子爲王。在這次重新封王的動作中，原本封王的劉姓宗室中，只有光武帝的兄長劉縯的二子劉章被封爲齊王、劉興被封爲魯王，以及劉良子劉栩被封爲趙王。換言之，這次的封王之舉只限於與光武帝關係特別密切，或是血緣相近者，才有機會封王。光武帝不只是限制劉氏宗親的勢力發展，也同樣限制皇子們的勢力發展。爲了避免諸皇子對中央皇權的影響，光武帝一方面減少諸王的封國大小，另一方面則是將諸王就近看管，不讓諸王離開光武帝的視線，變成地方的割據勢力。〔註55〕直到建武二十七年（51）冬，光武帝才接受趙憙的建議，遣齊王劉石（劉章子）、魯王劉興等宗室諸王就國。

　　光武帝讓諸皇子就國的原因很多。在皇子們年紀尚輕時，光武帝之所以遲遲不讓封王的皇子們就國，也許是出於光武帝愛子的一片私心，考慮到諸

〔註54〕光武諸皇子就國的情況，請參見附表（二）：光武諸王就國表。

〔註55〕曹金華，《漢光武帝劉秀評傳》，第12章，〈加強封建專制集權〉，頁245～249。

王的年紀太輕，各方面的行政經歷都不足處理封國的事務，才會將諸王留在京師。〔註56〕考察諸王就國的時間，廢后郭聖通所生的五位皇子中，除了中山王劉焉外，其餘四位皇子都是第一批於建武二十八年（52）八月就國的諸王。在劉彊諸王就國之前，廢后郭聖通已先於六月病逝，由此可見劉彊等人就國實與郭聖通的死有關。一起就國的，還有許美人所生的楚王劉英。至於正宮陰皇后所生的四位皇子，全部都留在京城，直到明帝即位後才陸續就國。換言之，光武帝對於諸位皇子就國的態度並不一致，是否就國，還是取決於皇子的母親是誰。因此，建武二十八年（28）的東海王劉彊等四王就國一事，和前一年齊王劉石、魯王劉興等宗室諸王就國的事件相較，是完全不一樣的考量。如果說光武帝讓劉石等宗室諸王就國，是為了限制諸王在京師的勢力發展；那麼，皇子劉彊等人的就國，則擺明了為明帝即位一事鋪路。光武帝為了鞏固明帝的權力，預先拔除真定郭氏的影響力，至於其他同為陰后所生的皇子們，則被光武帝留在中央，期望他們能成為明帝執政的幫手。光武帝確實為了明帝煞費苦心，然而，光武帝怎麼也沒料到同為陰后所生的山陽王劉荊卻是第一個出來反對明帝名分的皇子，也沒想到在明帝朝會大興諸王獄案，導致楚王劉英等人自殺的下場。

不過，在廢郭后、立陰后時，諸位皇子們的年紀都非常輕，出於愛子的私心，光武帝並沒有特別限制自己皇子的發展，這也是史書上提到「建武中，禁網尚闊」的原因。〔註57〕然而，隨著皇子們一天天長大，情況卻完全變了，長大的諸王開始在外交結賓客、外戚與朝臣，培養黨羽。《後漢書‧馬援傳》提到：

> 初，援兄子壻王磐子石，王莽從兄平阿侯仁之子也。莽敗，磐擁富貲居故國，為人尚氣節而愛士好施，有名江淮閒。後游京師，與衛尉陰興、大司空朱浮、齊王章共相友善。援謂姊子曹訓曰：「王氏，廢姓也。子石當屏居自守，而反游京師長者，用氣自行，多所陵折，其敗必也。」後歲餘，磐果與司隸校尉蘇鄴、丁鴻事相連，坐死洛

〔註56〕廢后郭聖通所生皇子通通被遣就國，只有郭后的幼子中山王劉焉因年紀太小，特別留在京城。光武帝雖然不願重蹈西漢諸王割據地方的覆轍，不可否認，出生於民間的光武，對於自己的家人還是有親親不忍的時候，特別考慮到郭后的感受。

〔註57〕《後漢書》，卷32，〈樊儵傳〉，頁1122。

陽獄。而磐子肅復出入北宮及王侯邸第。援謂司馬呂种曰：「建武之
元，名爲天下重開。自今以往，海內日當安耳。但憂國家諸子並壯，
而舊防未立，若多通賓客，則大獄起矣。卿曹戒愼之！」及郭后薨，
有上書者，以爲肅等受誅之家，客因事生亂，慮致貫高、任章之變。

帝怒，乃下郡縣收捕諸王賓客，更相牽引，死者以千數。〔註58〕

除了馬援之外，其他大臣如樊儵、鄭眾等人，也同樣意識到問題的嚴重性，
拒絕和諸王私下往來。從這段記載來看，不只是光武諸皇子忙著在外發展勢
力，光武兄長劉縯的兒子劉章、外戚陰興，甚至是開國功臣之一的朱浮，都
忙著在外交結賓客，連王莽的族屬都是他們往來的對象。〔註59〕諸王交結的
對象的範圍非常廣泛，大致可以分成三類：第一類爲宗室、外戚及其子弟。
如光武帝的母族外戚樊儵、北海敬王劉睦、郭況等人都是被交結的對象之一。
《後漢書·樊儵傳》提到「建武中，禁網尚闊，諸王既長，各招引賓客，以
儵外戚，爭遣致之，而儵清靜自保，無所交結。」〔註60〕第二類爲光武時代
的朝臣及其子弟。如朱浮、梁統、竇固、馬嚴等人。光武朝臣鄭興雖因不學
識，不被光武帝重視，但是他的兒子鄭眾卻是諸王爭相交結的對象。《後漢書·
鄭眾傳》提到：

建武中，皇太子及山陽王荊，因虎賁中郎將梁松以縑帛聘請眾，欲
爲通義，引籍出入殿中。（鄭）眾謂松曰：「太子儲君，無外交之義，
漢有舊防，蕃王不宜私通賓客。」遂辭不受。松復風眾以「長者意，
不可逆」。眾曰：「犯禁觸罪，不如守正而死。」太子及荊聞而奇之，
亦不強也。〔註61〕

按照〈鄭眾傳〉的記載，不只是諸王，包含太子在內，都在宮外交結賓客。
然而，傳文將時間繫於建武中，此時的太子是廢太子劉彊，抑或是明帝？范
書並未解釋清楚。同樣的記載，《資治通鑑》則言：「初，上爲太子，……太
子及山陽王劉荊因梁松以帛請之，……」〔註62〕「上」自然是指登位爲帝的

〔註58〕　《後漢書》，卷24，〈馬援傳〉，頁850～851。

〔註59〕　不只是諸王交結賓客，連諸王傳都在外交遊，引起光武帝的猜疑。見《後漢
書》，卷27，〈杜林傳〉，頁938～939。

〔註60〕　《後漢書》，卷32，〈樊儵傳〉，頁1122。

〔註61〕　《後漢書》，卷36，〈鄭眾傳〉，頁1224。

〔註62〕　《通鑑》，卷45，〈漢紀37〉，顯宗孝明皇帝永平四年條，頁1442。

明帝。劉荊在建武十七年（41）封王，建武十七年（41）至十九年（43）間，劉彊雖仍是太子，但是正因爲母后被廢而惶恐不安，自然無遑外顧，只能小心避禍，故《通鑑》斷言〈鄭眾傳〉傳文中的太子是明帝，而不是廢太子劉彊。第三類，則是海外知名人士或是名儒宿德。前述的鄭眾即以好學知名於世。〔註63〕最有名的例子，當屬北海敬王劉睦。劉睦是劉縯孫、劉興之子。明帝仍爲太子時，就與劉睦互相來往，而劉睦本人更是常常出外造訪各地的名儒宿德，以「敬賢樂士」之名贏得世人的讚賞。〔註64〕諸王喜歡交結賓客，加上有心人士的趨勢附炎與拉攏，遂使諸王交結賓客的風氣越來越盛，連身爲備位儲君的太子，都無法倖免於外。

諸王、朝臣、外戚間的往來，使光武帝開始意識到諸王交結賓客的嚴重性。建武二十四年（48），光武帝下詔「申明舊制阿附蕃王法」，開始限制諸王對外交結賓客。然而，這道詔令並沒有辦法遏止諸王在外交結賓客的情況。《後漢書·志·五行六》：

> 二十九年二月丁巳朔，日有蝕之，在東壁五度。東壁爲文章，一名娵訾之口。先是皇子諸王各招來文章談說之士，去年中，有人上奏：「諸王所招待者，或真僞雜，受刑罰者子孫，宜可分別。」於是上怒，詔捕諸王客，皆被以苛法，死者甚多。世祖不早爲明設刑禁，一時治之過差，故天示象。世祖於是改悔，遣使悉理侵枉也。〔註65〕

這段記載，是以建武二十九年（53）的日蝕事件爲主。建武二十八年（52），有人上告諸王與犯罪者的子孫往來，光武帝一氣之下，下令拘捕諸王的賓客。〔註66〕這個事件牽連甚廣，而前述馬援的誡子書中提到的王肅即是「受刑罰者子孫」之一。換言之，光武帝雖然在建武二十四年（48）下詔禁止諸王交

〔註63〕《後漢書》，卷36，〈鄭眾傳〉，頁1224。

〔註64〕《後漢書》，卷14，〈北海敬王劉睦傳〉，頁556。

〔註65〕《後漢書·志》，卷18，〈五行六〉，頁3360。按：《後漢書》原本無志，現行的新校標點本，在書後補上司馬彪的《續後漢書》八志，共三十卷。下文，凡敘及〈志〉的部份，皆以《後漢書·志》書之。

〔註66〕《後漢書》，卷28，〈馮衍傳〉，頁978，「後衛尉陰興、新陽侯陰就以外戚貴顯，深敬重衍，衍遂與之交結，由是爲諸王所聘請，尋爲司隸從事。帝懲西京外戚賓客，故皆以法繩之，大者抵死徒，其餘至貶黜。」馮衍聽到光武帝詔捕賓客的消息後，爲了自保，便到洛陽獄自首。光武帝下詔赦而不問。

結賓客，諸王們依舊繼續在外活動，招引各地談說之士，毫無改變。莫可奈
何的光武帝，於是利用廢后郭聖通過世的機會，先大力整頓諸王的賓客，後
遣郭聖通所生的四位皇子就國。然而，光武帝此舉，卻造成非常嚴重的後果。
一方面，牽連太廣，造成許多冤獄，沛王劉輔甚至因此案入獄三日，〔註67〕
這也是日後日蝕、光武帝「改悔」的原因；另一方面，也引起諸王的不滿，
如劉荊在煽動劉彊造反時，即言：「及（中山）太后尸柩在堂，洛陽吏以次捕
斬賓客，至有一家三尸伏堂者，痛甚矣！」〔註68〕

　　諸王的問題，實際上出於光武帝愛子的私心，加上沒有預先防制，重建
相關制度的後果。因此，光武帝在位的末期，雖然致力打擊諸王交結賓客，
還是沒有辦法改變諸王交結賓客的習慣。楚王劉英、淮陽王劉延、濟南王劉
康、廣陵王劉荊等諸王在就國後，依舊在外交結賓客，甚至出現干預國政的
情況。〔註69〕《後漢書·張禹傳》李賢注引《東觀記》，提到：「（張）歆為相
時，（淮陽）王新歸國，賓客放縱，干亂法禁，歆將令尉入宮搜捕，王白上，
歆坐左遷為汲令，卒官。」〔註70〕張歆乃張禹之父。這件事，其實也反應出
光武帝的態度前後不一致，容易被愛子的私心所左右。當劉延向光武帝告狀
時，光武帝居然懲罰遵守中央法制、維護王國秩序的國相。再者，建武二十
八年（52）雖然曾大肆搜捕諸王的賓客下獄，造成許多的冤屈，但在淮陽王
劉延就國時，居然還有大批的賓客隨同歸國。這次的打擊，似乎對劉延沒有
任何的影響。

　　其次，光武帝早年的家庭生活，也影響了光武帝對家人與家庭的態度。
光武帝雖然自稱是西漢長沙王劉發的後裔，和皇室的血緣關係卻非常疏遠。

〔註67〕 在廢后事件中，劉輔原本被封為中山王，建武二十年改封為沛王。

〔註68〕 《後漢書》，卷42，〈廣陵思王劉荊傳〉，頁1446。

〔註69〕 關於光武帝打擊諸王的後果，參見曹金華，《漢光武帝劉秀評傳》，第12章，
　　　　〈加強封建專制集權〉，頁252～254。

〔註70〕 《後漢書》，卷44，〈張禹傳〉，頁1497。在這段記載中，淮陽國相張歆居然
　　　　帶領衛士入王宮搜捕犯法的賓客。然而，張歆為何敢用如此激烈的手段呢？
　　　　張歆的手段，反映出中央在處理諸王賓客問題時，「接被以苛法」的態度。同
　　　　樣地，當光武帝悔改後，採取激烈手段的張歆自然會成為光武帝懲處的對象。
　　　　因此，張歆的得罪，一方面是處置失當，手段過於激烈；另一方面，也反映
　　　　了在處置諸王賓客問題上，中央政府態度的變化。

〔註71〕因此，光武帝雖然是漢室的後裔，在西漢末年時不過是南陽眾多平民家族中的一家而已。光武帝的母親出自南陽湖陽樊氏，也是當地著稱的富家，經濟實力非常好。〔註72〕光武帝的姊姊劉元則是嫁給南陽的富姓鄧晨，〔註73〕劉氏能與南陽樊氏、鄧氏二姓通婚，顯見得舂陵劉氏在南陽仍有一定的政治與經濟地位。不過，名爲貴族、實爲白衣的出生背景，讓光武帝有更多的機會了解民間百姓的生活，這也是光武帝即位後特別注意地方吏治的原因。但是，平民的背景也讓光武帝忽視了家、國之間的分際。光武帝是南頓令劉欽的幼子，上有劉縯、劉仲兩位兄長與劉黃、劉元兩位姐姐，下有劉伯姬一個妹妹。劉欽早逝，加上劉縯散盡家財結交天下豪強，使得年幼的光武帝必須依靠叔父劉良的支持。這段家道衰敗的經驗，加強了光武帝與兄弟姊妹之間的聯繫與關係，〔註74〕也讓光武帝對叔父劉良的恩德感懷在心，念念不忘，這也是劉良在封爲趙王後，成爲光武帝時代唯一一個能至封國就國的宗室諸王。然而，光武帝的白衣家庭經驗，卻造成嚴重的後果。兄弟姊妹間的親密關係，使得光武帝非常在意家庭氣氛的和諧，即使同時擁有郭聖通與陰麗華兩位嬪妃，光武帝仍試圖對郭氏與陰氏及兩人所生的皇子們，採取平等而公平的態度。此外，明帝的兄弟們年齡差距不大，從小在宮內一起長大，

〔註71〕當時，和光武帝爭天下的，還有同樣是漢室後裔的劉永。劉永是西漢梁孝王的八世孫、高祖劉邦的十世孫；其父劉立與平帝的外戚衛氏交通，被王莽誅，國除。梁孝王是西漢景帝的母弟，而光武帝先祖、長沙王劉發是景帝的兒子。《後漢書》，卷1，〈光武帝紀〉，頁1，「世祖光武皇帝諱秀，字文叔，南陽蔡陽人，高祖九世之孫也，出自景帝生長沙定王發。發生舂陵節侯買，買生鬱林太守外，外生鉅鹿都尉回，回生南頓令欽，欽生光武。」光武帝雖自稱爲西漢皇族之後，他的父祖並非長沙王的嫡子，連封侯的機會都沒有。因此，大陸學者曹金華視其爲「白衣」，不只是劉秀這一支脈沒落，連舂陵侯嫡系子孫也不過是一般的富家地主而已。見曹金華，《漢光武帝劉秀評傳》，第1章，〈出自貴族的"白衣"〉，頁1～9。

〔註72〕《後漢書》，卷32，〈樊宏傳〉，頁1119。

〔註73〕《後漢書》，卷15，〈鄧晨傳〉，頁583。

〔註74〕光武帝與兄弟姊妹的感情，從兄長劉縯、劉仲之死，可見一斑。劉縯被更始處死後，光武帝常常在半夜裡獨自垂淚，事見《後漢書》，卷17，〈馮異傳〉，頁640。

接觸的機會很多。山陽王劉荊用書信煽動廢太子劉彊、明帝與北海王劉睦間
的往來私誼，加上史書上提到楚王劉英早年與明帝特別親近的種種記載，其
實也間接證明皇子們的關係相當親密，並不因母親的不同而有所差異。然
而，如此親密的家庭關係，卻忽視了家與國之間的分際與界限，也導致太子
與諸王無別的結果。

　　總而言之，光武帝的私心及教子不嚴的後果，讓明帝在光武帝的喪禮上，
面臨非常尷尬的局面，也為日後的明帝朝政埋下許多的不安與衝突。

小　結

　　如前述所言，明帝即位時會陷於如此尷尬的局面，主要來自於光武帝的
愛子私心，沒有好好管理皇子及建立起適當的宗室制度。身為一位父親，疼
愛兒子是天經地義的事，問題是，這位父親偏偏又是一位皇帝。當家事與國
事之間相衝突時，夾處其中的光武帝並沒有好好妥善處理。光武帝無法妥善
處理的原因，和光武帝本身的出生背景有很大的關係。

　　光武帝的家庭經驗與關係，確實影響了光武帝經營自己家庭的態度。在
光武帝的心裡，每一個兒子和每一位嬪妃都是一樣重要，對待的態度也十分
平等。而光武帝與叔父劉良、族兄劉嘉的關係，也同樣促成諸位皇子與宗室
子弟間的往來。其次，身為幼子，加上長年處在聲名卓越、素有「復社稷之
慮，不事家人產業」〔註75〕的劉縯光芒下，擔任執金吾一職就非常滿足的光
武帝，從來沒想過有一天居然會代替兄長一躍龍門，成為號令天下的天子。
從白衣到天子，光武帝靠著自己的努力，終於獲得最後的成功。這一切，決
不是憑藉皇室身分地位就能得來的成果。命運的轉折，讓光武帝重視個人的
能力遠勝於地位與身分，也讓光武帝忽略了名分的重要性。建武十七年（41）
的廢立皇后，原本是嫡子的郭聖通諸子一夕之間變成庶子，原本是庶子的陰
麗華諸子卻變成嫡子。嫡庶身分的轉變與巨大反差，破壞了明帝兄弟們的感
情，也破壞了原有的上下尊卑秩序與家庭和諧。

　　換言之，劉彊之所以被廢、明帝之所以被立，根本原因還是在於建武十
七年（41）的廢立皇后事件。郭聖通和陰麗華的廢與立，打破原本的嫡庶之
別，讓無緣登上大位、本是庶子的明帝變成嫡子，被立為太子。明帝的例子，

〔註75〕《後漢書》，卷14，〈齊武王劉縯傳〉，頁548。

讓其他諸王開始抱持希望：希望有遭一日被立爲太子。光武帝的白衣家庭經驗，讓光武帝既忽視了重建嗣君制度的重要性，導致皇子與太子間的禮儀制度並沒有太大的差別，也忽視了廢立皇后所導致的政治後果。自光武帝開啓的慣例，加上日後的東漢皇后幾乎都沒有生育子嗣，這種「子以母貴」、廢立維繫於皇后一人的情況，遂成爲日後東漢帝位繼承的一大特色。〔註76〕

　　不可否認，光武帝確實非常疼愛自己的兒子們和后妃，卻忘了縱容的結果，會造成上下尊卑不分、宗室制度崩潰的惡果，這些後果都由日後繼位的明帝概括承受。上下尊卑不分的風氣，讓諸王個個有機會，人人有希望，遂成爲明帝時期大興諸王獄案的根本原因。

〔註76〕「子以母貴」是東漢太子的普遍現象，如章帝、和帝會被立爲太子，即因其爲明德馬后、章德竇后所養。當太子之位維繫在皇后的身上時，無子的皇后們自然會精心挑選對自己有利的嗣君。風氣所致，就給予后妃們操控下任繼承人的機會，如和熹鄧后不立和帝長子劉勝，改立出生百日的少子爲帝，是爲殤帝。殤帝過世後，鄧后還是不立劉勝，反而從宗室中挑選安帝爲和帝的後嗣。順烈梁后先後立宗室出身的質帝、桓帝等等，都是著名的例子。

第三章　東漢明帝即位後的政局

　　中元二年（57）二月，東漢光武帝崩於南宮，太子劉莊即位，是爲明帝，年號爲永平。四月，初即位的明帝以開國功臣鄧禹爲太傅，東平王劉蒼爲驃騎將軍輔政。光武帝時代，雖然限制宗室諸王參與中央政治，到了明帝時代卻開始轉變，東平王劉蒼成爲東漢第一個與政的宗室諸王。東平王劉蒼和明帝都是光武帝陰皇后所生，所以不在建武二十八年（52）諸王就國的名單中。光武帝爲了鞏固明帝的政權，特意將陰皇后所生的皇子們留在洛陽，協助明帝管理國事。因此，東平王劉蒼的任命，表面上出於明帝的個人意願，實則是光武帝預先的安排與規劃。由於史料的缺乏，我們無法得知成年的明帝如何看待光武帝的人事安排，但是，相較於日後的諸王獄案，東平王劉蒼卻在此時獲得明帝的特別禮遇，諸位皇子的命運確實大不相同。

　　即位後的明帝，也承接了光武帝時代留下的諸多問題。光武帝喪禮上的混亂，讓初喪父的明帝意識到上下尊卑不分、典章制度不全的問題。爲了解決東漢典章制度未建的情況，明帝開始著手建立東漢的典章制度，特別是禮制上的重建。其次，爲了繼續光武帝的限制諸王政策，明帝不惜發動數次獄案，以懲戒不守法治的諸王，重整中央與皇室的威權。在官僚制度方面，崇尙法治的明帝，延續光武帝對三公的約束與尙書台的重視，整肅吏治也成爲明帝時代的施政特色。在明帝的努力下，永平之政遂成爲東漢盛世的代表之一。

第一節　延續建武的內政措施──三公、太傅及禮樂

　　對明帝而言，從光武帝手中承接的東漢政權並不是一個完整而穩定的帝國。光武帝在位前期，忙著四處征戰，統一天下；隨著戰事的結束、天下的

平定，光武帝才有機會開始重建被王莽、赤眉、綠林、隗囂、公孫述等集團混戰破壞的社會秩序。光武帝在位的三十二年中，重建國家雖是當務之急，卻仍是百廢待舉的局面。光武帝過世的前一年，中元元年（56），光武帝終於下令重建早已荒蕪的明堂、靈臺、辟雍及北郊兆域，並在次年立北郊、祀后土。同一年，光武帝接受了群臣的建議，到泰山、梁父山舉行封禪大典，國家的禮制似乎進入正軌。〔註1〕這一年，是東漢建國以來最值得紀念的一年，東漢正式向世人宣告，這是一個擁有天命、功成名就的合法政權了。但是，就在封禪後的第二年（57）二月，光武帝卻病逝了，留下一個問題重重、仍在重建中的國家。

1、立太傅、三公

為了延續光武帝時代的政治規劃，初即位的明帝不改父政，繼續重用光武帝時代的三公：太尉趙憙、司徒李訢、司空馮魴三人。其次，為了加強與開國功臣、宗室諸王間的聯繫，明帝大膽任用高密侯鄧禹為太傅，並讓自己的親弟弟東平王劉蒼參政。表面上看來，明帝的任命似乎違背了光武帝時代「退功臣而進文吏」的舊例，實際上還是延續自光武時代的政治慣例。《後漢書·志·百官一》提到：

> 太傅，上公一人。本注曰：掌以善導，無常職。世祖以卓茂為太傅，
> 薨，因省。其後每帝初即位，輒置太傅錄尚書事，薨，輒省。〔註2〕

因此，在明帝即位之前，「太傅」之置確實是有先例可循，明帝之後甚至變成帝國的故事。

太傅一名，出於周官，與太師、太保並列為三公。東漢初年成書的《漢書·百官公卿表》曰：

> 太師、太傅、太保，是為三公，蓋參天子，坐而議政，無不總統，
> 故不以一職為官名。又立三少為之副，少師、少傅、少保，是為孤

〔註1〕 建武三十年（54），群臣曾經上書要求光武帝封禪泰山，光武帝卻以天下「百姓怨氣滿腹」為由而拒絕。不過，在建武三十二年（56，後改為中元元年），當光武帝讀到《河圖會昌符》中提到「赤劉之九，會命岱宗」的字句，於是下詔梁松收集封禪泰山的故事。事見《後漢書·志》，卷7，〈祭祀上·封禪〉，頁3161～3171。

〔註2〕 《後漢書·志》，卷24，〈百官〉，頁3556。

卿，與六卿爲九焉。……太傅，古官，高后元年初置，金印紫綬。

後省，八年復置。後省，哀帝元壽二年復置。位在三公上。〔註3〕

唐‧顏師古在注《漢書》時，提到：「應劭曰：『師，訓也。傅，覆也。保，
養也。』師古曰：「傅，相也」。〔註4〕換言之，太師、太傅、太保三公雖然各
有其職責，主要的功能還是在輔佐天子施政，以太師爲上、次爲太傅、其次
爲太保。呂后之後，太師、太傅、太保三官廢而不用，原本出於秦官的丞相、
太尉、御史反而成爲三公，直到西漢哀帝時才恢復「太傅」一職。不過，「太
傅」一職得以恢復，並不是出於哀帝本人的決策，而是在哀帝過世、平帝初
即位時，由王莽主導的任命。元壽二年（前 1），年幼的平帝即位，輔政的太
皇太后（孝元王皇后）隨即任命大司徒孔光爲太傅。次年，元始元年（1），
在王莽的建議下，太傅孔光改任爲太師、王莽爲太傅、王舜爲太保，但國事
則以太傅王莽爲首，而不是三公之首的太師。王莽爲何要恢復周代的三公制
度呢？原因非常多，最主要的關鍵就是重建古代的光榮，徹底改革西漢原有
的官僚制度及習慣。藉著崇周的名義，王莽恢復了周代的三公制度及五等爵
制，最終取代了西漢皇室，創建了新朝。〔註5〕諷刺的是，王莽的復古改革，
應當都隨著新朝的覆滅而風消雲散，實際上卻在以反對王莽爲名的光武帝與
東漢王朝裡獲得重生的機會。〔註6〕除了讖緯符命及部份的社會改革之外，連

〔註3〕 《漢書》，卷19，〈百官公卿表〉，頁722～726。

〔註4〕 《漢書》，卷19，〈百官公卿表〉，頁 724。

〔註5〕 王莽以周公、霍光爲效法的對象，從而建立起完美政治家的形象。其次，透
過崇周的過程，王莽希望他的新朝也可以同周朝一般得到上天的祝福與天
命。關於王莽成功建立新朝的過程及西漢時人的看法，請見 Michael Loewe（魯
惟一），"The support For Wang Mang-AD 9", *Crisis and Conflict in Han China
104BC to AD 9*（台北：虹橋書店，1975），pp.286～306。大陸學者楊永俊則
認爲西漢是第一平民建立的帝國，無前例可循；同樣地，除堯舜禪讓的傳說
外，王莽的新朝也是歷史上第一個以禪讓爲名、成功建立的朝代。王莽以禪
讓的方式，成功轉換了皇帝與權臣間的地位與關係，成爲後世野心家仿效的
對象。參見楊永俊，《禪讓政治研究——王莽篡漢及其心法傳替》（北京：學
苑出版社，2005），第 3 章，〈王莽禪漢——對篡逆、居攝政治的突破〉，頁
112～117。

〔註6〕 關於東漢繼承王莽的部份，可以參見閻步克的相關討論，見閻步克，《士大夫

「太傅」一職也被光武帝保留下來。一如王莽建議孝元王皇后任命孔光為太傅的本意，[註7]光武帝時代的太傅卓茂並沒有太多的政治實權，太傅成為一個象徵性的職位。

　　光武帝在建武元年（25）六月稱帝後，同年九月任命前西漢密縣令卓茂為太傅。卓茂在建武四年（28）十月過世後，終光武帝之世，再也沒有任用其他人擔任太傅一職。宋代司馬光在論及光武帝以卓茂為太傅一事時，引用孔子「舉善而教，不能則勸」之語，讚揚光武帝的任命。[註8]司馬光認為光武帝能在動亂中，捨棄那些勇於征戰天下的將領、折衝詭辯的謀士，大膽「取忠厚之臣、旄循良之吏」，以卓茂為太傅，並置於三公之上，具有勸善教化的意義，也是東漢國祚久長的根本原因。[註9]《後漢書‧志》中界定太傅的職責是「掌以善導」。根據卓茂的本傳，光武帝雖然任命卓茂為太傅，並封卓茂為褒德侯，卻沒有同時授與卓茂「錄尚書事」的權力，這和《後漢書‧志‧百官一》的記載相同；同樣地，明帝雖在任命的詔書中公開讚美鄧禹為「元

政治演生史稿》（北京：北京大學出版社，1996），第 10 章，〈儒生與文吏的融合：士大夫政治的定型〉，頁 413。另一位大陸學者劉厚琴在論及東漢的郊祭制度時，則提到東漢的天地郊祭制度繼承了王莽的制度，具有天地合祭的特點。見劉厚琴，《儒學與漢代社會》（濟南：齊魯書社，2002），第 4 章，〈儒學與漢代的儒學與漢代的禮儀制度〉，頁 176～177。

〔註 7〕　《漢書》，卷 81，〈孔光傳〉，頁 3362～3363，「（平）帝年幼，太后稱制，委政於（王）莽。初，哀帝罷黜王氏，故太后與莽怨丁、傅、董賢之黨。莽以光為舊相名儒，天下所信，太后敬之，備禮事光。所欲搏擊，輒為草，以太后指風光令上之，厓皆莫不誅傷。莽權日盛，光憂懼不知所出，上書乞骸骨。莽白太后：『帝幼少，宜置師傅。』徙光為帝太傅，位四輔，給事中，領宿供養，行內署門戶，省服御食物。明年，徙為太師，而莽為太傅。光常稱疾，不敢與莽並。」可見得孔光雖然貴為三公、天子之師，實際大權還是掌握在王莽的手中。王莽表面上尊重孔光德高望重，實際上卻是把孔光的權力架空。

〔註 8〕　《通鑑》，卷 40，〈漢紀 32〉，光武帝建武元年條，頁 1825。以下，司馬光的評論皆出於此條之「臣光曰」，不另作注。

〔註 9〕　司馬光在此論中強調教化、德治的重要性。王夫之雖然肯定卓茂的品格，卻提到「效卓茂之為，可以化今之人乎？曰：何為其不可也。效卓茂之為，遂可以化人乎？曰：何為其可也。」《讀通鑑論》，卷 6，〈光武〉，頁 151。

功之首」，肯定鄧禹的卓越功績，也沒有額外給予鄧禹錄尚書事的職責。鄧禹在接任太傅後的第二年、永平元年（58）五月就病逝了。在鄧禹擔任太傅的的期間內，我們幾乎看不到他對明帝的施政有任何的影響。也就是說，就像王莽掌權時代的太傅孔光一般，無論是卓茂或是鄧禹，都被當成一個象徵性的政治工具，沒有實際參與政事的機會。光武帝重用卓茂，是利用卓茂的名望以吸引天下士人為初建的東漢王朝效命。〔註10〕明帝任用鄧禹，則是希望透過鄧禹的聲望，加強新皇帝與前朝舊臣之間的聯繫。〔註11〕這也是為什麼日後每一位新皇帝剛即位時，都要任命一位前朝的重臣為太傅的根本原因。

除了立太傅之外，明帝還繼續任命光武朝的舊臣趙憙、李訢、馮魴為三公，並延續光武帝限制三公的作法。〔註12〕在光武帝主政的時代，光武帝從

〔註10〕　關於卓茂的政治意義，請見曹金華，《漢光武帝劉秀評傳》，第6章，〈稱帝建制〉，頁101～102。

〔註11〕　在光武帝的眾多舊臣中，鄧禹能夠被明帝任命為太傅，關鍵就在於鄧禹「天下既定，常欲遠名埶。…資用國邑，不修產利」，博得光武帝的敬重。因此，明帝即位後，自制、「遠名埶」的鄧禹就成為太傅的最佳人選。事見《後漢書》，卷40，〈鄧禹傳〉，頁605。

〔註12〕　關於光武帝限制三公的作法，請參考曹金華，《漢光武帝劉秀評傳》，第12章，〈加強封建專制集權〉，頁224～237。根據曹氏的研究，為了限制三公的權力，劉秀沿用王莽的改革，以三公壓抑相權的發展。其次，不只慎選三公的人選，劉秀使三公分職授權，互相牽制。其三，劉秀廢除西漢三公任職後封侯的慣例，以避免三公地位過高、權力過大。其四，劉秀另外設置御史台，並剝奪大司空的監察權，另外設置獨立的監察機構，即司隸校尉。二千石長吏的任免不再透過三公，而是由州刺史直接上報皇帝。其五，劉秀進一步擴大尚書台的職權，國家大事直接交由尚書台處理。透過上述五項改革，三公的權力大幅縮水，統治權則掌握在皇帝的手中。關於兩漢官制的演變，可以參考徐復觀〈漢代一人專制政治下的官制演變〉一文。徐氏藉著三公九卿等官制的權力演變，來分析兩漢皇帝一人專制下的漢代官制。全文收錄在《兩漢思想史·卷一：周秦漢政治社會結構之研究》（台北：學生書局，1999七版四刷），頁203～280。此外，陳師　啟雲早年發表的〈兩漢樞機職事與三臺制度之發展，一文，則分析尚書、御史、謁者三者在兩漢的源流及演變，亦可參酌。全文收錄在《漢晉六朝文化·社會·制度——中華中古前期史研究》（台北：新文豐出版社，1997），頁197～232。

郡太守中選拔適合的官吏擔任司徒一職，如沛郡太守韓歆、汝南太守歐陽歙等人，負責主管國家民政事務。主管軍事的司馬，則長期由開國功臣吳漢擔任，吳漢死後才由劉隆行大司馬事。〔註13〕開國功臣擔任司馬的慣例，直到建武二十七年（51）才被打破，由太僕趙憙接任。至於掌水土事的司空一職，向來由開國功臣擔任，如李通、馬成、竇融等人。在光武帝「退功臣而進文吏」的政策主導下，建武二十七年（51）後的三公不再由功臣出任。也就是說，明帝任用趙憙、李訢、馮魴為三公的作法，還是光武帝時代「進文吏」政策的延續。此外，除了削減三公的權力外，平民出身的光武帝非常重視地方吏治的好壞。為了確保地方郡守的品質，光武帝跳過三公的權限，直接派遣使者巡行地方、觀察地方官吏的行政狀況，並按照使者的報告來決定地方官吏的任免。同樣的作法，也體現在明帝的施政上。不過，地方郡守官吏頻頻更替，卻也造成百姓的不便與怨言。〔註14〕而上文提到光武帝嚴懲三公及地方官吏的作法，也同樣為明帝所繼承。〔註15〕

　　明帝對官吏非常嚴苛，無法容忍官吏出任何差錯。如《後漢書‧鍾離意傳》中提到：

> 帝性褊察，好以耳目隱發為明，故公卿大臣數被詆毀，近臣尚書以
> 下至見提拽。（常）〔嘗〕以事怒郎藥崧，以杖撞之。崧走入牀下，
> 帝怒甚，疾言曰：「郎出！郎出！」崧曰：「天子穆穆，諸侯煌煌。
> 未聞人君自起撞郎。」帝赦之。朝廷莫不悚慄，爭為嚴切，以避誅

〔註13〕劉隆是安眾侯劉崇的後裔，曾經隨光武帝平定河北地區，既是宗室子弟，也是中興二十八將之一。

〔註14〕《後漢書》，卷33，〈朱浮傳〉，頁1141，「（光武）帝以二千石長吏多不勝任，時有纖微之過者，必見斥罷，交易紛擾，百姓不寧。」光武帝特別注意地方吏治，不只是出身平民的關係，部份原因則是出在朱浮所說的「疾者上威不行，下專國命」，見同卷，頁1143。西漢末以來，中央政府的權威已經無法下達地方，王莽末年各地的動亂與數個割據政權，正是「上威不行，下專國命」的結果。征討多年的光武帝自然非常不希望這種情況再度發生。

〔註15〕光武帝對三公非常嚴格，如韓歆以「好直言，無隱諱」被迫自殺；歐陽歙則因貪贓枉法下獄，死於獄中；戴涉和侯霸都因推薦官吏不當，或是下獄、或是差點得罪。因此史書上稱「自是大臣難居相任」，見《後漢書》，卷26，〈侯霸傳〉，頁902～903。

責。〔註16〕

明帝嚴格管控所有官員，官員一旦犯錯，必定嚴懲。上至公卿大臣，下至近臣尚書，都難逃明帝的懲處。明帝不只命令郎將笞打犯罪的官吏，有時候還自己動手。上文提到藥崧，為了躲避明帝的棍子，居然躲到床下去，可見得明帝有多憤怒。有一次，明帝下詔要賜給投降胡人縑布，負責記錄的尚書卻不小心將「十」誤寫成「百」。當明帝看到司農呈上來的文書，發現這個小錯誤，憤怒的明帝馬上下令笞打犯錯的小官員，在鍾離意的勸阻下，最後才打消懲處的念頭。就連跟隨光武多年、建國有功的功臣朱浮，當明帝收到沒有證據可以證明的誣告後，毫無辯解的機會就被賜死，雖然明帝後來非常後悔，卻無法挽回朱浮的生命。聲名、政績都不錯的司徒虞延，只不過得罪了外戚陰氏，在陰氏的設計陷害下，受到楚王英案的牽連，被迫自殺。〔註17〕明帝易怒、衝動又嚴苛的個性，可見一斑。〔註18〕明帝時期最嚴重的諸王獄案「楚王英獄案」之所以會牽連甚廣，導致許多無辜的人下獄，也和明帝自身的易怒、嚴苛個性脫不了關係。〔註19〕

　　光武帝與明帝的嚴苛，對朝廷官員的影響非常大。無論是大小官員都戰戰兢兢，不敢違背明帝的旨意。嚴重所及，導致東漢政廷上下瀰漫一股嚴苛治國的風氣。不只是中央政府，連地方官員在處理大小政務或是執行中央命令時，均以嚴苛為主。以楚王獄案為例，負責審查的官吏寧願將所有被牽連的無辜者下獄考掠，都不敢有任何的疏忽，放過任何一個可能的罪犯，否則下一個被牽連的就是自己。〔註20〕苛刻治國，蔚然成風。至章帝即位後，身

〔註16〕《後漢書》，卷41，〈鍾離意傳〉，頁1409。

〔註17〕《後漢書》，卷33，〈虞延傳〉，頁1154。

〔註18〕關於明帝的嚴苛，請參見曹金華，〈漢明帝及其"嚴切"政治〉，頁61～62。

〔註19〕獄事的慘烈，連被稱為賢后的明德馬后，也只能趁私下的機會，好言勸戒。事見《後漢書》，卷10，〈皇后紀〉，頁410。

〔註20〕《後漢書》，卷41，〈寒朗傳〉，頁1417，「永平中，以謁者守侍御史。與三府掾屬共考案楚獄顏忠、王平等，辭連及隧鄉侯耿建、朗陵侯臧信、護澤侯鄧鯉、曲成侯劉建。建等辭未嘗與忠、平相見。是時顯宗怒甚，吏皆惶恐，諸所連及，率一切陷入，無敢以情恕者。」寒朗發現耿建等人和顏忠毫無關係，上書給明帝時，差點被明帝下獄。這種連坐的壓力，確實讓官員不敢寬貸任何嫌疑犯，只求禍不及身。

歷光武帝、明帝二朝的三公第五倫還上書勸章帝要改革光武以降的「嚴猛」政風。〔註21〕而個性寬和、堅持的宋均，雖不滿當時苛察的吏風，但在任職尚書的任內，面對明帝嚴苛的作風，也不敢當面直言規勸。光武帝與明帝父子對官吏的過度嚴苛，連後代寫史的范曄都忍不住要嘆息，認為：

> 而光武、明帝躬好吏事，亦以課覈三公，其人或失而其禮稍薄，至有誅斥詰辱之累。任職責過，一至於此，追感賈生之論，不亦篤乎！
>
> 〔註22〕

2、重建禮樂制度

明帝即位後，在東平王劉蒼的建議與輔佐下，從永平元年（58）開始到永平四年（61）為止，東漢政府開始大力推動禮樂制度的改革。如前一章所言，光武帝雖然在位三十二年，但是「自王莽篡亂，舊典不存」的情況依舊存在，西漢的嗣君制度及禮儀並沒有隨著「漢」王朝的中興而復興。光武帝在位期間，早期忙於四處征戰、建立中央集權的官僚體制；中期又為了「退功臣、進文史」及廢立皇后、太子等事費心；晚期，則是忙於安定邊疆及整頓諸王交通賓客的問題。相較於建國後的混亂，重建禮儀制度一事便被耽擱下來。直到光武帝晚年、中元元年（56），光武帝才在群臣的建議下，封禪於泰山。同一年，東漢政府開始重建明堂、靈臺、辟雍和北郊兆域。中元二年（57）正月，才剛立北郊，祀后土，光武帝便在二月病逝了。隨著光武帝的病逝，剛剛推動的禮儀制度遂變成一個空名，根本無法發揮原本的功效。光武帝喪禮上的一片混亂，便是在這種情況下發生，讓明帝及後人印象深刻。因此，當東平王劉蒼建議要重修禮樂時，明帝馬上欣然接受。《後漢書》提到：

> 是時中興三十餘年，四方無虞，蒼以天下化平，宜修禮樂，乃與公卿共議定南北郊冠冕車服制度，及光武廟登歌八佾舞數，語在禮樂、輿服志。〔註23〕

〔註21〕章帝即位後，第五倫在上書裡提到：「光武承王莽之餘，頗以嚴猛為政，後代因之，遂成風化。郡國所舉，類多辨職俗吏，殊未有寬博之選以應上求者也。」由此可見嚴苛之政風，在章帝時代仍為常態，並未改善。《後漢書》，卷41，〈第五倫傳〉，頁1146。

〔註22〕《後漢書》，卷33，〈朱浮傳〉，頁1146。

〔註23〕《後漢書》，卷42，〈東平憲王劉蒼傳〉，頁1433。

這一段話，一方面點出當時四方無事，正是禮樂改革的最佳時機；另一方面也顯示出明帝與劉蒼的禮樂改革，主要集中在「南北郊冠冕車服制度，及光武廟登歌八佾舞數」方面，這些制度正是光武帝在世時沒有完成的制度。

　　首先登場的是永平元年（58）春正月的元會儀。明帝在正月時率領所有的公卿大臣朝見光武帝的原陵。唐代李賢在注此段記載時，引用《漢官儀》的說法，提到：

> 古不墓祭。秦始皇起寢於墓側，漢因而不改。諸陵寢皆以晦、望、二十四氣、三伏、社、臘及四時上飯。其親陵所宮人，隨鼓漏理被枕，具盥水，陳莊具。天子以正月上原陵，公卿百官及諸侯王、郡國計吏皆當軒下，占其郡國穀價，四方改易，欲先帝魂魄聞之也。

〔註24〕

整個儀式都是在光武帝的陵寢前舉行。以明帝為首、百官群僚為輔的君臣不只朝見已逝的先帝，還將國家日常的政治活動搬到原陵來，讓已逝的光武帝也有機會參與國家大事。換言之，已逝的光武帝，透過這段儀式，以另一種生命的方式，再度參與國家政事的運作。這種「事死如生」的祭拜活動，無疑也呈現出漢人對死亡與死後世界的態度，與生存的現時人世並沒有太大的區別。〔註25〕整個儀式又稱作「上陵」。關於上陵的儀式以及參與的對象，在

〔註24〕　《後漢書》，卷2，〈顯宗孝明帝紀〉，頁99。

〔註25〕　關於漢人的死後世界觀，根據蒲慕州的研究，漢人稱死後世界為「地下」，地下世界實與在世的地上世界密切相關。不只是編戶的身分不變，連活著時要負擔的義務繳稅、服勞役，到了地下世界同樣還是要繳稅和服勞役。地下世界不過是地上世界的延伸。請見蒲氏，《墓葬與生死——中國古代宗教之省思》（台北：聯經出版社，1993），第7章，〈墓葬形制轉變與宗教社會變遷之關係〉，頁218～225。韓國學者具聖姬也認為漢人的死後世界是生前世界的延續，生前富貴、死後也富貴。不過，具聖姬更進一步提出漢人死後的歸處，可分為天上與地下。只有少數的帝王公侯與方士仙人可以在天上生活，大部分的人都只能在黃泉下繼續過著與人世間相同的生活。其次，王公貴族如果不能在天上，在地下世界依舊是統治階層，驕貴無比。見具聖姬，《漢代人的死亡觀》（北京：民族出版社，2003），第3章，〈漢代人所理解的死後存在的歸處〉，頁92～93。相關的議題，可以參酌余英時的研究。余氏綜合其他學者的研究，提出漢代人已有「魂升天、魄歸地」的觀念，並強調在佛教傳入中

《後漢書‧志‧禮儀》有更詳細的敘述。其文曰：

> 西都舊有上陵。東都之儀，百官、四姓親家婦女、公主、諸王大夫、
> 外國朝者侍子、郡國計吏會陵。晝漏上水，大鴻臚設九賓，隨立寢
> 殿前。鍾鳴，謁者治禮引客，羣臣就位如儀。乘輿自東廂下，太常
> 導出，西向拜，（止）〔折〕旋升阼階，拜神坐。退坐東廂，西向。
> 侍中、尚書、陛者皆神坐後。公卿羣臣謁神坐，太官上食，太常樂
> 奏食舉，〔舞〕文始、五行之舞。（禮）樂闋，（君）〔羣〕臣受賜食
> 畢，郡國上計吏以次前，當神軒占其郡〔國〕穀價，民所疾苦，欲
> 神知其動靜。孝子事親盡禮，敬愛之心也。周徧如禮。最後親陵，
> 遣計吏，賜之帶佩。〔註26〕

上陵之儀，究竟起於何時，學者眾說紛紜，〔註27〕不過，可以確定東漢建國

> 國之前就有類似地獄的觀念。余英時著、侯旭東譯，《東漢生死觀》（台北：
> 聯經書店，2008）

〔註26〕《後漢書‧志》，卷4，〈禮儀‧上陵〉，頁3103。

〔註27〕關於墳墓祭祀的起源，以楊寬為首的學術界大多傾向在春秋戰國時代開始，
少部份學者則認為從東漢明帝開始。楊寬認為明帝的「上陵」，是豪強大族「上
墓」禮俗進一步推廣的結果。見楊氏，《中國古代陵寢制度史研究》（上海：
上海古籍出版社，1985），頁181。黃曉芬亦認為在東漢建國後，地方豪強開
始在墓地上舉行墳墓祭祀，並形成社會風氣。受此影響，東漢明帝開始將原
本在宗廟舉行的祖靈祭祀搬到陵墓上進行，「上陵之儀」才逐漸推廣開來。見
黃氏，《漢墓的考古學研究》（長沙：岳麓書社，2003），第9章，〈祖靈祭祀
的邅變──宗廟祭祀與墳墓祭祀〉，頁268。巫鴻的看法則與楊氏、黃氏相左，
認為是皇室影響了地方的百姓與大族。巫氏認為明帝的上陵之儀，實繼承於
光武帝於陵園內祭祀舂陵本宗的做法。為了推崇本宗，光武帝原本想在高廟
外，另立本宗的宗廟，在群臣的反對下，只好改變方式，在陵園祭祀光武帝
的直系祖先。因此，高廟雖存，祭祀的重心卻被有意識地移到陵墓，使西漢
的廟祭一變為墓祭。光武帝時代，重要的祭祀活動幾乎都是在本宗的陵墓上
舉行，少部份則在高廟舉行。「遂有事於陵寢」一詞，在史書上屢見不鮮。明
帝即位後，如何安置光武帝的靈位變成一大考驗。明帝除了另立世祖廟外，
還沿用光武帝的先例，以「孝」為名，把宗廟祭祀移到園陵來舉行。因此，
陵墓成為祖先崇拜的中心，宗廟則被架空。見巫氏，〈漢明、魏文的禮制改革

以後，明帝是第一個在先帝陵墓舉行「上陵」儀式的皇帝。明帝爲何要舉辦上陵儀式？原因很多，一方面是受到漢人「事死如生」觀念的影響，另外一方面，也是一種孝道的表現。〔註28〕然而，除了後人熟知的孝道外，「上陵」還有其他更重要的意義。整個祭祀的過程中，無論是皇帝、皇親貴族、臣僚，甚至是外國的使者，每一種身分都有該身分當處的位置。在大鴻臚與謁者的引導下，每一個人都能按照自己的身分地位，找到屬於自己的位置。換言之，身分決定了位置，每一個位置也清清楚楚標誌出每一個人身分的不同。如此，透過儀式的進行，皇帝的獨一無二性與最高權威性就被突顯出來，也明白告誡了其他的諸侯王與百官臣僚們，作爲最高皇權擁有者的明帝，其權力不是任何人可以任意僭越或是奪取的。〔註29〕此外，在典禮結束後，各地方的上計吏在光武帝的陵寢前呈報各郡國的穀物價格。表面上，似乎讓光武帝的魂魄與人世再度取得連結，藉以復行皇帝本身的治國權力。實際上，卻是將光武帝與明帝兩人的形象相重疊，強調兩人的生命與政治權力，具有一種延續

與漢代畫像藝術之盛衰〉，《九州學刊》，3卷2期，1989，頁31～34。

〔註28〕《後漢書·志》，卷4，〈禮儀·上陵〉，頁3103～3104。劉昭注引《謝承書》，提到蔡邕跟隨靈帝上陵後，與隨同者討論上陵儀式，其文曰：「明帝嗣位踰年，羣臣朝正，感先帝不復聞見此禮，乃帥公卿百僚，就園陵而創之。尚書（陛）〔階〕西（陛爲）〔祭設〕神坐，天子事亡如事存之意。苟先帝有瓜葛之屬，男女畢會，王、侯、大夫、郡國計吏，各向神坐而言，庶幾先帝神魂聞之。今者日月久遠，後生非時，人但見其禮，不知其哀。以明帝聖孝之心，親服三年，久在園陵，初興此儀，仰察几筵，下顧羣臣，悲切之心，必不可堪。」蔡邕認爲明帝首創上陵儀式，實出於一片孝心。

〔註29〕大陸學者雷戈在分析秦漢之際的皇權思想時，提出秦始皇「使子弟（秦公子們）爲匹夫」的目地，在於「使天下絕望」，藉以確保皇帝是唯一高居在其他人之上的神聖存在，其他人只能是臣民與奴才。以匹夫爲天子的劉邦，爲了避免匹夫爲天子的情況再現，開始誅殺異姓王，並制定「非劉姓不得王」的誓約，也是一種「使天下絕望」的方式。但是，在皇權的問題上，同姓王顯然較異姓王的威脅更大，昆弟關係也可能造成君臣關係的顛覆。於是「使天下絕望」遂衍生出另一種「一家人絕望」，主要的目的還是維護以皇帝爲中心的皇帝制度。見氏著，《秦漢之際的政治思想與皇權主義》（上海：上海古籍出版社，2006），第2章，〈皇權主義核心價值的初步架構：以皇帝觀念爲中心〉，頁117～124。

性與獨佔性的力量。換言之，明帝的政治權力，主要是來自於光武帝本身的授與與延續，在建武十九年（43）被立為太子的那一刻起，明帝獲得光武帝給予的權力與法統是獨一無二，不是其他人可以僭越的。透過上陵的儀式，透過光武帝的形象與魂魄，明帝一再向諸侯王及世人們揭示一個事實，即自己才是這個帝國的最高皇權統治者。

明帝與劉蒼的努力不僅僅在此，為了強調與光武帝政權的延續性，明帝繼續執行光武帝時代未完成的政策。在永平二年（59）正月，明帝親自率領公卿列侯至明堂祭祀光武帝，並在儀式結束後，登上靈臺。《後漢書・顯宗孝明帝紀》提到當時的經過：

> 二年春正月辛未，宗祀光武皇帝於明堂，帝及公卿列侯始服冠冕、衣裳、玉佩、絇屨以行事。禮畢，登靈臺。使尚書令持節詔驃騎將軍、三公曰：「今令月吉日，宗祀光武皇帝於明堂，以配五帝。禮備法物，樂和八音，詠祉福，舞功德，（其）班時令，勑羣后。事畢，升靈臺，望元氣，吹時律，觀物變。羣僚藩輔，宗室子孫，眾郡奉計，百蠻貢職，烏桓、濊貊咸來助祭，單于侍子、骨都侯亦皆陪位。斯固聖祖功德之所致也。……仰惟先帝受命中興，撥亂反正，以寧天下，封泰山，建明堂，立辟雍，起靈臺，恢弘大道，被之八極；……百僚師尹，其勉修厥職，順行時令，敬若昊天，以綏兆人。」〔註30〕

明帝在正月先率領公卿大臣上明堂祭祀光武帝，接著登上靈臺。同年三月，又親臨辟雍，舉行首次的大射禮。〔註31〕十月，明帝再度親臨辟雍，並舉行

〔註30〕《後漢書》，卷2，〈顯宗孝明帝紀〉，頁100，李賢注引《漢官儀》曰：「天子冠通天，諸侯王冠遠遊，三公、諸侯冠進賢三梁，卿、大夫、尚書、二千石、博士冠兩梁，（二）千石已下至小吏冠一梁。天子、公、卿、特進、諸侯祀天地明堂，皆冠平冕，天子十二旒，三公、九卿、諸侯七，其纓各如其綬色，玄衣纁裳。」就像上陵儀式中，每一個人都有自己的位置般，明帝利用永平二年的明堂祭祀，強調不同身分者應該搭配不同的服飾與配件，不得任意混用。

〔註31〕關於大射禮，《後漢書》，卷2，〈顯宗孝明帝紀〉，頁102，李賢注引《儀禮》曰：「大射之禮，王將祭射宮，擇士以助祭也。張虎侯、熊侯、豹侯，其制若今之射的矣。謂之為侯者，天子射中之，可以服諸侯也。天子侯中一丈八尺，畫以雲氣焉。王以六耦射三侯，樂以《騶虞》九節；諸侯以四耦射二侯，樂以《貍首》七節；孤卿、大夫以三耦射一侯，樂以《采蘋》五節；士以二耦

首次的養老禮。〔註32〕結束辟雍的行程後，明帝西至長安祭祀高祖廟及十一陵。同一年，明帝「始迎氣與五郊」。〔註33〕在這些忙碌的行程中出現的明堂、靈臺及辟雍，甚至是郊壇，都是在光武帝中元元年、二年（56、57）左右獲得重建的儀式與建築。這些儀式的共同特點，都是必須由天子親自主持的典禮儀式。其次，除了延續光武帝末年的規劃與制度，明帝與劉蒼還特別針對樂舞的部份加以改革，使禮樂制度更為完備。永平三年（60）八月，明帝將大樂改成大予樂；十月，冬祭光武廟時，首次在寢廟前演奏《文始》、《五行》及《舞德》之舞。〔註34〕再一次，明帝透過各種儀式與搭配的服飾、樂舞，強調自己與光武帝的連結與延續性，以及皇權的獨一無二性。

在東平王劉蒼的協助下，明帝時代的禮樂改革，在永平四年（61）二月，明帝親耕以給祭天地後，〔註35〕大致完成。次年二月，東平王劉蒼卸下輔政的職務，不再與政。劉蒼的去職，象徵禮樂的改革已經告一段落。西漢的禮樂制度，在經歷王莽年間的破壞以及東漢建國初期的動亂後，在明帝和東平王劉蒼的努力下，東漢帝國逐漸建立起自己制度與儀式。

第二節　抑制諸王的權力

1、諸王的挑戰

如上一章所言，明帝時代的諸王獄案，與光武時代的諸王政策有很大的

　　　　射豻侯，樂以《采蘋》三節。」從這段記載中，可以看到不同的人行射禮，
　　　　必須搭配不同的音樂。

〔註32〕《後漢書》，卷2，〈顯宗孝明帝紀〉，頁102，李賢注。

〔註33〕《後漢書》，卷2，〈顯宗孝明帝紀〉，頁105，李賢注。

〔註34〕《後漢書》，卷2，〈顯宗孝明帝紀〉，頁107，李賢注引《漢書》曰：「文始舞
　　　　者，本舜韶舞也，高祖六年更名曰文始，其舞人執羽籥。五行者，本周舞也，
　　　　秦始皇二十六年更名曰五行，其舞人冠冕衣服法五色。武德者，高祖四年作，
　　　　言行武以除亂也，其舞人執干戚。光武草創，禮樂未備，今始奏之，故云初也。」
　　　　又《漢書》，卷22，〈禮樂志〉，頁1028，提到「樂以治內而為同，禮以修外而
　　　　為異。同則和親，異則畏敬；和親則無怨，畏敬則不爭。揖讓而天下治者，禮
　　　　樂之謂也。」換言之，禮、樂本是相伴而生的制度，缺一不可。

〔註35〕《後漢書》，卷2，〈顯宗孝明帝紀〉，頁107，李賢注。

關係。光武帝沒有好好約束自己的皇子們，加上法禁不嚴密，國家制度欠缺，使得明帝初即位便面臨兄弟們不服的問題。為了鞏固明帝的威權，光武帝在建武二十八年（52）下詔諸王就國時，只留下與明帝同母所出的親兄弟。然而，與明帝同母的山陽王劉荊卻是第一個出來反對明帝繼位法統的諸王。礙於母后，明帝並未繼續追究山陽王劉荊的事情，把整件事掩蓋下來。但是，對明帝而言，從建武十九年（43）被立為太子至今，即使已經當了十多年的備位儲君，還是無法贏得所有兄弟的忠誠與支持；其次，同母兄弟的劉荊居然利用廢太子東海王劉彊和郭氏的身份，來挑戰明帝的權威。更麻煩的是，如前一章所言，光武帝任意廢后、破壞原有的嫡庶之別等事件，讓明帝非常清楚兄弟們的想法，並不是真心認為只有廢太子有權利和法統即位，而是每一個皇子都有權利來當皇帝。此外，西漢末年以來流行的讖緯符命，也大大加強了諸王們登上大位的希望。明帝的處境，實在是尷尬又難堪。

明帝兄弟對帝位的渴望，確實非常明顯。明帝即位時正好是三十歲，而光武帝稱帝時也恰好是三十歲。對於漢人而言，每一個數字都有神祕的含意在其中，既然光武帝在三十歲稱帝，那麼神祕的「三十」無疑代表了一個新時代的開始。〔註36〕明帝於此時即位，無疑加強了這個數字的力量。然而，每個人都

〔註36〕漢人對數字的著迷，部份和讖緯的流行有關，這方面可以光武帝和公孫述為代表。光武帝即位的依據《赤伏符》曰：「劉秀發兵捕不道，四夷雲集龍鬪野，四七之際火為主。」文中的「四七」李賢注曰「四七，二十八也。自高祖至光武帝初起，合二百二十八年，即四七之際也。漢火德，故火為主也。」《後漢書》，卷 1，〈光武帝紀〉，頁 21～22。關於「四七」，學者說法不一，大陸學者楊權則認為「四七」指光武帝在二十八歲那一年起兵，見氏著，《新五德理論與兩漢政治——「堯後火德」說考論〉》（北京：中華書局，2006），第 5章，〈「堯後火德」說對反莽戰爭形勢的影響〉，頁 233。同樣地，促成光武帝封禪的《河圖會昌符》「赤劉之九，會命岱宗。」其中的「九」也是充滿神祕的符號，因為從高祖到光武帝正好是第九世，因此封禪時的石刻文上，處處可見「九」字。《後漢書・志》，卷 7，〈祭祀志・封禪〉，頁 3165～3166。公孫述則在夢中聽到有人對他說「八ム子系，十二為期」，「八ム子系」合起來，正好是「公孫」二字。公孫述稱帝到覆滅，恰好也是十二年。參見《後漢書》，卷 13，〈公孫述傳〉，頁 535。關於數字、讖緯及「堯後火德」說對東漢建國的影響與分析，請參見楊權，《新五德理論與兩漢政治——「堯後火德」說

可能經歷這神祕的年齡。廣陵王劉荊就曾經在三十歲這一年，私下跟相者說到：「我貌類先帝。先帝三十得天下，我今亦三十，可起兵未？」〔註37〕這段話，有兩個值得注意的地方，一個是前述的神祕「三十」，另一個則是相貌的問題。由此可見，漢人不只重視數字，也非常重視面相。在《後漢書・皇后紀》的記載中，可以看到許多后妃在入宮前都要經過相工的審核和把關，才得以入宮。〔註38〕不只是皇室選后妃，連一般人都會找相工或是占者到家裡看面相和算命。《後漢書》提到光武帝的相貌「身長七尺三寸，美須眉，大口，隆準，日角。」〔註39〕隆準是指鼻子高高的，「日角」根據李賢注曰：「日角謂庭中骨起，狀如日」，也就是隆起來的面骨像圓圓的太陽。相較於光武帝的祖先劉邦，劉邦「隆準而龍顏，美須髯，左股有七十二黑子。」兩人的面相非常相似，幾乎是同一個模子刻出來。〔註40〕因此，光武帝與劉邦面相上的相似，也就變成東漢建國的合法依據之一。劉荊雖然提到自己的相貌和光武帝非常相似；然而，明帝的相貌似乎又更勝劉荊一籌。

　　史書提到明帝「生而豐下」，杜預的解釋是「豐下，蓋面方也」。《東觀記》直言「帝豐下兌上，項赤色，有似於堯」。〔註41〕明帝不只臉方方大大的，連後頸都是紅色的，最重要的是長得跟傳說中的聖王堯非常相似。姑且不論明帝的長相是否真如史書的記載，文中提到的「項赤色」、「有似於堯」，確實有其深意。據說光武帝在夜晚出生時，屋內居然出現「赤光」，讓房內非常明亮。〔註42〕同樣的記載，也出現在明帝身上，明帝原名劉陽，後改名為莊。《東觀

考論》，第6章，〈「堯後火德」說與東漢前期的政治〉，頁249～280。

〔註37〕《後漢書》，卷42，〈廣陵思王劉荊傳〉，頁1448。劉荊原本封山陽王，明帝徙封為廣陵王。《通鑑》將此事繫於永平九年（66），見卷45，〈漢紀37〉，永平九年條，頁1450。

〔註38〕《後漢書》，卷10，〈皇后紀〉，頁400。換言之，身為洛陽女子，就算年齡符合、容貌出眾，如果相工認為不合相法，依舊無緣入宮。

〔註39〕《後漢書》，卷1，〈光武帝紀〉，頁1。李賢注同出此紀，頁2。

〔註40〕《漢書》，卷1，〈高帝紀〉，頁2。關於劉邦和光武帝面相的比較，請見黃留珠，《劉秀傳》（北京：人民出版社，2003），第1章，〈彬彬儒生〉，頁10。

〔註41〕《後漢書》，卷2，〈顯宗孝明帝紀〉，頁95。杜預及《東觀記》皆為李賢的注文。

〔註42〕周天游，《後漢紀校注》，卷1，〈後漢光武皇帝紀〉，頁2。

紀》提到：「建武四年五月甲申，皇子陽生。上以赤色，名之曰陽」，〔註43〕所以明帝初名「陽」，主要因爲也是「赤色」。「赤色」的記載，與東漢建國以來自稱爲火德一事相關。至於「似堯」的部份，顯然與西漢末年流行的「堯後火德」有很深的關係。〔註44〕因此，明帝不只和光武帝同月出生、一樣擁有赤色的祥瑞，又與漢的始祖堯長得非常相似，明帝即位的合法性顯然比劉荊強多了。

在帝制時代，既然面相與祥瑞可以作爲稱帝的合法依據，身爲諸王的劉荊卻將自己的年齡、相貌和光武帝劃上等線，確實是非常大膽而危險的作法。當如此大逆不道的消息傳到朝廷時，明帝看在母親的面子上，還是沒有嚴格懲處劉荊，只有下詔中央看管、禁止劉荊與廣陵國的官吏相來往。從劉荊的事件裡，其實可以清楚看到明帝在面對兄弟的挑戰時，不只承受光武帝教育失敗的惡果，也必須承受來自母親、光武陰皇后的壓力。相較之下，明帝在處理其他諸王獄案時，對犯案諸王的態度就明顯不同了。〔註45〕

除了廣陵王劉荊外，楚王劉英、濟南王劉康、阜陵王劉延都是明帝時代諸王獄案的主角之一。如前所述，劉荊與明帝都是光武陰皇后所生，濟南王劉康和阜陵王劉延則是廢后郭聖通所生。至於楚王劉英，則出自光武帝的許美人。據說，由於許美人並不得光武帝歡心，所以楚王劉英的封國面積最小；

〔註43〕《東觀紀》引文，出自施之勉，《後漢書集解補》（台北：中國文化大學出版部，1982），〈顯宗孝明帝紀第二〉，頁71。又，施氏注文引《風俗通》曰：「明帝與光武帝同月生。」

〔註44〕楊權，《新五德理論與兩漢政治——「堯後火德」說考論》，第 6 章，〈「堯後火德」說與東漢前期的政治〉，頁249～280。正因爲東漢接受了「堯後火德」的觀念，光武帝在建國後特別提高堯的地位，並在光武帝的發源地建立「堯祠」。相形之下，常常與堯並稱的舜，在東漢並沒有得到太多的注意。舜被忽視，其實與王莽建國有關。王莽在篡漢的過程中，正是打著「新室舜後」的旗幟。傳說中，堯將帝位禪讓給舜，同樣地，西漢皇室既然是堯的後人，將帝位轉給舜的後人新莽，也是理所當然的歷史發展。見同書第 4 章，〈王莽對「堯後火德」說的移植利用〉，頁162～177。

〔註45〕日本學者東晉次在研究明帝政治時，即注意到明帝處理諸王獄案的態度並不一致。見氏著，《後漢時代の政治と社会》（名古屋：名古屋大學出版社，1995），第 1 章，〈光武帝・明帝の政治〉，頁53。

〔註 46〕在宮內成長的過程中，沒有其他同母兄弟的劉英常常依附在明帝之下，與明帝的關係非常親密。〔註 47〕同樣是牽連上謀反的罪名，明帝處理的態度明顯不同。史書上稱劉荊「性刻急隱害，有才能而喜文法」，〔註 48〕與明帝的個性頗為相似。劉荊在母親的保護下，先有假造郭況之名煽動廢太子劉彊反的舉動，後又大言不慚說自己長得像光武帝。對於劉荊的狂妄行為，明帝通通都隱忍下來，不予懲罰。即使有司舉奏劉荊「使巫祭祀祝詛」，要求治罪劉荊，明帝還是沒有對自己的弟弟下手。最末，整個事件以劉荊自殺完結，但是明帝卻「憐傷之，賜諡曰思王」。換言之，即使劉荊三犯大逆不道的罪過，最後還是得以王禮下葬。明帝雖然將劉荊的兒子劉元壽的爵位降為廣陵侯，還是讓劉元壽佩戴廣陵王的璽綬，與諸王享有同等的待遇。

　　濟南王劉康和阜陵王劉延均是郭聖通所生的皇子。《後漢書·濟南安王劉康傳》提到：

> 康在國不循法度，交通賓客。其後，人上書告康招來州郡姦猾漁陽顏忠、劉子產等，又多遺其繒帛，案圖書，謀議不軌。事下考，有司舉奏之，顯宗以親親故，不忍窮竟其事，但削祝阿、隰陰、東朝陽、安德、西平昌五縣。〔註 49〕

如前一章所言，由於世人大多同情郭后和劉彊無罪被廢，不只是光武帝特別封較多的封土給劉彊，連明帝對陰氏與郭氏外戚的禮遇都相同，希望減少郭氏的怨恨。對郭氏的虧欠，也影響了明帝處理獄案的態度。當濟南王劉康被人檢舉

〔註 46〕大陸學者王健認為《後漢書》的記載失實，楚國並不是諸王中最小最窮的一個封國。相反地，楚國土地雖然不大，在東漢時期卻是一個商業中心，國勢相當富庶。王健認為范曄的誤解，來自於經歷六朝戰亂後的錯誤印象，見王氏，〈楚王劉英之獄探析〉，頁 38～39。

〔註 47〕《後漢書》，卷 42，〈楚王劉英傳〉，頁 1428，「母許氏無寵，故英國最貧小。三十年，以臨淮之取慮、須昌二縣益楚國。自顯宗為太子時，英常獨歸附太子，太子特親愛之。」劉英與明帝的關係良好，不盡然出自劉英孤立無援，這與光武帝的家庭氣氛有很大的關係，也可以視為光武帝的刻意安排，希望握有大權的明帝能夠多加照顧這個兒子。詳見本書第一章結論。

〔註 48〕本段文字中關於劉荊之引文，皆引自《後漢書》，卷 42，〈廣陵思王劉荊傳〉，頁 1446～1448。

〔註 49〕《後漢書》，卷 42，〈濟南安王劉康傳〉，頁 1431。

與顏忠等人陰謀不軌時，明帝只是略施薄懲，削去五縣而已。到了章帝即位後，章帝還將被明帝削去的五縣還給濟南王劉康。終劉康之世，劉康的生活與地位都沒有受到任何的影響，繼續過著奢華而富足的王公生活。〔註50〕劉康死後，濟南王的爵位由劉康的嗣子劉錯繼承，王國得以延續下去。相反地，同樣與顏忠交往的楚王劉英卻受到非常嚴厲的懲罰。明帝永平十三年（70）的楚王劉英案，是明帝時代受到高度矚目的諸王獄案。《後漢書・楚王劉英傳》簡單記載事件的原委：

> 十三年，男子燕廣告英與漁陽王平、顏忠等造作圖書，有逆謀，事下案驗。有司奏英招聚姦猾，造作圖讖，擅相官秩，置諸侯王公將軍二千石，大逆不道，請誅之。帝以親親不忍，乃廢英，徙丹陽涇縣，賜湯沐邑五百戶。遣大鴻臚持節護送，使伎人奴婢（妓士）〔工技〕鼓吹悉從，得乘輜軿，持兵弩，行道射獵，極意自娛。男女為侯主者，食邑如故。楚太后勿上璽綬，留住楚宮。明年，英至丹陽，自殺。立三十三年，國除。〔註51〕

傳文中提到的漁陽顏忠，正是上文提到和濟南王劉康交通的「州郡姦猾」之一。史書上並沒有提到濟南王劉康與顏忠往來交通的確切時間。事發後，明帝對濟南王劉康的懲處很輕，只削五個封縣而已。大陸學者曹金華認為劉康與顏忠往來的時間，應該是在楚王劉英被告謀反的前後。也就是說濟南王劉康是受到楚獄的牽連，所以楚王劉英的獄案和濟南王劉康的謀反案，當屬同一事件。曹金華進而推測劉英和劉康兩人可能是共謀反叛，故楚王獄案中被牽連的人士，部份應屬於濟南王劉康的人馬。〔註52〕

　　兩相比較劉英與劉康的下場，同樣是明帝的「親親不忍」態度、同樣是與顏忠交通，劉英的命運顯然不若劉康。劉英與顏忠交通的事情被告發後，憤怒的明帝先廢了劉英的王位，又將劉英徙至丹陽涇縣；在劉英自殺身亡後，明帝還大興獄案，大肆追捕與楚案有關連的人事，造成許多的冤案。〔註53〕明帝雖沒有懲處劉英的家人，卻僅僅以列侯之禮安葬劉英，而非像廣陵王劉荊以王禮下葬。濟南王劉康和楚王劉英都和顏忠私下往來，但明帝對兩人處

〔註50〕《後漢書》，卷42，〈濟南安王劉康傳〉，頁1431。

〔註51〕《後漢書》，卷42，〈楚王劉英傳〉，頁1429。

〔註52〕曹金華，〈論東漢前期的"諸王之亂"〉，頁13。

〔註53〕《後漢書》，卷45，〈袁安傳〉，頁1518。

置態度卻大大不同，可見得明帝對輿論及郭氏仍有些許的顧忌。〔註54〕相較之下，雖然劉英與明帝關係相當親密，明帝卻沒有「以親親故」而稍減對劉英的懲戒。因楚王劉英而起的楚獄，遂成為明帝時代影響最大、牽連最廣的諸王獄案。暫且不論劉英是否真有謀反的企圖，同樣是兄弟謀反事件，明帝對楚王劉英的懲罰為何特別嚴厲？學者的說法不一。學者大多從劉英的背景談起，認為劉英是光武帝許美人所生，許美人無寵，加上劉英沒有其他的同母兄弟，必須依附在明帝之下。因此當明帝要懲治不法的諸王時，勢單力孤的劉英就成為最好的樣板。〔註55〕但是，這些論點並不足以說明明帝何以大興楚獄的原因。明帝即位後，對光武帝喪禮上的混亂，確實是印象深刻。然而，諸王的違法亂紀及劉英的勢單力孤並不是明帝興起獄案的唯一目的。

　　明帝大興獄案的前提，正是要重建早已被毀壞的嗣君制度，特別是上下尊卑之別的宗室制度。明帝對諸王的打擊與限制，其實是延續自光武帝時代的政策。如前一章所言，光武帝稱帝後，為了避免西漢「七國之亂」再現，極力限制宗室諸王的發展。光武帝限制的對象，不只是宗室諸王，連封王的皇子們都留在身邊看管照料，不輕易讓諸王就國。建武二十八年（52）時，光武帝讓一部份的皇子回到封國，目的還是為了穩固中央的政權，為日後的明帝執政預先清除障礙。但是，光武帝對宗室的限制顯然還是不夠，特別是宗法制度中的上下尊卑觀念並沒有確實得到建立，才會導致葬禮上的混亂。

〔註54〕關於明帝處置劉英和劉康態度不同一事，承蒙中正大學雷家驥教授指正，劉英有除授王國官員，劉康則無，因此明帝對劉康的處罰是點到為止而不窮究。根據本傳，劉英被指控「招聚姦猾，造作圖讖，擅相官秩，置諸侯王公將軍二千石，大逆不道⋯⋯」《後漢書》，卷42，〈楚王劉英傳〉，頁1429。因此，劉英的行為，違反西漢以來諸王不得干預王國行政的慣例，也是明帝特意嚴懲的原因。

〔註55〕大陸學者蕭陽光、冷鵬飛認為明帝對郭氏仍有忌諱，加上劉英的外戚許氏毫無勢力，因此明帝在楚王獄案上特地大作文章。見蕭陽光、冷鵬飛，〈東漢楚王英謀逆案疑析〉，頁75。曹金華則認為明帝的處置，完全是依照母親的不同而有所不同。無論是增封國土或是犯罪懲戒，同為陰后所生的兄弟顯然比郭后或是許氏所生的諸王優渥、寬鬆多了。明帝對兄弟的差別待遇，主要還是延續光武帝末年的政策，因此始作俑者還是光武帝的偏私，也就是建武年間廢后、太子的影響。見曹氏，〈論東漢前期的“諸王之亂”〉，頁14～16。

深受其害的明帝，靠著光武時代的舊臣太尉趙憙，才勉強區分嗣君與地方諸王間的尊卑之別。除了尊卑無別之外，山陽王劉荊的飛書，更是讓明帝坐立難安。如果說光武帝有鑑於「七國之亂」的前例，擔心宗室諸王對中央皇室構成威脅，因此大力限制宗室諸王的發展；聰穎的明帝，則在葬禮的混亂中，意識到來自兄弟們的挑戰。所以明帝限制諸王的做法，比光武帝時代更爲徹底。爲了解決諸王的問題，明帝的第一個步驟，就是讓諸王通通遠離中央。除了在光武帝末年就國的諸王們外，同爲光武陰皇后所生的諸王們，也都在明帝即位後陸續就國。第一個就國的諸王，是最早有動作的劉荊，其次是原本留在京師的中山王劉焉。永平四年（61），輔政的東平王劉蒼不斷上書，要求辭去驃騎將軍的職位後就國，最後明帝允許劉蒼歸國的請求。〔註56〕永平五年（62）東平王劉蒼和琅邪王劉京先後歸國，至此，明帝所有的兄弟皆就國，已無諸王留在京師之內了。

2、東平王劉蒼歸國

劉蒼歸國一事，是明帝限制諸王政策的分水嶺。後人大多將劉蒼歸國一事，歸罪於明帝嚴切的政治風格，而楚王劉英等人的獄案更是因明帝猜忌諸王們所導致的叛亂。〔註57〕然而，劉蒼歸國一事發生在永平五年（61），這一年離永平十三年（70）的楚王劉英獄案和十六年（73）的淮陽王劉延謀反案還有數年之遠，此時的明帝根本無法預料到日後會發生兄弟叛亂的事情。其次，在劉蒼歸國之前，諸王謀反的先例只有劉荊一人。劉荊和明帝都是光武陰皇后所生，光武陰皇后在永平七年（64）過世，看在母后的面子上，以孝順著稱的明帝根本沒有機會嚴屬懲處劉荊；同爲陰皇后所生的東平王劉蒼自然也在母后的照顧下。劉蒼的個性及行事向來謹慎小心，相較於劉荊的大膽罪行，明帝並沒有需要特別提防他的理由。至於讓明帝倍感威脅的廢太子劉彊，早在明帝永平元年（58）就過世了，對明帝早已無威脅可言。其他諸王，

〔註56〕 根據《後漢書》的記載，劉蒼要求辭去驃騎將軍的原因，在於「自以至親輔政，聲望日重，意不自安。」《後漢書》，卷42，〈東平憲王劉蒼傳〉，頁1435。

〔註57〕 清儒王夫之的看法，就是典型的代表。王夫之認爲劉荊、劉英、劉延之所以會謀反，關鍵就在於明帝對兄弟們的猜疑殘忍。見氏著《讀通鑑論》，卷7，〈明帝〉，頁190～191。曹金華亦認爲劉蒼在輔佐明帝穩定天下後，「因帝猜忌殘忍而不得不要求退回藩國。」見氏著，〈漢明帝及其"嚴切"政治〉，頁63。

如沛王劉輔，遭逢光武帝建武二十七年（51）諸王獄案的打擊後，在封國內始終小心謹慎，還贏得明帝的尊重。〔註 58〕因此，在劉蒼歸國的前後，明帝尚未嚴格打擊自己的兄弟們，「猜忌殘忍」之說顯然不是劉蒼歸國的主因。

在《後漢書》的記載中，倒是留下一點線索給後人。《後漢書・東平憲王劉蒼傳》提到：

> 是時中興三十餘年，四方無虞，蒼以天下化平，宜修禮樂，乃與公卿共議定南北郊冠冕車服制度，及光武廟登歌八佾舞數，語在禮樂、輿服志。帝每巡狩，蒼常留鎮，侍衛皇太后。〔註 59〕

前一節提到，從明帝即位到劉蒼就國爲止，明帝曾數次重定國家典章制度和禮儀，自劉蒼就國後，明帝本紀中就再也沒有相關的記載。從永平元年（58）正月明帝率領群臣祭拜光武帝原陵開始，至永平四年（61）二月明帝親耕爲止，這段時間正是在明帝的認可下，由劉蒼主導，公卿大臣議定「南北郊冠冕車服制度，及光武廟登歌八佾舞數」的時間。當國家的典章制度在永平四年（61）大致底定，皇帝與諸王、君與臣之間的秩序得以重新確立時，便是劉蒼功成身退的時候。《後漢書・志》先後提到：

> 《後漢書・志・禮儀》「夫威儀，所以與君臣，序六親也。若君亡君之威，臣亡臣之儀，上替下陵，此謂大亂。大亂作，則羣生受其殃，可不慎哉！」〔註 60〕
>
> 《後漢書・志・輿服》「夫禮服之興也，所以報功章德，尊仁尚賢。故禮尊〔尊〕貴貴，不得相踰，所以爲禮也。非其人不得服其服，所以順禮也。順則上下有序，德薄者退，德盛者縟。」〔註 61〕

從上引的〈禮儀〉和〈輿服〉二志來看，無論是重建禮儀或是確立輿服的相關制度，都與劃分君臣之別有關。但是，明帝與劉蒼的眞正目的，不在確立皇帝與百官臣僚間的區別，而是在於確立皇室內上下尊卑有別的禮法制度，以避免光武帝喪禮上的混亂再現。對於明帝而言，挑戰明帝權位的主要來源，不在朝

〔註 58〕《後漢書》，卷 42，〈沛獻王劉輔傳〉，頁 1427。

〔註 59〕《後漢書》，卷 42，〈東平憲王劉蒼傳〉，頁 1433。又《漢書》，卷 22，〈禮儀志〉，頁 1030，也提到劉邦命令叔孫通制定禮樂，目的在於「以正君臣之位」。

〔註 60〕《後漢書・志》，卷 4，〈禮儀〉，頁 3101。

〔註 61〕《後漢書・志》，卷 29，〈輿服〉，頁 3640。

廷眾臣，而是來自皇室宗親，特別是同樣是光武帝所生的諸王們。〔註62〕唯有禮法與宗室制度得以重整，日後無論是哪一位皇子被指定為太子，其他的皇子都不能產生僭越與竊取皇位的妄想。在禮法的約束下，每一個皇子，包含嗣君在內，都有應當因循的制度與規矩。萬一違反了禮法，就會成為眾人抨擊的對象。因此，藉著禮法的約束與導引，身為政權之首的皇帝，就不用一天到晚提心弔膽，擔心兄弟們覬覦他的權位，更不用時時耳提面命，告誡諸王不得違法亂紀。諸王一旦違反了皇家禮法，按照禮法來懲戒，不只諸王們心服口服，也可以隔絕來自太后外戚們的干涉，更可以杜絕天下攸攸之口。讓皇帝可以獨立行使自己的權力，不受外界的干擾，重建上下尊卑之別，這正是明帝和劉蒼兄弟二人的最終目標。

諷刺的是，當劉蒼幫明帝重建宗室的禮樂制度後，劉蒼繼續留任驃騎將軍、輔佐政事的理由便不存在。正如上文所言，光武末年就國的諸王中，陰皇后所生的皇子並不在歸國的名單中，明帝同母兄弟們被留在京師內，成為明帝政權的支柱。因此，劉蒼的任命與改革，都是光武帝事先安排、衍生的結果，不會成為其他兄弟批評明帝私寵劉蒼的藉口。但是，當明帝與劉蒼重新建立宗室的禮法制度，並下詔所有的諸王就國，以區分皇帝與諸王間的分際後，情況就截然不同。既然中央的權力屬於皇帝所有，而藩王行使權力的的合法性在封國內，也就是地方上時，卻仍有一位藩王留在中央參與政事，這顯然違背了明帝與劉蒼的初衷。〔註63〕如果劉蒼繼續留在京師，整個禮樂制度的將會遭到其他兄弟的反對與挑戰，這也是劉蒼不得不辭職的原因。總而言之，真正讓劉蒼感到不安的因素，是來自諸王們懷疑的眼光，而不是明帝的嚴切態度。

當國家的典章制度獲得重建，一切禮法儀式都上了軌道，而明帝獨一無二的權威被突顯出來時，兄弟們的個性與行事，還是讓明帝感到極度的不安。明帝的兄弟眾多，謹慎小心的廢太子劉彊在明帝即位後不久就過世，沛王劉輔則在經歷光武末年的打擊諸王賓客事件後，在封國內行事小心謹慎，並未

〔註62〕這並不是說明帝不擔心朝廷眾臣可能侵犯到皇帝的威權，而是在相較之下，諸王的威脅顯然大多了。從光武帝開始，三公的職權不斷被剝奪，加上尚書台的任用等改革，朝廷眾臣對皇帝的威脅確實比較小。

〔註63〕自西漢七國之亂後，兩漢皇室對宗室諸王諸多防範，諸王對封國的控制也是相當有限。因此，東漢初年接引宗室輔政一事，可以說是特例，而不是常態。

引起明帝的猜忌。至於「少好經書，雅有智思」〔註64〕的東平王劉蒼，在協助明帝重建禮儀制度後，就自動辭職歸國。排行最幼的中山王劉焉和琅邪王劉京在封國內，也沒有傳出大逆不道的行為。眞正讓明帝坐立難安的諸王，是信奉浮屠黃老的楚王劉英、多殖財貨的濟南王劉康及驕奢嚴烈的阜陵王劉延，特別是刻急隱害的廣陵王劉荊。劉英、劉荊、劉延、劉康的不法行為，主要是招引賓客、造作圖書或圖讖、祭祀祝詛及謀議不軌。上文提到劉荊在明帝即位時，曾煽動廢太子劉彊起兵奪回帝位。史書上提到：

> 顯宗以荊母弟，祕其事，遣荊出止河南宮。時西羌反，荊不得志，冀天下因羌驚動有變，私迎能爲星者與謀議。帝聞之，乃徙封荊廣陵王，遣之國。其後荊復呼相工謂曰：「我貌類先帝。先帝三十得天下，我今亦三十，可起兵未？」相者詣吏告之，荊惶恐，自繫獄。帝復加恩，不考極其事，下詔不得臣屬吏人，唯食租如故，使相、中尉謹宿衞之。荊猶不改。其後使巫祭祀祝詛，有司舉奏，請誅之，荊自殺。〔註65〕

上述劉荊的眾多行為，在在挑戰明帝的中央皇權。劉荊將自己的年齡和相貌與光武帝相提並論，利用年齡與相貌來加強自己的合法性，儼然是光武帝起兵的翻版。其次，劉荊還私下與「能爲星者」及巫相往來，更是讓明帝大爲不安。除了劉荊外，阜陵王劉延也被指控與姻親謝弇等人「作圖讖，祠祭祝詛」。〔註66〕在這些不法行為中，尤以「祭祀祝詛」一事影響最大。劉荊自殺、劉康削五縣及劉延被徙爲阜陵王等等，皆因此事而起。明帝與漢廷爲何特別懲治諸王「祭祀祝詛」的行為呢？最主要的原因，是因爲被詛咒的對象，是皇帝本人，而不是其他人。也因此，祝詛者往往被指控有強烈的政治意圖，是圖謀不軌的證據，西漢武帝年間數次發生的巫蠱之禍便是最好的例子。〔註

〔註64〕《後漢書》，卷42，〈東平憲王劉蒼傳〉，頁1433。

〔註65〕《後漢書》，卷42，〈廣陵思王劉荊傳〉，頁1448。

〔註66〕《後漢書》，卷42，〈阜陵質王劉延傳〉，頁1444。

〔註67〕如西漢武帝時代的朱安世，從獄中告丞相公孫賀子公孫敬聲「使人巫祭祀祝詛上（即武帝），且上甘泉馳道埋偶人，祝詛有惡言。」見《漢書》，卷68，〈公孫賀傳〉，頁2878。最有名的例子，則是貳師將軍李廣利與丞相劉屈氂得罪一事。《漢書》，卷68，〈劉屈氂傳〉，頁2878，「昌邑王者，貳師將軍女弟李夫人子也。貳師女爲屈氂子妻，故共欲立焉。是時治巫蠱獄急，內者令郭穰告

武帝征和年間發生的巫蠱之禍，最後造成戾太子、衛皇后自殺，牽連眾多的朝臣及皇親貴戚被殺。〔註 68〕姑且不論西漢巫蠱之禍發生的原因，巫蠱、詛咒幾乎與政治上的「圖謀不軌」劃上等線，而這種觀念也同樣被東漢所承襲，如東漢末年的靈帝宋皇后，即是以「挾左道祝詛」的罪名被廢。〔註 69〕可見得無論是西漢或是東漢，「詛咒祭祀」就是「圖謀不軌」，是大逆不道中最為嚴重的罪名。至於劉荊私迎「能為星者」一事，則顯然竊取了屬於皇帝的權力，有偷窺天命、天下大勢走向的企圖。〔註 70〕

換言之，明帝雖然透過明確的禮樂制度來劃清上下尊卑的界限，祈使兄弟們都能各安其位，不要妄想皇位，但是明帝與劉蒼的努力顯然效果不彰。明帝與兄弟們既然都是光武帝所生，個性與外貌自然會遺傳自光武帝，故劉

丞相夫人以丞相數有譴，使巫祠社，祝詛主上，有惡言，及與貳師共禱祠，欲令昌邑王為帝。有司奏請案驗，罪至大逆不道。」

〔註 68〕關於巫蠱之禍的討論，請見 Michael Loewe（魯惟一）,"The Case of Witchcraft in 91 BC", *Crisis and Conflict in Han China 104BC to AD 9*, pp.37～90。魯惟一認為「巫蠱之禍」反應出：漢人相信神靈等神祕力量，而神祕力量可以庇佑、也可以傷人。因此武帝將自己晚年多病的狀況歸罪於詛咒及巫蠱。其次，魯氏認為巫蠱之禍雖起於武帝的陳皇后，但大多都是政治事件，無法驗證，但其罪行甚至比打敗仗還要嚴重。至於漢代的巫所扮演的角色，請見林富士，《漢代的巫者》（台北：稻鄉出版社，1999）一書的分析。

〔註 69〕《後漢書》，卷 10，〈皇后紀〉，頁 448。

〔註 70〕關於星象與國政的關係，《漢書‧天文志》的說法值得參考。《漢書》，卷 26，〈天文志〉，頁 1276，「凡天文在圖籍昭昭可知者，經星常宿中外官凡百一十八名，積數七百八十三星，皆有州國官宮物類之象。……此皆陰陽之精，其本在地，而上發于天者也。政失於此，則變見於彼，猶景之象形，鄉之應聲。是以明君觀之而寤，飭身正事，思其咎謝，則禍除而福至，自然之符也。」按照《漢書》的解釋，天上星象的位置，象徵了人間政治制度的規劃與狀況。一旦人間有失政的狀況發生，也同樣會反應在天上的星辰，如影和響。因此，君王可以藉由觀察星象的變化，來改正自己的施政。星象的影響不只在此，如東漢建國的功臣李通父李守「少事劉歆，好星曆讖紀之言，云『漢當復興，李氏為輔。』私竊議之，非一朝也。」見周天游，《後漢書校注》，卷 1，〈後漢光武帝紀〉，頁 3。李通便是在父親李守的影響下，主動與光武帝往來，開始反王莽。可見得不只是讖緯，星曆也是光武帝建國成功的關鍵之一。

荊與光武帝的相貌相似，自是理所當然。〔註71〕因此，明帝雖然對劉荊的言行不滿，也不好藉此整治一番。但是，一旦牽涉到私迎「能為星者」、「詛咒祭祀」及「作圖讖」等行為，結果就完全不同。如上文所言，兩漢之際的漢人非常相信圖讖符命的力量，王莽能夠篡漢、東漢能夠建國，都與圖讖符命相關。甚至是割據一方的公孫述、曾助光武帝起兵的真定王劉楊等人，都企圖藉助圖讖、符命的力量發展自己的勢力。因此，出生於戰火中、親眼見到光武帝創業的艱辛過程，明帝自然很清楚圖讖符命的力量大到可以建國，也可以滅國。問題是，明帝根本沒有辦法禁絕天下習讀讖文的風氣。明帝的困境，來自於光武帝好讖的態度及所造就的朝廷氣氛。光武帝好讖的態度，不只影響朝廷眾臣及社會風氣，也影響了自己的兒子們。〔註72〕作圖讖的諸王，除了上文提到的劉英、劉荊、劉康等人外，號稱賢王的沛王劉輔本身也是一個善於說圖讖的能手。〔註73〕當整個社會與朝廷內，都瀰漫了一股熱中圖讖的風氣，明帝根本沒有其他的辦法可以禁止。更何況在光武帝的身教影響下，連明帝自己也相信圖讖的功用。《後漢書·志·祭祀志》即提到：

> 自永平中，以《禮讖》及《月令》有五郊迎氣服色，因采元始中故事，兆五郊于雒陽四方。〔註74〕

又《東觀漢記·明帝紀》亦言：

> 詔曰：「《尚書璇璣鈐》曰：『有帝漢出，德洽作樂，名予。』其改郊

〔註71〕劉荊不只長得像光武帝，史書上說其「性刻急隱害，有才能而喜文法」，與明帝的個性也是非常相似。見《後漢書》，卷42，〈廣陵思王劉荊傳〉，頁1446。不只是劉荊、明帝與光武帝非常相似，大陸學者王健甚至認為楚王劉英早年跟隨光武帝出巡等閱歷，使其「稟賦中不乏其父親的政治性格與文化氣質。」見王氏，〈楚王劉英之獄探析〉，頁38。

〔註72〕《後漢書》，卷1，〈光武帝紀〉，頁84。光武帝在中元元年十一月，「宣佈圖讖於天下。」又同書，卷59，〈張衡傳〉，頁1911，「初，光武善讖，及顯宗、肅宗因祖述焉。自中興之後，儒者爭學圖緯，兼復附以訞言。衡以圖緯虛妄，非聖人之法，…」既然光武帝好讀讖書，又宣佈圖讖於天下，等於宣佈圖讖的合法性，天下自然爭讀。關於圖讖在東漢時期的發展與流行狀況，請見姜忠奎，《緯史論微》（上海：上海書店出版社，2005），第6卷，頁184～233。

〔註73〕《後漢書》，卷42，〈沛獻王劉輔傳〉，頁1427。

〔註74〕《後漢書·志》，卷8，〈祭祀志〉，頁3181。

廟樂曰太予樂，樂官曰太予樂官，以應圖讖。」又「帝尤垂意經學，
刪定擬議，稽合圖讖。」〔註75〕

光武帝時代遺留下來的風氣，等於間接合法了諸王們的種種不法行爲，明帝
也無可奈何，唯有「詛咒祭祀」一事，可以按照西漢的故事來深究而已。明
帝的無奈心境，也影響了日後懲治楚王劉英的態度。

3、楚王獄案背後的政局

如前所述，楚王劉英的外戚許氏勢力最小，加上沒有其他的同母兄弟，
確實是明帝最容易下手的對象。劉英本傳說其「少時好游俠，交通賓客，晚
節更喜黃老，學爲浮屠齋戒祭祀。」〔註76〕劉英在封國之內大力推廣黃老道
術、從事佛教的活動，並招引眾多的道士和信徒。〔註77〕如果說明帝必須容
忍光武帝時代留下的圖讖符命，對於初傳至中國的佛教，以及早已被經學、
儒學取代的黃老之術，兩者顯然不在明帝的包容範圍中。劉英的思想，不是
以官方正統的儒學爲主，而是信奉黃老道術和佛教。〔註78〕不過，對於大多
數的東漢人而言，來自西域的佛教，根本是天方夜譚，並不了解佛教的儀式
與教義。〔註79〕

〔註75〕姜忠奎，《緯史論微》，第6卷，頁201。

〔註76〕《後漢書》，卷42，〈楚王劉英傳〉，頁1428。

〔註77〕余英時在研究東漢人的生死觀時，注引湯用彤和《論衡》的研究和記載，說
　　　　明當時的楚廷充斥著方士和道士，非常活躍。不只是楚王劉英，劉英其他兄
　　　　弟的信仰，也和劉英相同，所以顏忠不只出現在楚王王廷，也同樣在濟南王
　　　　劉康的王宮走動。余英時著、侯旭東譯，《東漢生死觀》，頁55。

〔註78〕王健認爲劉英熱衷於黃老道術的行爲，與西漢淮南王劉安的行徑非常相似，
　　　　「在意識形態上的離心既是楚王英在政治上離心的一種手段，也是一種象
　　　　徵。」此外，王氏認爲劉英的政治離心表現，一部份出於庶出身分所導致的
　　　　自卑情節，一部份則是受到楚地人文傳統的影響。楚地雖然是西漢劉姓宗室
　　　　的發源地，也是七國之亂等宗室亂事的主要根據地之一。光武帝建國的過程
　　　　中，多次親征才平定東方群雄，此地日後還多次發生反抗動亂事件。是以，
　　　　劉英在這種環境下生活將近二十年，自然會受到楚風的感染。見王氏，〈楚王
　　　　劉英之獄探析〉，頁39。

〔註79〕誠如湯用彤所言：「蓋在當時國中人士，對於釋教無甚深之了解，而羼以神仙
　　　　道術之言。」見湯用彤，《漢魏晉南北朝佛教史》（北京：北京大學出版社，

　　劉英奉佛是否都按照佛教教義的規定，史書上並沒有說明清楚。永平八年（65）時，《後漢書》提到：

> 詔令天下死罪皆入縑贖。英遣郎中令奉黃縑白紈三十匹詣國相曰：
> 「託在蕃輔，過惡累積，歡喜大恩，奉送縑帛，以贖愆罪。」國相
> 以聞。詔報曰：「楚王誦黃老之微言，尚浮屠之仁祠，絜齋三月，與
> 神爲誓，何嫌何疑，當有悔吝？其還贖，以助伊蒲塞桑門之盛饌。」
> 因以班示諸國中傅。英後遂大交通方士，作金龜玉鶴，刻文字以爲
> 符瑞。〔註80〕

明帝此時下詔的目的，主要是爲了加強邊務而募款，接到詔令的劉英卻立刻
奉上黃縑白紈來贖罪。這段記載中，一方面表現出明帝對劉英的信任；另一
方面也說明在當時東漢朝廷的認知中，劉英信奉佛教、黃老道術的行爲主要
有齋戒、誦讀經典及供養僧侶三大類。齋戒和誦讀經文大都是個人的行爲，
影響並不大，問題就出在供養僧侶一事上。「伊蒲塞」是在家信徒，而「桑門」
則是沙門，即出家僧人。〔註81〕前文提到，自光武末年起，中央皇權就極力
禁止諸王招募賓客、與賓客交通的情況發生。劉英卻在佛教的名義下，大肆
供養僧人信徒，舉行祭祀供養等儀式。對明帝而言，劉英的奉佛行爲，無疑
是諸王交通賓客的另一種翻版。特別是《後漢書》在記載這個事件後，加上
「英後遂大交通方士，作金龜玉鶴，刻文字以爲符瑞。」一行話，更是啓人
疑竇。連《後漢書》的作者都認爲劉英在取得中央政府的認可及明帝的寬恕
後，遂利用宗教之便，大肆交通賓客與方士，開始有圖謀不軌之舉。換言之，
在信奉宗教的名義下，以劉英爲首的佛教徒在楚地形成一個新的團體，而這
個新的團體是否會演變成一個獨立於中央之外、不服中央節制的團體，對東
漢政府而言，絕對是一個相當敏感的問題。其次，史書上指控劉英作金龜玉

1997），第四章，〈漢代佛法之流布・楚王英爲浮屠齋戒祭祀〉，頁38。荷蘭學
者許理和（Erich Zürcher）接受湯氏的論點，以楚王劉英和東漢桓帝爲例，說
明東漢時代佛教往往和黃老之術連接在一起，與祭祀鬼神相關，扮演和天上
鬼神溝通的媒介。Erich Zürcher, *The Buddhist Conquest of China*（Leiden：E. J.
Brill, 1972），pp.26～27.

〔註80〕《後漢書》，卷42，〈楚王劉英傳〉，頁1428～1429。

〔註81〕王健認爲當時被劉英供養的沙門應該多是西域人。詳見王健，〈楚王劉英之獄
探析〉，頁40。

鶴，究竟是爲了製造符瑞？或是另有他用？對於佛教儀式陌生的漢人而言，都是很難說清楚的問題。加上楚獄爆發後，明帝拿到一份劉英收集的天下名士名錄，顯示劉英的行事已經超越原本的奉佛範圍，整件事情就變得更複雜不明了。

總而言之，縱觀整個楚王劉英獄案，不只牽涉到東漢人對黃老道術、佛教的認知，也喚起了明帝時人對光武末年打擊諸王賓客的記憶。劉英案對東漢政權的政治意義，顯然大於宗教上的意義。作爲最高統治者的明帝，既要維護中央政權的權威性，又要避免諸王交通賓客的歷史事件重演，特立獨行又勢單力薄的楚王劉英就成爲明帝處理諸王問題的最佳箭靶。至於劉英本人是否真有謀反之心，反而不是那麼重要。楚獄牽連的範圍非常廣，不只是在楚國境內的官吏，也連帶波及在京師的皇親貴戚與散居各地的官吏及州郡豪傑，其中唯有跟劉英密切相關的母親和妻子們倖免於難。一個以宗教爲起點的楚王獄案，爲什麼會讓明帝大發雷霆，演變成全國性的政治運動呢？不只是朝中官員、皇親貴戚被牽連，連劉英收集的天下名士錄中的人物也紛紛被投入監牢中拷問，進而牽連眾多僚屬下獄。〔註82〕既然楚王獄案的政治意義大於宗教意義，整個事件確實有必要回到明帝時代的政局來觀察。

上文提到，明帝即位後，與東平王劉蒼聯合重建國家的宗室制度和禮法制度。東平王劉蒼在永平五年（62）就國，但是在次年又被明帝召回京師，直到永平七年（64）光烈陰后過世後，才再度回到封國。從明帝即位到永平七年（64）間，明帝和兄弟們並沒有發生任何衝突，史書上也看不到諸王們有任何不軌的行事。不過，在這段時間內，先後發生功臣子弟竇林、梁松下獄死及外戚陰就自殺的事件。竇林是開國功臣竇融的從兄子，在永平二年（59）時因西羌事下獄死。〔註83〕竇林的案子牽涉到竇融家族，永平四年（61）下獄死的梁松則是另一位開國功臣梁統的兒子。竇融與梁統均來自河西四郡地區，關係匪淺。以竇融爲首的河西集團，在光武帝統一關中地區、擊敗隗囂集團的過程中，一直堅定支持光武帝政權。因此，在東漢建國、天下底定後，爲了酬庸竇融集團的支持，光武帝將自己的兩個女兒：內黃公主、涅陽公主

〔註82〕如千乘太守薛漢、會稽太守尹興等人都被牽連下獄，司徒虞延更是因此案自
　　　　殺，這些官吏的僚屬也同樣受到牽連下獄。

〔註83〕《後漢書》，卷87，〈西羌傳〉，頁2880～2881。

分別嫁給竇融的長子竇穆及姪子竇固，此外，又把東海王劉彊的女兒沘陽公
主嫁給竇穆的兒子竇勳。因此史書上說到竇氏一家：

> 竇氏一公，兩侯，三公主，四二千石，相與並時。自祖及孫，官府
> 邸第相望京邑，奴婢以千數，於親戚、功臣中莫與爲比。〔註84〕

梁統家族雖不如竇氏一族貴盛，但一樣深受光武帝的器重，並將自己的女兒
舞陰長公主嫁給了梁松。梁松不只深得光武帝的信任，〔註85〕和光武諸王的
交情也非常好，前一章提到負責替太子與山陽王劉荊往來交結賓客的仲介
者，就是梁松。透過梁松，可以發現東漢建國功臣的子弟們往往私下與諸王
相來往，甚至替諸王在外交結賓客，這也是爲什麼楚獄案發後，許多朝臣子
弟受到牽連、諸侯國被廢的原因。在光武帝時代貴盛無比的竇氏與梁氏，明
帝即位後卻先後得罪。明帝先以竇林事件責備竇融，加上竇融無法約束竇氏
子孫的行爲，竇穆、竇勳在外「交通輕薄，屬託郡縣，干亂政事」，〔註86〕還
逼迫六安侯劉盱離婚，改娶竇穆的女兒。永平五年（62），竇氏一連串不法的
行爲被舉發後，竇穆與子竇宣俱死在平陵獄，竇勳亦死在洛陽獄，竇氏的勢
力嚴重衰退。梁松則是私下請託地方官吏，被舉發免官後，又心懷怨恨、到
處毀謗朝廷，被明帝下獄後，死在監牢內。梁松的兄弟受到牽連，被流放至
遙遠的九眞，後來才被明帝召回。

　　竇氏與梁氏爲何在明帝即位不久就先後得罪下獄？竇林在永平二年（59）
十二月下獄死，梁松則是在永平四年（61）十二月下獄死，竇穆父子則是在
永平五年（62）下獄。竇、梁二氏先後下獄的這段時間內，正好是明帝與東
平王劉蒼重建禮樂制度的階段。如前所言，劉蒼在永平五年（62）二月歸國，
代表了重建禮樂的改革已經正式完成。明帝和劉蒼重建禮樂制度的目的，絕
對不是單單約束宗室諸王、確立上下尊卑的宗室制度而已，其實也包括到對
臣下群僚、皇親貴戚們的管理。明帝既然不能容忍兄弟們在封國內交通賓客，
同樣地，明帝也不能容許功臣子弟、皇親貴戚們在外私下交通，挑戰中央皇
權的權威。竇氏與梁氏之所以得罪，除了自身與族人的犯法行爲外，史書上
明確提到竇穆、竇勳以「交通輕薄，屬託郡縣，干亂政事」得罪。〔註87〕其

〔註84〕《後漢書》，卷23，〈竇融傳〉，頁808。
〔註85〕《後漢書》，卷34，〈梁松傳〉，頁1170。
〔註86〕竇氏得罪的詳細經過，請見《後漢書》，卷23，〈竇融傳〉，頁808。
〔註87〕竇、梁二氏的得罪，或與馬氏有關。馬援死後，馬氏得罪，與梁松、竇固之譖

中，「交通輕薄」便是指控竇氏與賓客交結往來。不只是諸王們，明帝認爲皇親貴戚也必須納入管理的範圍，特別是皇親貴戚門下的賓客。〔註88〕賓客的問題，一直是東漢政權的一大隱憂。在東漢建國的過程中，光武帝能夠成功的關鍵，在於得到許多士族大姓的支持，如寇恂、耿純、鄧晨等人便是舉宗從征的最佳例子。這些士族大姓雖是以同宗族人爲基礎，其中包含了母族、妻族，還有自外地來投靠的賓客與門生弟子。〔註89〕在東漢政權穩定之後，這些賓客往往依靠士族大姓或是皇親貴戚的力量，破壞國家的秩序與法治。《後漢書·虞延傳》中提到：

> 是時陰氏有客馬成者，常爲姦盜，（虞）延收考之。陰氏屢請，獲一書輒加箠二百。信陽侯陰就乃訴帝，譖延多所冤枉。帝乃臨御道之館，親錄囚徒。延陳其獄狀可論者在東，無理者居西。成乃回欲趨東，延前執之，謂曰：「爾人之巨蠹，久依城社，不畏熏燒。今考實未竟，宜當盡法！」成大呼稱枉，陛戟郎以戟刺延，叱使置之。帝知延不私，謂成曰：「汝犯王法，身自取之！」呵使速去。後數日伏誅。於是外戚斂手，莫敢干法。〔註90〕

在這段記載中，陰氏賓客馬成在犯法後，居然可以透過外戚陰氏的力量，干預洛陽令虞延的職權，並說服光武帝主持公道。文中的「久依城社，不畏熏燒」正是馬成依附於陰氏之下、不畏國家法令的最佳寫照。一個小小的賓客在外戚陰氏的庇護之下，都可以驚動光武帝，更何況帝國內還有許許多多的功臣家族及皇親貴戚。如果每個賓客都依仗功臣貴戚的權勢來爲非作歹，國家與皇帝的威權必將蕩然無存。這種情況，絕對不是力圖中央集權的光武帝和明帝所能容許的。是以，明帝所關注的對象，不僅僅是那些毫無上下之別

言有關。竇、梁二氏得罪時，正是明德馬后被冊立爲皇后之後，馬氏是否影響明帝對梁竇二氏的態度？值得考慮。由於沒有明確的證據可以證明，只能存疑。

〔註88〕上一章提到的光武時代的度田事，便是最好的例子。皇親貴戚多的河南、南陽地區，成爲中央政府推動政策時的化外之區，如此一來，中央政府的威權便會受到挑戰。曾對此事發過言的明帝，絕對了解其中的關係。

〔註89〕關於士族大姓與東漢建國的關係，以及士族大姓的組織成員，請見余英時〈東漢政權之建立與士族大姓的關係〉一文，收錄在余氏，《中國知識階層史論》（台北：聯經出版社，1980），頁109～184。

〔註90〕《後漢書》，卷33，〈虞延傳〉，頁1152。

的光武諸王，也包含了朝臣官員、皇親國戚及開國功臣子弟在內。因此，明帝藉著竇林的案子，大力整肅實力雄厚的竇氏；透過梁松的獄案，流放梁氏族人，藉以減低梁氏在中央京畿的影響力。至於前文提到的外戚陰就，則是利用陰就的兒子陰豐殺害妻子酈邑公主的機會，逼迫陰就自殺。〔註91〕至於其他的功臣子弟，就藉由各種諸王獄案加以打擊。換言之，爲了重建皇帝與中央政府的威權，明帝分別透過「禮」與「法」兩者來管束諸王、皇親貴戚及功臣集團子孫。禮儀制度已經建置完備後，法便成爲鞏固禮制的最好工具。當依附在皇權下的皇親貴戚與朝臣官員受到管束、不敢干亂法紀後，明帝便將眼光轉回到與自己血緣最親的宗室諸王上。

　　宗室諸王與皇親貴戚、朝臣官員最大的不同，在於諸王們權勢的來源是自身的血緣親疏關係，而不是依賴皇帝與皇權所給予的恩惠。此外，血緣越近的諸王，往往也有繼承帝位的合法權力。因此，如何妥善處理皇室與宗室的關係、如何適當懲治諸王的違法犯紀行爲，便成爲非常棘手的問題。明帝母弟、廣陵王劉荊的獄案在永平十年（67）發生，劉荊最後以自殺收場，是明帝時代第一個諸王獄案。永平十三年（70），楚王劉英被指控與顏忠等人勾結、圖謀不軌；濟南王劉康與顏忠往來的時間大約也在此時前後。另一個被控謀反的淮陽王劉延獄案則是發生在永平十六年（73）。如上節所言，明帝與東平王劉蒼希望透過明確的禮法制度來區分上下尊卑，讓每個兄弟們都能各安其位，不要覬覦皇位。然而，明帝與劉蒼多年的努力，效果卻不佳，諸王依舊在封地內各行其事。地方官吏不斷上報、舉發的文件，讓明帝非常頭痛。當禮制無法發揮它的預期功效後，而宗室諸王仍不斷挑戰明帝的耐性，迫於無奈的明帝只好採取法和刑來懲治這些諸王，以及躲在諸王背後的眾多賓客們。正因爲光武諸王對明帝政權的造成莫大的威脅，當明帝在永平十五年（72）分封自己的皇子時，大幅削減皇子們的封國範圍，〔註92〕就是希望兄弟互相

〔註91〕陰就是明帝的母舅，當時光烈陰后仍在世。關於陰就的部份，下一節將再做討論，此處存而不論。

〔註92〕《後漢書》，卷10，〈皇后紀〉，頁410，「（永平）十五年，帝案地圖，將封皇子，悉半諸國。（馬）后見而言曰：『諸子裁食數縣，於制不已儉乎？』帝曰：『我子豈宜與先帝子等乎？歲給二千萬足矣。』」按：西漢七國之亂後，西漢諸帝即不斷削減諸王的封國大小及權力，藉以限制諸王的政治勢力。對照明帝之舉，表面上，明帝認爲明帝諸子的封國應當低於光武諸子，實際上卻有

殘殺的悲劇不要在下一代重演。明帝的用心良苦，可見一斑。

第三節　抑制外戚的勢力──陰、馬氏

　　光武帝在位時，爲了避免西漢外戚干政、王莽篡奪的情況再現，大力壓制外戚的發展，外戚在朝廷的任職最高不過九卿，[註93] 然而，在光武帝的心裡，還是非常信任外戚，特別是以陰皇后爲首的陰氏族人。在明帝被任命爲皇太子後，即以太子舅陰識「守執金吾，輔導東宮」。[註94] 當光武帝巡行四方時，光武帝甚至將禁兵交給陰識，命其鎮守京城洛陽。對於此事，王夫之即認爲光武帝對陰氏的安排非常不妥，其文曰：

> 王氏之禍烈矣！光武承之，百戰而劉宗始延，懲往以貽後，顧命太子而垂家法，夫豈無社稷之臣？而唯陰識、陰興之是求。識雖賢，何知其不爲莽之恭？識雖不僞，能保後之外戚皆如識乎？飲鴆而幸生，復飲以冶葛，卒使竇、梁、鄧、何相踵以亡漢。光武之明，而昏於往鑒如是者，何也？帝之易太子也，意所偏私而不能自克，盈廷不敢爭，……於是日慮明帝之不固，而倚陰氏以爲之援，故他日疾作，而使陰興受顧命領侍中，且欲以爲大司馬而舉國授之。[註95]

王夫之認爲光武帝重用外戚陰氏，是建武十九年（43）更易太子一事的後遺症。因爲擔心新太子的地位不夠穩固，爲了加強太子的勢力，只好倚重太子母舅陰氏的力量。但明帝被立爲太子時，並不是一個年幼無知的孩童，更非是襁褓中的嬰孩，並不需要特別倚仗外戚的力量。光武帝對陰氏的重視與安排，不只加強了外戚的力量，無形中也連帶限制了明帝的權力。因此，當光武帝要爲明帝選師傅時，所考量的並不是太子日後的教育養成與學術涵養，而是站在穩固太子地位的現實狀況來考量。《後漢書・桓榮傳》提到：

> （建武）二十八年，大會百官，詔問誰可傅太子者，羣臣承望上意，皆言太子舅執金吾原鹿侯陰識可。博士張佚正色曰：「今陛下立太

削減明帝諸子政治勢力的企圖，以確保章帝的威權不受挑戰。明帝此舉，可謂承繼自西漢之遺風。

〔註93〕　《後漢書》，卷2，〈顯宗孝明帝紀〉，頁124，李賢注引《東觀記》。

〔註94〕　《後漢書》，卷32，〈陰識傳〉，頁1130。

〔註95〕　《讀通鑑論》，卷6，〈光武〉，頁176～177。

子，爲陰氏乎？爲天下乎？即爲陰氏，則陰侯可；爲天下，則固宜
用天下之賢才。」帝稱善，曰：「欲置傅者，以輔太子也。今博士不
難正朕，況太子乎？」即拜佚爲太子太傅，而以榮爲少傅，賜以輜
車、乘馬。〔註96〕

這段史事發生在光武帝末年、建武二十八年（52），而出生在建武四年（28）
的明帝早已經是成年人。從建武十九年（43）被立爲太子至建武二十八年（52）
爲止，擔任將近十年備位儲君的明帝，居然還是要倚重外戚陰氏的力量。光
武帝的選擇與擔憂，對於自小明察的明帝而言，絕對是非常尷尬的狀況。此
外，陰氏在朝廷的力量，也同樣讓明帝印象深刻。

　　西漢賈誼曾在〈治安策〉及《新書》中專文討論太子教育的問題。〔註97〕
按照西漢的故事，武帝、昭帝、宣帝及元帝等帝王皆在幼年時習讀儒家經典，
輔佐太子的太子太傅、太子少傅大多選自當代名臣或是名儒。〔註98〕在太子
即位後，這些師傅往往被新帝任命爲丞相。〔註99〕換言之，太子教育往往會
影響太子即位後的政治風格。獨尊儒術的漢武帝，即是受到太子太傅衛綰和
太子少傅王臧的影響，衛綰和王臧兩人都是武帝任內推動獨尊儒術的代表人
物。〔註100〕出身於太學的光武帝，雖然同樣選擇儒學經師來教育前後任的太
子，〔註101〕但在建武二十八年（52）任命太子師傅一事上，卻完全排除儒學

〔註96〕《後漢書》，卷37，〈桓榮傳〉，頁1251。

〔註97〕饒東原，《新譯新書讀本》（台北：三民書局，1998），頁252～253。

〔註98〕西漢儒家將皇家子弟的教育視爲天職，見閻步克，《士大夫政治演生史稿》，
　　　　第8章，〈"獨尊儒術"下的漢廷變遷〉，頁342。根據閻氏的研究，西漢曾任
　　　　太子太傅、少傅者，先後有叔孫通、申公、疏廣、韋玄成、蕭望之、丙吉、
　　　　夏侯勝匡衡等人，均是當代的名臣名儒。又，當宣帝要任命太子外家許氏監
　　　　護太子家時，疏廣即言：「太子國儲副君，師友必于天下英俊，不宜獨親外家
　　　　許氏。」見《漢書》，卷71，〈疏廣傳〉，頁3039。宣帝用許氏的情況，與光
　　　　武帝重用陰氏的情況，非常相似。問題是，宣帝的太子（元帝）在此時只是
　　　　七歲的幼童，可是明帝卻是成年人。兩相對照下，更顯得光武帝決定的突兀。

〔註99〕元帝的師傅蕭望之、成帝的師傅張禹均是有名的例子。

〔註100〕關於漢代帝王施政風格與太子教育間的關係，請見王健，〈漢代君主研習儒學
　　　　傳統的形成及其歷史效應〉，《中國史研究》，1996第3期，頁13～26。

〔註101〕如治《韓詩》著名的郅惲、治《禮》的王丹和張湛、治《尚書》的桓榮和何

的影響，純以政治作考量。〔註102〕在政治的考量下，陰氏成爲光武帝心中最佳的幫手。陰識、陰興兄弟雖以謙卑、退讓著稱，但光武帝後期，陰氏家族的勢力卻越來越大，甚至超過諸王，也同樣引起明帝的注意。《後漢書・朱暉傳》提到：

> 永平初，顯宗舅新陽侯陰就慕暉賢，自往候之，暉避不見。復遣家丞致禮，暉遂閉門不受。就聞，歎曰：「志士也，勿奪其節。」……驃騎將軍東平王蒼聞而辟之，甚禮敬焉。正月朔旦，蒼當入賀。故事，少府給璧。是時陰就爲府卿，貴驕，吏憚不奉法。蒼坐朝堂，漏且盡，而求璧不可得，顧謂掾屬曰：「若之何？」暉望見少府主簿持璧，即往給之曰：「我數聞璧未嘗見，試請觀之。」主簿以授暉，暉顧召令史奉之。主簿大驚，遽以白就。就曰：「朱掾義士，勿復求。」更以它璧朝。蒼既罷，召暉謂曰：「屬者掾自視孰與藺相如？」帝聞壯之。〔註103〕

陰就是明帝、東平王劉蒼的母舅，是陰識、陰興的弟弟。史書上說陰就「性剛愎，不得眾譽」，〔註104〕作風和兩個低調的兄長完全不同。明帝即位後，任命陰就爲少府，位特進。陰就在永平二年（59）時因爲陰豐事自殺，故東平王劉蒼受辱之事，大約發生在永平元年（58）到永平二年（59）間。少府官吏仗著陰就的外戚身分，連輔政的東平王劉蒼都要禮讓三分，無可奈何。

以外戚身分貴盛的陰就，在光武帝時代就到處招募賓客，發展勢力。爲了多得錢財，陰就還與廢后郭聖通所生的五位諸王相往來，幫助諸王招募賓客。《後漢書・井丹傳》曰：

> 建武末，沛王輔等五王居北宮，皆好賓客，更遣請丹，不能致。信陽侯陰就，光烈皇后弟也，以外戚貴盛，乃詭說五王，求錢千萬，

湯等人。

〔註102〕 王夫之在論及此事時，認爲張佚、桓榮不足以輔導明帝，《讀通鑒論》，卷6，〈光武〉，頁180～181。然而，考量到光武帝的真正目的，以及明帝當時的年紀等條件，即使張佚和桓榮足堪帝王師，對一個已非年幼無知、思想個性都已經固定的成年人而言，張、桓二人究竟能發揮多少影響力，是值得懷疑的問題。王氏的批評顯然過苛。

〔註103〕 《後漢書》，卷43，〈朱暉傳〉，頁1458。

〔註104〕 《後漢書》，卷32，〈陰就傳〉，頁1131。

約能致丹，而別使人要劫之。丹不得已，既至，就故為設麥飯蔥葉
之食，丹推去之，曰：「以君侯能供甘旨，故來相過，何其薄乎？」
更置盛饌，乃食。及就起，左右進輦。丹笑曰：「吾聞桀駕人車，豈
此邪？」坐中皆失色。就不得已而令去輦。〔註105〕

陰就的種種行為，自然都看在明帝的眼裡，特別是招募賓客的行為，更是讓
明帝難以忍受。光武帝非常倚重陰氏兄弟，即使明帝已經成年了，光武帝還
是指定外家陰氏來保護太子。光武帝的重視，助長了陰氏的勢力發展，也吸
引了更多的有心人士與投機之徒，齊聚在陰氏的家門下。上一節提到的陰氏
賓客馬成，在犯罪後，光武帝還必須看在妻舅陰就的面子，出面處理；加上
東平王劉蒼受辱一事，在在讓明帝清楚感受到來自母舅的威脅與限制，因而
下定決心要壓抑外戚的勢力。〔註106〕但是，礙於光烈陰后的面子，明帝卻
只能隱忍不發。直到永平二年（59）爆發的酈邑公主案後，情況開始對明帝
有利。

　　酈邑公主是光武帝的女兒，明帝的姊妹。據說公主的個性驕妒，而勢家
出身的陰豐，個性也是相當急躁。夫妻倆個性不合，時常爭吵。某次激烈的
爭執中，陰豐一時失手殺了自己的妻子。按照漢律，陰豐被誅，父母親則連
坐，陰就夫妻最後被迫自殺。〔註107〕這個事件，有幾個值得討論的地方。首
先，酈邑公主雖然嫁給陰氏，公主的皇家身分卻獲得保留，因此當酈邑公主
遇害後，不只殺人的陰豐被處死，還連累自己的父母。顯然皇家的血統高於
夫妻關係之上。〔註108〕其次，酈邑公主的案子發生在永平二年（59），當時光

〔註105〕《後漢書》，卷83，〈逸民列傳‧井丹〉，頁2765。

〔註106〕關於陰就的不法，參見《後漢書》，卷27，〈吳良傳〉，頁943～944，「永平中，
　　　　車駕近出，而信陽侯陰就干突禁衛，車府令徐匡鈎就車，收御者送獄。詔書
　　　　譴匡，匡乃自繫。良上言曰：『信陽侯就倚恃外戚，干犯乘輿，無人臣禮，為
　　　　大不敬。匡執法守正，反下于理，臣恐聖化由是而弛。』帝雖赦匡，猶左轉
　　　　良為即丘長。」吳良的傳文中，將此事繫於永平中，但陰就在永平二年底自
　　　　殺，故此事當在永平初年。

〔註107〕《後漢書》，卷32，〈陰就傳〉，頁1131。

〔註108〕關於公主被夫婿殺掉的例子，可以參酌北魏時代的蘭陵長公主事件。懷孕的
　　　　蘭陵長公主和夫婿劉輝爭吵中，被劉輝推下床，因流產傷重而死。該如何處
　　　　置劉輝以及相關人士，北魏朝廷爭論不休。「出嫁從夫」、皇室血統以及引用

烈陰后仍在世,卻沒有辦法保護自己的兄弟,說服自己的兒子法外施恩。明帝雖然以母舅關係,沒有嚴格追查事情的經過。但是,受到陰就自殺的影響,陰氏的勢力確實受到嚴重的打擊。

　　明帝不只壓制陰氏的勢力,也同樣壓制皇后的外家馬氏。本紀即言明帝「遵奉建武制度,無敢違者。後宮之家,不得封侯與政。」〔註109〕明帝在位期間內,無論是馬皇后的兄弟或是其他後宮的家人,都沒有封侯或是干政的記載。如安思閻皇后的祖父閻章,在永平年間擔任尚書一職,資歷與能力都非常好。按慣例,久任尚書的閻章應該高昇其他職位,卻因為兩個妹妹被明帝封為貴人,反而因外戚的身分被外放為步兵校尉。〔註110〕至於馬皇后的兄弟:馬廖、馬防及馬光三人,《後漢書》提到:

> 廖字敬平,少以父任為郎。明德皇后既立,拜廖為羽林左監、虎賁中郎將。顯宗崩,受遺詔典掌門禁,遂代趙憙為衛尉,肅宗甚尊重之。……防字江平,永平十二年,與弟光俱為黃門侍郎。肅宗即位,拜防中郎將,稍遷城門校尉。〔註111〕

即使身為皇后的兄弟,馬廖三兄弟在明帝時代所任的官職,還是未超過九卿,最多擔任郎將、侍郎的職務。馬氏兄弟日後得以封侯進爵,均是在章帝主政的時代。根據《後漢書·志》的記載,羽林左監是羽林中郎將的屬官之一,比六百石,主要負責羽林左騎,而羽林中郎將則是隸屬於光祿勳的屬官,比二千石。〔註112〕馬廖後來被明帝任命為虎賁中郎將。〔註113〕虎賁中郎將

的法律條文,都是朝臣辯論的焦點之一。相關的討論,詳見李貞德,《公主之死─你所不知道的中國法律史》(台北:三民書局,2001)

〔註109〕《後漢書》,卷2,〈顯宗孝明帝紀〉,頁124。

〔註110〕《後漢書》,卷10,〈皇后紀〉,頁435。

〔註111〕《後漢書》,卷24,〈馬廖、馬防傳〉,頁853~855。

〔註112〕《後漢書·志》,卷25,〈百官〉,頁3576,「羽林中郎將,比二千石。本注曰:主羽林郎。羽林郎,比三百石。本注曰:無員。掌宿侍從。常選漢陽、隴西、安定、北地、上郡、西河凡六郡良家補。本武帝以便馬從獵,還宿殿陛嚴下室中,故號嚴郎。羽林左監一人,六百石。本注曰:主羽林左騎。」

〔註113〕《後漢書·志》,卷25,〈百官二〉,頁3575,「虎賁中郎將,比兩千石。本注曰:主虎賁宿衛。左右僕射、左右陛長各一人,比六百石。本注曰:僕射,主虎賁郎習射。陛長,主直虎賁朝會在殿中。虎賁中郎,比六百石。虎賁侍

比二千石，一樣隸屬於光祿勳下，負責宿衛宮殿的工作，這是馬廖在明帝時代擔任的職務中，層級最高的官職。至於馬防和馬光兄弟，則是從永平十二年（69）到明帝過世為止，一直擔任黃門侍郎的職務。黃門侍郎是少府的屬官，六百石，主要負責「掌侍從左右，給事中，關通中外。及諸王朝見於殿上，引王就坐。」〔註114〕表面上來看，馬氏兄弟歷任的官職中，在品秩上，無論是黃門侍郎或是羽林左監，似乎都不是太重要的官職。其中，也只有虎賁中郎將的品秩較高而已。實際上，這些官職都有共同的特徵，也就是和皇帝本人非常接近。黃門侍郎是隨時跟在皇帝身旁的屬官，至於虎賁中郎將和羽林左監則是負責維持宮廷的安全，手中握有軍隊。正因為這些職位非常接近皇帝，會影響皇帝個人的安全，這些職位反而不能隨意授與他人。在這種情況下，與皇帝密切相關的外戚往往成為最佳人選。〔註115〕換言之，明帝雖然按照光武帝的規劃，不讓後宮之家參政或是擔任九卿以上的政府高官，卻在牽涉人身安全的職位上，安插馬皇后的兄弟，由此可見明帝非常信任馬氏兄弟。

此外，在明帝重病時，跟在明帝身旁、不眠不休侍奉湯藥的人，居然是馬防，而不是其他嬪妃或是皇子。〔註116〕明帝對馬氏兄弟的信任，連明德馬后都覺得十分不妥。故明帝過世後，明德馬后親自撰寫的《顯宗起居注》中，特地將馬防侍奉湯藥一事通通刪除，連章帝都忍不住為馬防抱不平。《後漢書》記載了整個經過：

> （明德馬后）自撰顯宗起居注，削去兄防參醫藥事。（章）帝請曰：
> 「黃門舅旦夕供養且一年，既無襃異，又不錄勤勞，無乃過乎！」
> 太后曰：「吾不欲令後世聞先帝數親後宮之家，故不著也。」〔註117〕

郎，比四百石。虎賁郎中，比三百石。節從虎賁，比二百石。本注曰：皆無員。掌宿侍從。自節從虎賁久者轉遷，才能差高至中郎。」

〔註114〕《後漢書·志》，卷26，〈百官三〉，頁3593。

〔註115〕這也是漢代外戚擔負起宮廷守衛安全的主要原因。不只是明帝和馬氏，連以西漢外戚勢盛為鑑的光武帝，都將皇宮和京師的守衛工作交給了外戚陰氏。因此，對於皇帝而言，有姻戚關係而無血緣關係的外戚，是一個可以依靠、信任的對象。

〔註116〕《後漢書》，卷24，〈馬防傳〉，頁856。

〔註117〕《後漢書》，卷10，〈皇后紀〉，頁410。

這段記載透露出許多訊息。首先，馬防當時還是擔任黃門侍郎一職，可見得《顯宗起居住》撰寫的時間應當在章帝即位前後，也就是封馬防為中郎將之前的事。其次，作為明帝隨從人員的馬防，曾經負責明帝湯藥等事物，長達一年之久，由此可見馬防與明帝的關係又更勝於馬光和馬廖。其三，馬防與明帝的關係，實際上已經違反了光武帝壓制後宮外戚的故事，幾乎是光武帝大力倚重陰氏的翻版。主掌後宮多年的明德馬后，親眼見到陰氏家族的大盛大衰，一方面為了保護馬氏家族未來的前途，不得不掩蓋明帝與馬氏兄弟親近的事實；另一方面也不希望讓後世的人知道明帝與外戚的關係非常密切。明德馬后犧牲馬防的真正目的，就是希望能塑造出明帝「遵奉建武制度，無敢違者」的形象。

總而言之，明帝雖然遵奉光武帝的教訓與制度，不讓後宮的外戚封侯和參政，並剝奪外戚擔任九卿以上的官職。然而，明帝也和光武帝一般，十分信任外戚。此外，明帝對所有後宮外戚的態度，也不是一視同仁，就像處置諸王獄案時，明帝往往會受到個人情感的影響，以及對現實的考量，而有不同的處置。光武帝對陰氏特別倚重與信任，也同樣表現在明帝和馬氏兄弟的關係上。當外戚對皇帝的影響力越大，即使外戚本身沒有擔任三公和九卿等官職，在政治上還是擁有不可小覷的權力。然而，明帝對馬氏的特別信任，卻在章帝朝引起一連串的政爭，終於導致馬氏步上陰氏的後塵，走上衰弱之途。

小　結

明帝雖然在位十八年，但在政治風格與政策上，大抵上仍遵奉光武帝時代的政策與行事，「遵奉建武制度，無敢違者」一語確實呈現出永平政治的特色。換言之，我們可以說「永平政治」是「建武政治」的延續。明帝在位期間，在內政方面，除了繼續光武帝「進文吏、退功臣」、集權中央、限制諸侯王與外戚勢力發展的政策外，在光武帝時代還來不及重建、或是仍在草創中的制度，也一一在明帝手中建置完成。甚至是和外戚的關係，明帝就如同光武帝一般，既剝奪外戚在中央的仕宦之路，另一方面卻又十分信任外戚，將外戚子弟安插在自己的身邊。明帝對光武制度的遵奉，正是光武帝選擇明帝當太子的根本原因，由此可見光武帝在安排繼承人選上，確實是經過深切的思考，而不是受到夫妻關係的左右。諷刺的是，明帝對光武帝制度遵行不二

的形象，最後卻在明德馬后的筆中完成。明德馬后親自撰寫的《顯宗起居注》，一方面顯示出明德馬后對明帝朝政治的了解與參與，另一方面也顯示了后妃與當朝政治之間的關係相當密切。

　　永平政治既然是建武政治延續，自然也繼承了光武帝時代許多尚未解決的問題。爲了穩定政局，明帝沿用光武朝的舊臣擔任三公，建立起新的君臣關係；透過典章制度的重建，突顯出明帝的君主權威與法統；爲了避免西漢王莽事件的重演，大力壓制外戚勢力的發展。明帝時代的諸多政治措施，都是爲了解決新莽、光武時代所遺留下來的政治問題。因此，明帝對犯罪外戚、諸王、功臣子弟的嚴厲懲戒，並不僅僅是明帝本身個性嚴厲所致，而是光武帝以來外戚、諸王、功臣家族等勢力的發展已經變成非常嚴重的政治問題，甚至影響到皇權的行使。以明察、聰慧著稱的明帝，深刻感受到這些壓力。對此，明帝不得不以嚴刑峻法的方式來矯正。

　　其次，明帝的嚴刑峻法，也意味著明帝與劉蒼在禮樂制度上的改革徹底失敗。明帝與劉蒼的改革，並不是以恢復西漢的典章制度爲己任，而是在於正君臣上下之別。整個改革充滿了政治目的，禮儀反而成爲政治的工具與手段。禮儀的政治工具化，其實也反應出東漢和西漢的差異：東漢人並不像西漢人對制定禮樂有高度的理想。〔註118〕正因爲東漢君臣大多輕視禮的作用、重視實際的政務，這才導致光武帝統一天下多年，卻仍是禮樂殘缺不全的局面，故明帝在光武帝的喪禮上必須面對極度混亂的場面。然而，禮樂早已變成裝飾的工具，即使深受其害的明帝，在制定禮樂時，依舊是以解決政治問題爲主，並未去深刻思考禮樂的真正內涵。換言之，「東漢初年典章制度的缺乏」和「光武、明帝對吏治的重視」，是一體兩面的發展。大陸學者閻步克即認爲東漢建國後，"經術"與"吏化"兼用的做法，顯然是效法漢宣帝「王霸道雜之」的傳統。〔註119〕《後漢書》將典章制度毀壞的原因，都歸罪於王

〔註118〕西漢人對制禮作樂的興趣與肯定，在王莽時代達到最高峰，王莽時代的復古改制即是代表。但是，王莽的覆滅與新朝的短暫，讓東漢人意識到光是制定禮樂並不足以解決當世的問題，「務實」便成爲東漢建國君臣的普遍態度，這也是光武帝、明帝重視吏治的原因之一。吏治的好壞，往往直接影響了百姓生計，是非常現實的問題。相關的討論請參見閻步克，《士大夫政治演生史稿》，第10章，〈儒生與文吏的融合：士大夫政治的定型〉，頁432～435。

〔註119〕閻氏認爲東漢帝王對漢宣帝的效法，直接促使東漢政府對法吏的重視，見閻

莽改制對漢制的破壞，並不是十分公允的看法。王莽的改制固然是一個因素，東漢時人對禮儀的輕視也是關鍵。對東漢人而言，王莽的失敗，證明了純用儒學是不可行的方向，「理性行政」顯然是優於「典章制度」。〔註120〕在「理性行政」的思想脈絡下，禮樂制度變成一種解決政治問題的工具。當政治問題沒有獲得解決時，明帝與劉蒼改革的失敗，顯然是不可避免的結果。然而，明帝還是等待數年才對違法的兄弟們採取行動，可見得明帝對禮儀制度的改革仍有些許的期待。或者，應該說明帝對兄弟們多少仍抱有「親親不忍」的想法，而不僅僅是看在母親或是廢后郭聖通與郭氏的面子上而已。

後人在抨擊明帝對兄弟過於嚴苛時，往往忽略了明帝在處理諸王問題上，除了前後態度不一致外，明帝曾經透過典章制度的方式，讓兄弟們自我覺醒並悔改。楚王劉英的案子，明帝雖然嚴厲懲戒劉英，卻對劉英家人抱持寬貸與仁慈的態度，多少也流露出明帝的無奈與被迫。為了維護中央皇權的權威，即使是從小感情就十分親密的手足，在國家利益優先的情況下，明帝也只能忍痛捨去。表面上，楚王獄案最後沒有牽連太多的無辜者，是明德馬后在明帝身旁婉言勸諫的結果，但是，如果明帝自身沒有醒悟與定見，就算有「賢后」之稱的明德馬后也無法阻止獄案的擴大。透過明德馬后《顯宗起居注》的文字，明帝成功建立起遵奉光武政策不二的形象；透過楚王劉英的獄案，早有定見的明帝也同樣給了明德馬后機會，成功塑造出一個「賢后」的形象。相較於為人詬病的手足關係，明帝在夫妻關係的處理上，顯然比光武帝高明多了。

永平十八年的歲月雖長，畢竟仍是光武帝時代的延續，處處可見光武帝的影子。新建立的東漢政權，直到年輕的章帝即位後，開始有不同的風貌。後人「明章之治」的美稱，反而掩蓋了光武帝與明帝政權間的聯繫，也掩蓋了章帝時代的獨特性。明帝的逝世，代表著王莽和光武帝時代的完結，也象徵了新時代的來臨。

步克，《士大夫政治演生史稿》，頁414～416。關於東漢政權的高度法家性質，請參見陳師啓雲，《劍橋中國秦漢史》，第15章，〈後漢的儒家、法家和道家思想〉，頁844。

〔註120〕閻步克，《士大夫政治演生史稿》，頁417～422。

第四章　外戚環伺的章帝時代 [註1]

　　永平十八年（75）八月，明帝崩於東宮前殿，年方十九歲的太子劉炟即位，是為章帝。與明帝的遭遇截然不同，年紀輕輕的章帝是一個非常幸運的君王：從永平三年（60）被立為太子到真正登上皇位為止，章帝既沒有經歷過更易太子的過程，也沒有像明帝在喪禮上面對尊卑不分的尷尬狀況。曾經讓明帝傷透腦筋的諸王問題及兄弟們對皇權的挑戰，到了章帝時代，卻一變為兄友弟恭的和樂景象。[註2] 皇帝與中央政府的威權，相對穩固多了。對一個年輕的君王而言，新繼承的帝國似乎充滿了朝氣與希望。初即位的章帝，仿效明帝即位時的做法，繼續沿用明帝時代的舊臣，任命趙憙為太傅、牟融

〔註1〕本章經修改後，獨立成〈東漢章帝與外戚〉一文，發表於《輔仁歷史學報》，2008 年 21 期，頁 1～41。

〔註2〕明帝時代的諸王問題，仍然延續到章帝時代，如阜陵王劉延在建初中被告謀反，被章帝貶為阜陵侯。不過，相較於明帝和兄弟之間的緊張關係，章帝與兄弟們的感情親密多了。在光武帝、明帝時代，諸王就國已經變成制度，然而章帝卻「性篤愛，不忍與諸王乖離，遂皆留京師。」樂成王劉黨「與肅宗同年，尤相親愛」、下邳王劉衍「肅宗即位，常在左右」，至於深受明帝寵愛的梁王劉暢，「肅宗立，緣先帝之意，賞賜恩寵甚篤」。由此可見，章帝與兄弟們的關係相當好，章帝的兄弟們也無人被指控有謀反的企圖或是行為。梁王劉暢雖曾妄想登上大位，卻是發生在和帝時代，而不是章帝在位的期間；事發後，劉暢非常後悔及恐懼，還數次上書懺悔，自願裁撤封國的數量及後宮、侍從的人數，與劉延等諸王的行為截然不同。以上事例及引文，皆出自《後漢書》，卷 50，〈孝明八王列傳〉，頁 1667～1677。

為太尉。然而，年輕的章帝沿用明帝的慣例時，除了繼續任用老臣外，還讓趙憙、牟融擁有「錄尚書事」的權力，使太傅、太尉兼錄尚書事一事成為東漢政權的慣例。〔註3〕

但是，章帝雖然大權在握，是皇權唯一的中心，朝中還是充斥著明帝時代的舊臣，宮內則有母后與母舅馬氏家族的影響，〔註4〕使章帝無法按照自己的想法來施政。光武帝、明帝企圖壓制外戚的努力，似乎還是無法徹底根除外戚的問題。明帝與章帝即位後，來自關中地區的馬氏、竇氏，逐漸取代了南陽陰氏和真定郭氏，成為最顯赫的外戚家族。

第一節　章帝與明德馬后

章帝是明帝第五個兒子，生母是賈貴人。除了章帝外，明帝尚有八位皇子被封為王，分別是千乘哀王劉建、陳敬王劉羨、彭城靖王劉恭、樂成靖王劉黨、下邳惠王劉衍、梁節王劉暢、淮陽頃王劉昞及濟陰悼王劉長。當章帝在永平三年被立為太子時，劉建、劉羨也在同一年封王，其餘的兄弟則遲至永平十五年（72）才封王。章帝的眾多兄弟中，劉建、劉羨的年紀比較年長，

〔註3〕「錄尚書事」一事，最早起於西漢霍光輔政時。昭帝年幼，由霍光代替昭帝批閱尚書呈上的公文及奏章，等於是替昭帝行使皇帝的權力。相關的研究，請參見廖伯源〈試論西漢諸將軍之制度及其政治地位〉一文，收錄在《歷史與制度——漢代政治制度試釋》，頁171。同書另外收錄廖氏之〈東漢將軍制度之演變〉一文，文末附表：「東漢太傅任期表」，顯示出自趙憙被任命為太傅開始，至東漢獻帝時代的太傅馬日磾為止，不管是否擁有實權，每位太傅的頭銜都會加上「錄尚書事」，頁274。另外，大陸學者黃清敏在討論東漢的女主執政時，在文章末附上「以太傅、太尉錄尚書者」及「以司徒、大將軍錄尚書事者」二表，亦可以參酌。文見黃清敏，〈東漢中後期女主執政現象試探〉，頁131～132。

〔註4〕劉增貴即注意到漢代的婚姻中，受到儒家「孝」的觀念影響，母權和舅權特別重。孝道的觀念，合理化「尊崇舅氏」的制度，對舅氏的重視，也成為孝（母）親的延伸。見劉氏，《漢代婚姻制度》（台北：華世出版社，1980），第5章，〈皇室婚姻（二）〉，頁141～149。正因為母權和舅權之重成為普遍現象，母后與外戚家族對皇帝的影響更深。

劉恭和劉黨的年紀則和章帝相當，〔註5〕其餘的皇子年紀則相對小多了。換言之，當明帝考慮要立太子時，他只能從章帝、劉建、劉羨、劉恭和劉黨五人中做出選擇，這時候的章帝還只是一個年幼無知的孩童。〔註6〕明帝爲何要立排行第五、年紀尙幼的章帝，而不考慮較年長的劉建和劉羨呢？明帝即位時只有三十歲，正是壯年時期，對照於光武帝的長壽，加上明帝的兄弟中也只有廢太子劉彊早逝，其餘都健在的情況下，似乎沒有必要急忙在幾個幼子中選擇繼承人。其次，光武帝時代的廢太子劉彊，在建武元年（25）出生，第二年被立爲太子，經歷漫長的太子生涯卻沒登上皇位，反而被明帝取代。關於廢太子劉彊的故事，明帝自然是非常清楚的。雖然章帝被立爲太子時，年紀比劉彊大，但這並不能保證日後不被其他皇子取代。曾經歷光武帝更易太子紛擾的明帝，卻毅然決定立年幼的章帝爲太子，完全不擔心劉彊事件再度重演。其三，誠如前二章所言，明帝被立爲太子，是光武帝深思熟慮的結果，最主要的關鍵是明帝已經進入少年時期，個性與資質不難觀察及評量。相較之下，年幼的章帝，是否有足夠的能力處理朝政？即位後能否延續明帝的政策？甚至，能不能活到成年？〔註7〕在在都是未知數，明帝此時的選擇，確實過於冒險和大膽。無論明帝的考量爲何，〔註8〕終明帝之世，章帝的太子地位相當穩固，並沒有受到其他兄弟的挑戰。即使明帝後期非常寵幸陰貴人及陰貴人所生的梁王劉暢，也沒有發生廢立皇后與太子的情況。《後漢書・肅宗孝章帝紀》中提到，章帝「少寬容，好儒術，顯宗器重之。」〔註9〕明帝利用自

〔註5〕劉黨與章帝同年，卻不在永平三年封王的名單中，遲至永平十五年才封王，可見得劉建、劉羨的年紀應該比章帝、劉黨年長許多。不過，明帝曾在永平九年（66）賜劉恭「靈壽王」、劉黨「重熹王」的名號，劉黨和劉恭的年紀應該相仿。

〔註6〕章帝生於光武帝中元二年（57），至永平三年（60）被立爲太子時，只有四歲而已。

〔註7〕如千乘哀王劉建，永平三年封王，次年就過世了。劉建的封國，則因年少無子而國除。

〔註8〕光武帝在位期間，東征西討，掃平各地的割據勢力，明帝即位後，整個帝國已經沒有其他割據勢力可以抗衡了。然而，諸王問題卻成爲明帝政權最主要的挑戰之一。因此，早日確定繼承人、太子人選，也可以安定皇權，確立繼承法統，斷絕光武諸王覬覦皇位之心，這或許是明帝急著立太子的原因。

〔註9〕《後漢書》，卷3，〈肅宗孝章帝紀〉，頁129。

己「器重」的態度，公開昭告世人，藉以穩固章帝的太子寶座。明帝的公告顯然奏效，章帝並未面臨明帝時代的困難處境，諸皇子也順利保住自己的王位，沒有落到自殺、奪爵的下場。

　　章帝能被立為太子，與明帝的明德馬后有很大的關係。根據《後漢書》的記載，章帝生母賈貴人是明德馬后姊姊的女兒，即馬后的外甥女。明德馬后入宮後，沒有生育子嗣，在明帝的作主下，遂將章帝過繼給明德馬后當養子。〔註10〕明帝為何要賈貴人將自己的兒子過繼給同是貴人的明德馬后呢？馬后和賈貴人既然同是貴人，日後都有機會被立為皇后。相較之下，先生下皇子的賈貴人，應該更勝一籌，卻在此時被迫讓出自己的兒子。其次，明德馬后年紀尚輕，雖然沒有子嗣，以後還有生育的機會，似乎也沒有馬上過繼的必要性。由此可見，在過繼章帝一事上，明帝並不是心血來潮，而是經過深思熟慮。此事，也突顯出在明帝的心中，明德馬后與賈貴人兩人的地位確實大不相同。

　　賈貴人在建武末年被選入太子宮，中元二年（57）生章帝，明帝即位後被立為貴人。明德馬后則是在父親馬援過世後入太子宮，當時年僅十三歲。馬援在建武二十五年（49）征討五溪蠻時，死於征討的軍旅生涯中，因此明德馬后入太子宮的時間，不得早於建武二十五年，大約也是在建武末年入太子宮，或許是與賈貴人同時入宮。〔註11〕明帝即位後，明德馬后與賈貴人同

〔註10〕按理說，後宮嬪妃所生的皇子，名義上都是皇后的兒子，無子嗣的皇后並不需要過繼、收養其他嬪妃的皇子。那麼，明帝為何還要「命令養之」呢？實際上，名義上的母子之情還是不若生養之情，這也是明德馬后「盡心撫育（章帝），勞悴過於所生」，以及章德竇后「養（和帝）為己子」，不讓和帝知道自己生母的原因。因此，雖然皇后們無過繼、收養之名，為了行文方便，筆者權以「過繼」、「收養」敘之。

〔註11〕《後漢書》提到明德馬后在位23年，但是從永平三年（60）被立為皇后到章帝建初四年（79）過世為止，最長只有20年，范書23年的記載不知出於何處。或者，范曄將馬后被立為貴人的時間一併計入，才發生時間上的謬誤？根據本紀，明帝在即位後，才封馬后為貴人。中元二年（57）二月，光武帝崩、明帝即位；同一年，章帝出生。因此，馬后和賈貴人入宮以及封為貴人的時間大蓋相差不遠，或者是同時。馬后入太子宮時，只有十三歲，收養章帝時，尚未超過三十，正值生育年齡，並沒有收養他人子的必要性。

時被立為貴人。明德馬后被立為皇后前，就在明帝的作主下，以章帝為己子。史書上並沒有記載過繼的原因，只提到明帝告訴當時的馬貴人：「人未必當自生子，但患愛養不至耳。」〔註12〕明德馬后和賈貴人的親戚關係，或許是明德馬后成為章帝養母的原因之一。然而，明德馬后入宮，實與馬援過世後、馬氏勢力的衰微有很大的關係。《後漢書・皇后紀》提到：

> 初，（馬）援征五溪蠻，卒於師，虎賁中郎將梁松、黃門侍郎竇固等
> 因譖之，由是家益失埶，又數為權貴所侵侮。后從兄嚴不勝憂憤，
> 白太夫人絕竇氏婚，求進女掖庭。……由是選后入太子宮。〔註13〕

為了馬氏家族日後的發展，馬氏家族毅然終止與竇家的婚約，將年紀最小的明德馬后送入太子宮。賈貴人入宮的原因，《後漢書》記載不詳，由於賈貴人的輩分低於明德馬后，可能是陪同馬后入宮。〔註14〕在《白虎通疏證・封公侯・立太子》注文提到：

> 禮，嫡夫人無子，立右媵；右媵無子，立左媵；左媵無子，立嫡姪
> 娣；嫡姪娣無子，立右媵姪娣；右媵姪娣無子，立左媵姪娣。〔註15〕

同書〈嫁娶・論天子嫡媵〉亦曰：

> 天子諸侯一娶九女者何？重國廣繼嗣也。適九者何？法地有九州，
> 承天之施，無所不生也。一娶九女，亦足以承君之施也。九而無子，
> 百亦無益也。……必一娶何？防淫佚也。為其棄德嗜色。人君無再
> 娶之義也。備姪娣從者，為其必不相嫉妒也。一人有子，三人共之，
> 若己生之也。〔註16〕

東漢時代是否仍保留春秋戰國時代的陪嫁習俗，史書不詳。〔註17〕不過，東

〔註12〕《後漢書》，卷10，〈皇后紀〉，頁409。

〔註13〕《後漢書》，卷10，〈皇后紀〉，頁408。

〔註14〕賈貴人是開國功臣賈復的孫女。東漢后妃大多出自東漢初年的功臣家族，因此，賈氏得以入宮，也有可能是賈氏女的緣故。

〔註15〕清・陳立，《白虎通疏證》（北京：中華書局，1994），卷4，〈封公侯・立太子〉，頁148。

〔註16〕《白虎通疏證》，卷10，〈嫁娶・論天子嫡媵〉，頁469～470。

〔註17〕大陸學者陳戍國在論及東漢的婚禮時，即認為姐妹同嫁一夫的狀況，是古代媵制之遺緒。見陳氏，《中國禮制史（秦漢卷）》（長沙：湖南教育出版社，1993），第4章，〈漢禮—東漢時代〉，頁403。

漢成書的《白虎通》多處引用《春秋》等先秦經典及春秋戰國時代的故事，多少也反應出東漢人對婚姻的看法。值得一談的是東漢嬪妃大多是姐妹或是姑姪一起入宮。前述的明德馬后，除了一起入宮的外甥女賈貴人姊妹外，其實是和兩位姐姐一同被舉荐給太子和諸王。〔註18〕史書上雖然沒有提到這兩位馬氏姐妹的婚配狀況，但是姐妹同時應選的情況，在當時應該相當普遍。姐妹同時入宮的，還有明帝的閻貴人姐妹（尚書閻章的妹妹）。章帝的竇后姐妹、宋貴人姐妹、梁貴人姐妹也都是姐妹一同入宮的範例。順烈梁后，則是和姑姑同時進入掖庭，姑姪一道成為順帝的嬪妃。至於東漢末年的桓帝梁后，則是順烈梁后的親妹妹，〔註19〕梁氏一門出現兩個皇后，成為當時最貴盛的家族。和姐妹或是和其他女性親屬同時入宮，確實可以增加家族顯要的機率。一旦被立為皇后，就算沒有子嗣，只要其他姐妹能生下皇子，對於家族的發展一樣大有助益。皇后收養自己姐妹所生的皇子，表面上維繫了宗法制度中的嫡庶之別，實際得利者還是后族。出養者與收養者，畢竟都是一家人，也就無須擔心會被其他家族所取代。因此，在過繼一事上，輩分與地位較為低下的賈貴人自然沒有拒絕的餘地。〔註20〕

〔註18〕馬嚴的上書中提到：「竊聞太子、諸王妃匹未備，援有三女，大者十五，次者十四，小者十三，儀狀髮膚，上中以上。皆孝順小心，婉靜有禮。願下相工，簡其可否。」見《後漢書》，卷10，〈皇后紀〉，頁408。因此，馬氏的書文中，是同時推薦馬氏的三姊妹。根據馬后本傳，馬援有三女，似乎僅有明德馬后入宮，其中一位馬氏女嫁給賈復的兒子，另一位則不詳。

〔註19〕順烈梁后立桓帝之後，仍以太后身分臨朝聽證。表面上，順烈梁后和桓帝梁后是婆媳關係。然而，順帝是章帝廢太子劉慶的孫子，桓帝劉志則是章帝的兒子河閒孝王劉開的孫子，劉開和劉慶都是和帝的兄弟。因此，在輩分上來說，順帝和桓帝同輩，順烈梁后和桓帝梁后既是姐妹，也算是妯娌。

〔註20〕史書上並沒有交代賈貴人的出身背景，只提到賈氏是南陽人。後世出土的〈馬姜墓誌〉正好補充《後漢書》的不足。根據〈馬姜墓誌〉，馬姜是明德馬后的姐姐，嫁給膠東侯賈復的第五子賈武仲，生了四個女兒，其中「二女為顯□節園貴人」。明帝死後葬在顯節陵，誌文中提到的「顯□節園貴人」姐妹，其中一位應當就是章帝的生母賈貴人。也就是說，除了明德馬后外，連同賈貴人入宮者，還有另一位賈氏姐妹。其次，這段誌文正好補充了馬氏族人的婚姻狀況。如明德馬后先許婚於扶風平陵竇氏，後進入太子宮。姐姐馬姜則是

　　對於東漢人而言，嫡庶之別還是非常重要的。舉例而言，排行第四的明帝能繼位，本身即是光武陰后的嫡長子。按照「子以母貴」的原則，嫡子有優先繼承的權力。但是，東漢皇后大都沒有子嗣，收養其他後宮嬪妃所生的皇子，便成為變通的方法。站在發展家族勢力的立場上，沒有子嗣的皇后當然會優先考慮自己的姐妹或是女性親屬所生的子嗣，除非姐妹都沒有子嗣，才會收養其他嬪妃的皇子。因此，皇子的母親，或者是養母的身分，往往是影響下一任繼承人的關鍵。綜觀東漢時代的皇帝，光武帝的陰貴人被立為皇后後，明帝才取代廢太子劉彊，成為太子；章帝則是先成為明德馬后的養子，當明德馬后被立為皇后後，章帝接著被明帝立為太子；和帝被章德竇后收養後，取代廢太子劉慶，被立為太子。安帝的廢太子順帝，沒被安思閻后收養，導致日後被廢的命運。〔註 21〕因此，明帝告誡明德馬后「人未必當自生子，但患愛養不至耳」的一席話，確實有他的道理。有時候，血緣關係還是比不上名分上的關係，在皇位繼承問題上，東漢皇室依舊延續過去「小宗入繼、大宗為主」的嫡庶之別。然而，血緣關係仍有其必要性，特別是血緣關係會決定哪些家族得以發展壯大。章德竇后姐妹都沒有生下子嗣，為了延續竇氏家族的勢力，竇后只好收養梁貴人所生的和帝為養子。竇后為何要收養梁貴人的皇子呢？竇后是東漢開國功臣竇融的曾孫女，梁貴人則是梁統的孫女，竇氏、梁氏均出自河西集團，關係匪淺。加上竇氏、梁氏均在明帝初年得罪入獄，家族勢力同樣落魄潦倒。同病相憐的處境，讓竇后決定收養梁貴人的皇子。但是，即使是關係如此密切的竇氏、梁氏二族，為了獨厚自家家族的

嫁給既是開國功臣家族、又與光武出自同鄉的南陽賈氏，所生的女兒則進入太子宮。由此可見，皇室與功臣家族時常聯姻，後宮多選自功臣家族；再者，功臣家族間的通婚也是非常頻繁。透過婚姻關係，功臣家族形成緊密的人際網絡，成為東漢家族發展的一大特色。墓誌全文見趙超，《漢魏南北朝墓誌彙編》（天津：天津古籍出版社，1992），〈馬姜墓誌〉，頁 1。

〔註21〕皇后收養與否，絕對會影響後宮嬪妃所生皇子們的發展，如章帝被明德馬后收養、和帝被章德竇后收養一般，兩人皆順利被立為太子，並登上帝位。相形之下，沒被皇后收養的皇子，就算已立為太子，如章帝廢太子劉慶、安帝廢太子順帝，最後都被趕下太子的寶座。換言之，皇后是庶出皇子登上大位的最大助力。這也是章德竇后以和帝為己子的消息傳至梁家時，梁氏要私下慶賀的原因。《後漢書》，卷 34，〈梁竦傳〉，頁 1172。

發展，一樣不能容許其他家族來分一杯羹。這也是竇后收養和帝之後，逼死梁貴人姐妹、流放梁氏族人，不讓和帝知道自己身世的主因。〔註22〕相較之下，收養自己親族所生的皇子，對自己家族的發展確實較爲有利，萬無一失。

　　章帝過繼給明德馬后的時間，約在中元二年（57）至永平三年（60）間。根據本紀的記載，章帝過繼給明德馬后後，明德馬后盡心扶養，視如己生，與章帝的母子關係非常好，因此章帝雖然知道賈貴人是自己的生母，即位後並沒有特別尊寵賈氏族人，還是以馬氏爲重。由此可知，章帝過繼給明德馬后的時間應該甚早，大概是出生不久就過繼給明德馬后了。根據本紀，明德馬后能夠被立爲皇后，出自光烈陰后個人的定見，明帝只是順從母親的意見。〔註23〕但是，若從過繼一事來看，明帝在母親發表意見前，早有定見，並不是單純順從母親的安排。明德馬后爲何能從眾多後宮中脫穎而出，無子而居后位呢？范書將明德馬后得以稱后的原因，歸功於明德馬后對光烈陰后的盡心侍奉；明帝終其一生未更易皇后，則是敬重明德馬后的人品與做人處事的態度。范曄的解釋，確實點出了明德馬后的個人特質。然而，賢能與德行，並不是唯一決定后位的標準，就如同有無子嗣並不是唯一的標準。《後漢書・皇后紀》提到：

　　及光武中興，斲彫爲朴，六宮稱號，唯皇后、貴人。貴人金印紫綬，奉不過粟數十斛。又置美人、宮人、采女三等，並無爵秩，歲時賞賜充給而已。漢法常因八月筭人，遣中大夫與掖庭丞及相工，於洛陽鄉中閱視良家童女，年十三以上，二十已下，姿色端麗，合法相者，載還後宮，擇視可否，乃用登御。所以明慎聘納，詳求淑哲。明帝聿遵先旨，宮教頗修，登建嬪后，必先令德，内無出閫之言，權無私溺之授，可謂矯其敝矣。向使因設外戚之禁，編著甲令，改正后妃之制，貽厥方來，豈不休哉！雖御己有度，而防閑未篤，故

〔註22〕《後漢書》，卷34，〈梁竦傳〉，頁1172。

〔註23〕《後漢書》，卷10，〈皇后紀〉，頁409，「永平三年（60）春，有司奏立長秋宮，帝未有所言。皇太后曰：『馬貴人德冠後宮，即其人也。』遂立爲皇后。」長秋宮爲皇后之居處。由此可知，馬后之立，實得力於光烈陰后。光烈陰后爲何支持馬后？「德」應該是首要的考量。有趣的是，對馬后的形容詞，也同樣出現在和帝廢陰后、立鄧后時。和帝立和熹鄧后的理由是「鄧貴人德冠後庭」，見同書，頁421。唯一的不同是一出自太后之言，一出自爲皇帝之口。

　　孝章以下，漸用色授，恩隆好合，遂忘淄蠹。〔註24〕

范曄一方面讚揚明帝以德行爲立后的標準，一方面又貶斥章帝以下的帝王以貌取人的缺點。綜合上文，立后與否，主要還是取決於帝王的個人意志。當然，不是每位帝王都以自己的愛憎爲取捨標準，如順帝和桓帝在立后時，都曾參考朝臣的意見來立后。〔註25〕嬪妃的出身背景、個人品德、外貌及面相，都是影響立后的因素。

　　根據上述〈皇后紀〉的記載，東漢女子要進入東漢後宮，必須必備下列幾個條件：首先，候選者的年齡，必須是13～20歲之間的少女；其次，候選者都是從洛陽鄉的良家童女中選擇出來的；更重要的，即使符合上述兩個條件，還要經過中大夫、掖庭丞及相工的考核，面相端正姿麗者才有資格進入後宮。不過，東漢一朝的後宮是否都遵照這個漢法嚴格執行，史書記載不詳。按照〈皇后紀〉諸后妃的記載，「選入掖庭」、「選入太子宮」之文屢見不鮮，〔註26〕可見漢廷大致上仍按照漢法而行。不過，以明德馬后爲例，馬后入宮時，年僅十三歲，起因於從兄馬嚴上書給光武帝，表達馬氏姐妹願意進掖庭的意願，才得以被選入太子宮。總而言之，要進入東漢的後宮，有幾個途經：一爲掖庭固定至民間各家選采；二爲自行上書給朝廷，表達入宮的意願，如

〔註24〕《後漢書》，卷10，〈皇后紀〉，頁400。

〔註25〕順帝立梁后經過，見《後漢書》，卷44，〈胡廣傳〉，頁1505，「順帝欲立皇后，而貴人有寵者四人，莫知所建，議欲探籌，以神定選。廣與尚書郭虔、史敞上疏諫曰：『竊見詔書以立后事大，…宜參良家，簡求有德，德同以年，年鈞以貌，稽之典經，斷之聖慮。…』帝從之，以梁貴人良家子，定立爲皇后。」又，桓帝立竇后，則見《後漢書》，卷48，〈應奉傳〉，頁1608，「及鄧皇后敗，而田貴人見幸，桓帝有建立之議。奉以田氏微賤，不宜超登后位，上書諫曰：『臣聞周納狄女，襄王出居于鄭；漢立飛燕，成帝胤嗣泯絕。母后之重，興廢所因。宜思關睢之所求，遠五禁之所忌。』帝納其言，竟立竇皇后。」《後漢書》，卷66，〈陳蕃傳〉，頁2169，「初，桓帝欲立所幸田貴人爲皇后。蕃以田氏卑微，竇族良家，爭之甚固。帝不得已，乃立竇后。」由此可見，梁后、竇后之立，並非出於順帝和桓帝的本意，實乃迫於朝臣的意見。

〔註26〕如貫貴人，「建武末選入太子宮」：章德竇后「建初二年，后與女弟俱以選例入見長樂宮。」長樂宮是太后的居處。入選的女子進入宮中之後，尚需經過太后的審核考察。見《後漢書》，卷10，〈皇后紀〉，諸位后妃之記載。

明德馬后；三爲皇太后下詔，指定人選入掖庭，如章德竇后。〔註27〕其中，唯一的例外是桓帝梁后。順烈梁后召蠡吾侯劉志入京的目的，是爲了鞏固梁氏與宗室的關係，故將妹妹梁女瑩許配給劉志。劉志和梁女瑩尚未舉行婚禮，卻逢質帝被梁冀毒殺的事件，順烈梁后和梁冀連忙立蠡吾侯劉志爲帝，是爲桓帝。桓帝之立，實得力於其與梁氏聯姻的婚姻關係，這也是日後桓帝梁后得以專寵後宮的原因。桓帝梁后是東漢時代唯一一個經由大婚儀式入宮的皇后，不似其他的皇后們，必須先進入掖庭、取得貴人身分後，才有機會被立爲皇后。梁氏的尊寵，可見一斑。

　　然而，即使史書明言漢法以洛陽爲采選後宮的主要來源地，實際上東漢的后族多掌握在幾個大家族手中，如陰氏、鄧氏、竇氏、梁氏等族手中；這些家族不只把持了皇后的位子，也和其他功臣家族、皇室、諸王宗室互相聯姻，形成盤根錯節的政治人脈。婚姻關係與政治利益劃上等線。哥倫比亞大學學者畢漢斯（Hans Bielenstein）在論及東漢中興的歷史事件時，將光武帝的朝廷分成三大利益團體，即南陽派、馬援派和竇融派。〔註28〕南陽派主要是以劉秀出身的南陽及鄰近的潁川地區爲主，陰氏家族、鄧氏家族（如開國功臣鄧禹、劉秀姊夫鄧晨）均出自此派。馬援派則是以馬援爲首的渭水流域地區爲主，這個地區原本屬於隗囂集團的勢力範圍。竇融派則以竇融爲首的河西四郡地區，又稱作河西派，竇氏家族、梁氏家族均出自此派。畢漢斯認爲這三個派別干預了東漢的選后結果。其中，馬援派與竇融派雖都出自西北地區，彼此間的對立卻是非常嚴重。所以，東漢的立后，是不同派系角力的結果。立后與廢后，意味著不同派系的勝利與失敗，即使是同一個派別，也希望透過立后來壯大自己的家族力量，最明顯的例子是上文提到竇氏與梁氏間的角力。這個情況一直持續到東漢末年，隨著東漢政權的崩潰才結束。除了

〔註27〕關於章德竇后入宮經過，《後漢紀》的記載較《後漢書》詳細，其文曰：「竇后，勳女也。勳尚沘陽公主，生四男二女，…有容貌才能。（章）帝聞之，數以問諸家，及后女弟隨沘陽主入見長樂宮，進止得適，人事備脩，奉事太后，下及侍御、貢御、問遺，皆得其歡心。太后異之，上可意焉，遂召入掖庭。后性敏給，稱譽日聞，太后緣上意，乃立爲后，專後宮。」《後漢紀校注》，卷11，〈後漢孝章皇帝紀上卷〉，頁313。竇后入宮前，即先引起章帝的注意，所以明德馬后便按照章帝的意願，召竇后姐妹入掖庭，後立爲皇后。

〔註28〕《劍橋中國秦漢史》，第3章，〈王莽，漢之中興，後漢〉，頁291～306。

上述三個政治派別外，東漢尚有來自其他的地區和派別的皇后，但是這些家族的影響力顯然低於上述三個派別。由少數大族把持后族的情況，直到東漢末才有改變，如靈思何后本身出自屠戶，地位並不高。簡而言之，東漢后族的發展，與陰氏、鄧氏、竇氏、梁氏等大族的發展有密切關係，不可分割。

　　正因爲家族勢力與能否出任「皇后」一事關係深厚，如何拯救衰微的馬氏家族，就成爲明德馬后的肩上重擔。但是，要如何在眾多競爭者中脫穎而出呢？這並不是一件容易的事，尤其是所有的嬪妃都在虎視眈眈，祈求飛上枝頭做鳳凰。既然馬后肩負重振家族勢力的重擔，其他入宮的嬪妃也同樣在爲自己的家族奮鬥。靠著美色抓著皇帝的心，自然是一個最快速的方法，〔註29〕但是美色會隨著年紀的衰退，永遠有更年輕貌美的競爭者出現。或者，努力生下子嗣，也是另一種有力的方法。光武帝廢后郭聖通的歷史教訓，卻又明白指出：生兒子也不一定能保住后位，即使自己的兒子有幸被立爲太子。因此，登上后位確實非常困難，常保后位更是難上加難。誰也不能保證，自己是否會步上郭聖通的後塵，更遑論保住兒子的太子位。這麼著名的先例在前，更證明后位、太子寶座的不確定性。因此，每一個在位的皇后都不敢鬆懈、大意，只有自己的皇子或是養子登上大位的那一天，才有喘息的機會。這也是竇憲搶奪沁水公主的園田時，章德竇后「毀服深謝」的原因。〔註30〕

　　無論如何，能夠被立爲皇后，總是一個好的開始。聰明的明德馬后選擇了一條不一樣的道路：不從皇帝，而是從婆婆光烈陰后及周遭的嬪妃下手。《後漢書・皇后紀》提到馬后入宮後「奉承陰后，傍接同列，禮則脩備，上下安之。遂見寵異，常居後堂。」〔註31〕明德馬后藉著侍奉婆婆、與嬪妃相處的機會，展現自己的德行，獲得光烈陰后與明帝的注目與讚賞，也增加自己獲選的籌碼。〔註32〕明德馬后雖然沒有生下任何子嗣，最終還是登上皇后的位子。馬后不只得到明帝的敬重、多了一個孝順的皇子（日後還成爲太子），還

〔註29〕章德竇后即是以此封后，寵冠後宮。

〔註30〕《後漢書》，卷23，〈竇憲傳〉，頁812。

〔註31〕《後漢書》，卷10，〈皇后紀〉，頁408。

〔註32〕同樣的情況，也發生在和熹鄧后身上。和熹鄧后早期的行事與明德馬后非常相似，鄧后應是以明德馬后爲模仿對象。由於和帝的養母章德竇后、生母梁貴人均早逝，鄧后自然是來不及侍奉婆婆，因此鄧后轉而更加禮敬和帝的陰皇后，小心侍奉、事事皆以陰皇后爲主，同樣獲得和帝的讚賞與恩寵。

使衰微的馬氏家族能重新站在東漢政治的舞台上，變成最顯赫的家族之一，明德馬后的努力確實非常成功。此外，為了確保馬氏家族的榮華富貴得以延續，馬后一再壓抑兄弟們的仕宦之路，不讓馬氏兄弟成為明帝與章帝政權的最大威脅者，企圖避免馬氏步上陰氏的後塵。

在明德馬后的成功經營下，不只保住自己和養子的地位，也讓明帝和馬氏族人保持非常良好的關係。在明帝朝，馬氏兄弟雖然始終沒有取得高官厚祿，卻深深贏得明帝的心，成為明帝身邊的重要人物。不僅如此，明德馬后與章帝間的母子情深，讓馬氏同樣獲得章帝的敬重，成為章帝初期最顯赫的外戚家族。這一刻，家族的命運，不是掌握在那些握有軍政大權的男人手中，而是掌握在女性的手裡，也開啟了日後女主干政的機會。

第二節　章帝與馬氏外戚

如前一節所言，明德馬后與章帝的關係非常好，連帶加強了章帝與馬氏家族間的聯繫，確保了馬氏勢力的延續。但是，真正影響馬氏家族地位的關鍵，並不在明德馬后，而是明帝。史家往往將明德馬后崩逝一事，視為馬氏勢力發展的分水嶺。《後漢書》以「太后崩後，馬氏失執」一語，說明馬氏衰微原因。〔註33〕批判明德馬后最力的王夫之，也將馬氏兄弟得罪的原因，歸罪於明德馬后對馬氏兄弟的大力支持，導致章帝積怨過深。〔註34〕這樣的批評，太過突出明德馬后的影響力，反而忽視了明帝和章帝所扮演的角色。

馬氏兄弟、明德馬后、章帝三者的關係，其實非常複雜，應該從「馬氏與明德馬后」、「馬氏與明帝」及「馬氏與章帝」三方面來分析。關於馬氏家族與明帝的關係，在前一章的討論中，筆者認為明帝雖然遵從光武帝的政治方針，不給外戚家族九卿以上的官職，但這並不妨礙明帝與馬氏家族間的往來，特別是與馬防的親密關係。當明帝臥病在床時，身為外戚的馬防曾經在明帝身旁服侍了一年的湯藥，明帝對馬氏的重視與信任，顯然遠遠超過其他的外戚家族。相較之下，對於馬氏的苦勞，同屬馬氏家族的明德馬后卻在撰寫《顯宗起居注》時，大筆一刪，完全不記載。兩人的態度有天壤之別。《後漢書·儒林列傳》提到：

〔註33〕《後漢書》，卷24，〈馬廖傳〉，頁855。
〔註34〕《讀通鑑論》，卷7，〈章帝〉，頁194～195。

> 及（明）帝崩，時諸馬貴盛，各爭欲入宮。（楊）仁被甲持戟，嚴勒
> 門，莫敢輕進者。肅宗既立，諸馬共譖仁刻峻，帝知其忠，愈善之，
> 拜什邡令。〔註35〕

馬氏爲何在此時急於入宮呢？明帝過世時，明德馬后仍在世，對於馬氏家族而言，根基仍在，並不需要在此時爭恐入宮。相反地，明德馬后在章帝建初四年（78）六月崩逝，史書上反而不見馬氏有任何驚慌的表現。因此，影響馬氏發展的最大助力，主要來自明帝，而不是明德馬后，明德馬后反而變成一大阻力。終明帝之世，明德馬后未嘗爲自己的兄弟宗親求官。一方面，爲了避免馬氏以外戚的身份干政，違反光武帝和明帝二朝的政策，招致明帝的不滿；另一方面，則是效法光烈陰后不爲陰氏求官的故事。〔註36〕明德馬后「克己」之嚴，〔註37〕或許才是馬氏恐慌的原因。關於這一點，馬氏兄弟其實是非常清楚的，這也是馬氏兄弟們恐慌不安、急於入宮的原因。馬氏兄弟在明帝崩逝之際搶著入宮，就是爲了先向繼位的章帝表示效忠，希望再度透過皇帝的力量，讓自己的家族延續過去的榮耀與地位。在這方面，章帝確實沒有讓馬氏兄弟失望，日後還讓馬氏家族帶兵出征，博取封侯的機會。因此，馬氏家族的榮耀與權勢，雖啓於明德馬后登上后位之時，實際上卻是由明帝、章帝聯手完成。換言之，沒有明帝與章帝的支持，馬氏家族能否再度獲得顯赫的地位？顯赫的地位能否延續下去？都是一個未知數。對於外戚的約束，明德馬后顯然比明帝嚴苛許多了。

明德馬后不私馬氏的態度，並未因章帝即位而改變。章帝數次想封馬廖兄弟爵位，明德馬后都嚴詞拒絕。建初四年（78）時，明德馬后身染重病，時日無多。孝順的章帝遂以天下豐稔、邊境無事爲由，封衛尉馬廖爲順陽侯、車騎將軍馬防爲潁陽侯、執金吾馬光爲許侯。明德馬后聽到消息後，說道：

> 聖人設教，各有其方，知人情性莫能齊也。吾少壯時，但慕竹帛，
> 志不顧命。今雖已老，而復『戒之在得』，故日夜惕屬，思自降損。
> 居不求安，食不念飽。冀乘此道，不負先帝。所以化導兄弟，共同
> 斯志，欲令瞑目之日，無所復恨。何意老志復不從哉？萬年之日長

〔註35〕《後漢書》，卷79，〈儒林列傳・楊仁傳〉，頁2574。

〔註36〕光烈陰后不爲陰氏求官一事，見《後漢書》，卷32，〈陰興傳〉，頁1131。傳
　　　　文提到，在陰興的勸戒下，陰后「深自降挹，卒不爲宗親求位。」

〔註37〕《後漢紀校注》，卷9，〈後漢孝明皇帝紀〉，頁245。

恨矣！〔註38〕

明德馬后明白說明不願兄弟封侯的原因，一為不負明帝的政策，二為自己的志向所致。其中，尤以明德馬后的志向為主要關鍵，因此文中「志」共出現三次之多。馬廖兄弟在得知明德馬后對此事的態度後，同時辭讓列侯的爵位，寧願降封為關內侯。在章帝的堅持下，馬廖兄弟才勉強接受封爵，受爵後又再度上書辭讓，終為章帝所許，三人最後皆以特進就第。馬廖兄弟封侯後不久，明德馬后即因病過世，與明帝合葬在顯節陵。王夫之認為馬廖兄弟封侯一事，是：

> 姦人反覆以窺上意，則昔之請封，為后之所欲；後之劾治，為章帝之所積憤而欲逞，明矣。是以知帝之強封諸舅，陽違后旨，而實不獲已以徇母之私也。〔註39〕

王夫之認為整件事都是出自明德馬后的私下授意，章帝被迫接受的結果。就馬氏封爵一事而言，王夫之的批評顯然過於嚴苛。元代胡三省即言：

> 〈皇后紀〉稱「廖等並辭讓，願就關內侯，太后聞之云云；廖等不得已受封爵。」按太后之辭，皆不欲封廖等之意，而史家文勢，反似太后欲令廖等受封，今輒移廖等辭讓於太后語下，此文勢有序，讀者易解。〔註40〕

胡三省認為范曄的記載方式，會讓人誤解整件事都是出自明德馬后的主意。胡氏認為馬氏兄弟封侯一事，實出於章帝個人的意志。章帝為何主動封馬氏兄弟侯呢？部份與前述明帝過世之際，馬氏兄弟爭著入宮表態有關。此外，章帝封母舅為侯一事，並不是東漢的特例，而是慣例。光武帝和明帝都曾封自己的母舅為侯。光武帝在建武五年（29）時，封母舅樊宏「長羅侯」，建武十五年（39）又改封為「壽張侯」；建武十三年（37）封樊丹為「射陽侯」，並同時封樊宏的兒子樊尋為「玄鄉侯」及族兄樊忠為「更父侯」。考之樊宏的本傳，在東漢建國的過程中，樊宏並沒有太大的貢獻與建樹。樊氏家族之所以能封侯，實出自血緣關係，而不是因事功被封。樊宏自己也非常清楚這一

〔註38〕《後漢書》，卷10，〈皇后紀〉，頁413～414。

〔註39〕《讀通鑑論》，卷7，〈章帝〉，頁194。

〔註40〕關於馬廖兄弟辭侯爵之事，見胡三省引《考異》之語。《資治通鑑》，卷46，〈漢紀38〉，章帝建初四年條，頁1485。

點，所以在朝期間戒慎恐懼，深怕一不小心會惹禍上身，禍及子孫。〔註41〕
至於同樣以謹慎著稱的明帝母舅陰氏，則先後在光武帝及明帝時代封侯。陰
識在建武元年（25）隨光烈陰后至洛陽，被封爲陰鄉侯，建武十五年（39）
定封爲原鹿侯。陰興則長年跟隨光武帝出征，最爲親信。不過，當光武帝在
建武九年（43）欲封陰興爲侯時，卻爲陰興所拒絕。明帝即位後，陰興已經
過世多年，明帝於是追封陰興二子：陰慶爲鮦陽侯、陰博爲濦強侯。當明帝
聽到陰慶將田宅財物都讓給自己的弟弟們後，還特別拔擢陰慶爲黃門侍郎。
陰興的弟弟陰就，則是繼承父親的封爵，爲宣恩侯，之後又改封爲新陽侯。
明帝即位後，先後任命陰識爲執金吾、陰就爲少府。因此，章帝封馬氏兄弟
爲侯的做法，並未違背光武、明帝以來的外戚政策。

　　除了封侯之外，章帝與馬氏的關係，也同樣延續自明帝時代。但是，章
帝與馬廖、馬防、馬光三人的關係卻不相同。前一章論及馬廖在明帝時代先
後擔任羽林左監、虎賁中郎將的職位。羽林左監、虎賁中郎將的官秩雖不高，
卻都是保衛皇宮的重要力量之一，由此可見明帝對馬廖十分信任。《後漢書・
馬廖傳》中提到「顯宗崩，受遺詔典掌門禁，遂代趙憙爲衛尉，肅宗甚尊重
之。」〔註42〕根據《後漢書・志》，「衛尉」一職主掌「宮門衛士，宮中徼循
事。」〔註43〕因此，明帝不只將馬氏兄弟安插在身旁，宮廷的安全警戒也都
是由馬廖負責。章帝即位後，馬廖依舊擔衛尉一職。馬廖的個性非常謹慎小

〔註41〕《後漢書》，卷32，〈樊宏傳〉，頁1120，「宏爲人謙柔畏慎，不求苟進。常戒
　　　　其子曰：『富貴盈溢，未有能終者。吾非不喜榮埶也，天道惡滿而好謙，前世
　　　　貴戚皆明戒也。保身全己，豈不樂哉！』每當朝會，輒迎期先到，俯伏待事，
　　　　時至乃起。帝聞之，常勑驛騎臨朝乃告，勿令豫到。宏所上便宜及言得失，
　　　　輒手自書寫，毀削草本。公朝訪逮，不敢對。宗族染其化，未嘗犯法。帝甚
　　　　重之。及病困，車駕臨視，留宿，問其所欲言。宏頓首自陳：『無功享食大國，
　　　　誠恐子孫不能保全厚恩，令臣魂神慙負黃泉，願還壽張，食小鄉亭。』帝悲
　　　　傷其言，而竟不許。」筆者按：在樊宏的示範下，樊氏一族大多小心謹慎，
　　　　因此得以在光武時代的諸王獄案中全身而退。然而，樊氏子孫依然無法遠離
　　　　禍患。樊宏子樊鮪爲兒子樊賞娶楚王英女敬鄉公主。在楚王獄案爆發後，樊
　　　　氏受到牽連下獄。其中，只有樊儵的兒子們未被牽連而已。

〔註42〕《後漢書》，卷24，〈馬廖傳〉，頁853。

〔註43〕《後漢書・志》，卷25，〈百官二〉，頁853。

心，本傳稱其「質誠畏慎，不愛權埶聲名，盡心納忠，不屑毀譽」。〔註44〕也許是受到馬援死後被冤屈奪爵一事的影響，〔註45〕馬廖深深明白家族的榮華富貴，主要來自皇帝的賞賜與恩寵，而不是個人的成就。再多的社會聲望與功勞，都抵不過皇帝一個人的愛惡，唯有「盡心納忠」才能遠禍、全身。因此，馬廖不只數次推辭章帝的賞賜，還上書勸戒明德馬后要長保儉約的美德。正因為有此體認，加上盡心納忠的行事，馬廖特別得到章帝的尊重。至於馬廖的弟弟馬光，也是因「為人小心周密」的緣故，和章帝的關係特別親密。在馬氏得罪就國後，馬光還被章帝召回京城「復位特進」，兒子馬康則被任命為黃門侍郎，陪伴在章帝的身旁。相較於馬廖和馬光的經歷，馬防的發展顯然大不同。

雖然章帝尊寵馬氏家族的做法，並未超過光武帝與明帝時代的標準，卻賦予馬氏更多的權力，其中尤以馬防最為貴盛。前文提到明帝末年時，都是由馬防在旁服侍湯藥，兩人的親密關係，連親生妹妹、明德馬后都不敢放在《顯宗起居注》中，深恐為明帝留下親近外戚的惡名。不過，馬防和馬光從明帝永平十二年（69）被任命為黃門侍郎起，直到明帝過世，都沒有轉任其他職位。章帝即位後，才拜馬防為中郎將，之後又轉任城門校尉。至此，不像馬廖在遺詔中被賦予守衛宮廷的重任，與明帝特別親暱的馬防，仕宦之路卻沒有太大的變動，明帝壓制外戚的政策似乎仍為章帝所遵守。到了建初二年（77）秋天，這是馬防仕宦生涯的一大轉折。在這一年，金城、隴西爆發羌亂，章帝任命馬防為「行車騎將軍」，以長水校尉耿恭為副手，率領北軍五校兵及諸郡積射士三萬人擊之。軍事行動結束後，馬防被召回京城，正式拜為車騎將軍，兼領城門校尉舊職。

以外戚身分領軍在外者，馬防並不是第一人，〔註46〕卻是第一個以皇帝

〔註44〕《後漢書》，卷24，〈馬廖傳〉，頁854。

〔註45〕馬援與光武帝的關係，一直是歷來史家討論的重點。范曄將馬氏得罪一事，歸罪於梁松和竇固的譖言。見《後漢書》，卷24，〈馬援傳〉，頁842～844。王夫之則認為馬援得罪的原因，在於馬援不懂得「功成名遂身退」的道理，故自取禍也。見《讀通鑑論》，卷6，〈光武〉，頁178。美國學者畢漢斯則將馬援死後得罪一事，提升至黨派的鬥爭，即馬黨與竇黨鬥爭下的結果。見《劍橋中國秦漢史》，第3章，〈王莽，漢之中興，後漢〉，頁296。

〔註46〕如尚光武女的竇固，在明帝時代亦曾率軍出屯涼州、出玉門擊西域，以「曉

母舅身分領軍征討者。〔註47〕馬防被任命爲車騎將軍後，馬氏與馬防的聲望達於頂峰，本傳稱其「防貴寵最勝，與九卿絕席」，〔註48〕連當時擔任越騎校尉的馬光也被拔擢爲執金吾。以外戚擔任執金吾者，在馬光之前，也只有陰識一人而已。陰識在光武帝、明帝時代先後被任命爲執金吾，負責京城的守衛工作。光武帝立明帝爲太子時，陰識以執金吾的身分輔導太子；此外，光武帝巡行天下時，陰識也常常留鎮京師，手握重兵，是東漢建國初期最重要的外戚。馬防、馬光兄弟的任命，無疑將馬氏兄弟與東漢開國最重要的外戚陰識相比附，馬氏家族的地位也被提升至與陰氏相同的地位。章帝的用心，明德馬后自然是非常清楚。因此，當章帝再三要求爲馬氏兄弟封侯時，明德馬后還特別強調「無軍功，非劉氏不侯。今馬氏無功於國，豈得與陰、郭中興之后等耶？」〔註49〕明德馬后的拒絕，不是自謙，而是明白馬廖三人沒有任何的軍功，光憑著外戚的身分封侯，難免會引起輿論的非議。因此，當燒當羌反叛的消息傳來，章帝大膽啓用從未出征過的馬防出擊，即是希望馬氏能藉機立功，憑著軍功獲得封侯的機會。〔註50〕

　　章帝爲什麼如此尊崇馬氏，甚至將馬氏與陰氏相比附呢？如前文所言，明德馬后雖然仍在世，但克己甚嚴的馬后並不是馬氏貴盛的助力，而是阻力。因此，章帝並不需要看在養母的面子上，特別尊寵馬氏家族。馬氏貴盛的原因有二：首先，馬氏兄弟在明帝死後搶著向章帝表態、效忠，是贏得章帝信任的關鍵，故章帝並沒有懲罰馬氏兄弟爭欲入宮的行爲；其次，明帝對馬氏兄弟的信任也同樣影響了章帝對馬氏的態度。明帝爲何特別信任馬氏呢？一方面，馬廖兄弟的謹言愼行的風格，確實讓明帝十分放心；另外一方面，明帝希望在漢初兩大外戚家族：陰氏和郭氏外，另外培植一個實力衰微的家族，使外戚的勢力可以互相制衡。換言之，明帝不只打擊犯罪不法的外戚，也非常注意各家族勢力的發展，以外戚來制衡外戚。明帝希望外戚家族彼此間可

　　習邊事」聞名於朝。《後漢書》，卷23，〈竇固傳〉，頁810～811。

〔註47〕　日後，竇憲征討匈奴的舉動，即是效法馬防的故事，以皇帝母舅的身分率軍出征。

〔註48〕　《後漢書》，卷24，〈馬防傳〉，頁856。

〔註49〕　《後漢書》，卷10，〈皇后紀〉，頁412。

〔註50〕　王夫之認爲章帝任命馬防出征，目的是爲了封馬氏侯。《讀通鑑論》，卷7，〈章帝〉，頁194。

以互相制衡，避免某一家族的勢力獨大，藉以防止西漢末年王氏外戚掌權的情況再度發生。既要扶植之，又不能使之獨大，這才是明帝在南宮雲臺畫中興二十八位功臣的圖像，額外加上王常、竇融、李通、卓茂四人，卻獨獨漏掉建國後最重要功臣馬援的原因。〔註51〕范曄認為馬援之所以被明帝遺漏在功臣名單之外，是「以椒房故，獨不及援」。〔註52〕東平王劉蒼也曾對此事提出疑問，明帝卻笑而不答，也未將馬援的圖像補上。對此，王闓運認為「援因女乃親，非建武心腹臣。以君臣猜忌，不可言也。」劉咸炘則提出不同的見解，認為：

> 光武固忌援，亦以懲於王莽，不欲外戚有功得勢。明帝承此意。若謂因女乃親，明帝豈不知援之忠與冤，而徒視為外戚哉。〔註53〕

光武帝與馬援是否君臣猜忌，本文存而不論。然而，馬援不被列入功臣名單，確實是受到外戚身分的影響。綜觀中興二十八將的名單，包含明帝所加的四人，不只是馬援，連外戚陰氏、郭氏都不在名單之上。也就是說，曾經跟隨光武帝征討四方的陰氏、助光武帝立足河北地區的郭氏，都沒有機會被列入中興名將的名單中，如果在此獨列馬援一人，勢必大幅提高馬氏的政治地位。親身經歷西漢末年亂事的光武帝，自然是有鑑於王莽篡位的歷史教訓，力圖壓抑外戚的力量。但是，對於明帝而言，王莽與新朝早已遠去，反而是光武帝時代留下來的郭氏和陰氏，才是真正影響自己皇權的外戚。如何減少、壓制陰氏與郭氏的勢力，不讓權力集中在少數家族，就成為明帝最關心的問題。為了解決這個問題，明帝一方面扶植勢力衰微的馬氏，另一方面則讓外戚們互相監督、互相制衡。〔註54〕當各家外戚互相制衡時，皇帝與中央政府就是

〔註51〕《後漢書》，卷22，〈馬武傳〉，頁790～791。范曄將中興二十八將名單置於〈馬武傳〉之傳末。

〔註52〕《後漢書》，卷24，〈馬援傳〉，頁851。

〔註53〕王、劉二人的評論，見施之勉，《後漢書集解補》，卷14，〈馬援列傳〉，頁448～449。

〔註54〕明帝利用外戚糾舉不法外戚的記載，出自章帝之口，詳見《後漢書》，卷23，〈竇憲傳〉，頁812，「昔永平中，常令陰黨、陰博、鄧疊三人更相糾察，故諸豪戚莫敢犯法者，而詔書切切，猶以舅氏田宅為言。」陰黨身份不明；陰博則是南陽新野人，是陰興的兒子、陰慶的弟弟，屬光烈陰后族人。鄧疊也是南陽新野人，南陽新野鄧氏有鄧禹與鄧晨兩家族，鄧晨是光武帝的姊夫，鄧

最大的得利者，至於馬援是否冤屈、是否忠貞，都不是明帝需要考慮的問題。在「維護皇權」的思路下，一個臣子的名節決不是重要的政治課題。

　　王夫之在論及明章史事時，曾以「三年無改於父之道」的理由，嚴厲抨擊章帝的政治風格。〔註55〕王夫之認為章帝才剛即位時，就在臣僚的建議下，一改明帝的嚴察政風，反而造成國事的動亂。明、章二帝的施政風格，一直是後人討論的議題；一嚴、一寬的作風，也成為明、章二帝的特色。然而，在對待馬氏兄弟的態度上，章帝倒是遵從父教，延續明帝以外戚制衡外戚的做法，沒有更改。馬廖能夠擔任衛尉一職，即是章帝遵從明帝遺詔的結果。為了讓馬氏有機會封侯，章帝特意讓馬防領軍出征。到了建初二年（77），封侯後的馬氏終於取得和陰氏、郭氏一樣尊寵的地位，也達成了明帝和章帝「以外戚制外戚」的目標。遺憾的是，就像樊宏對子孫的諄諄教誨一般，外戚家族容易因為貴盛而犯法，很少能常保富貴。〔註56〕馬廖雖然行事低調謹慎，卻無法約束子孫輩與家人的不法行為，終於引發章帝的震怒與懲罰。《後漢書·楊終傳》提到：

> 時太后兄衛尉馬廖，謹篤自守，不訓諸子。終與廖交善，以書戒之曰：「今君位地尊重，海內所望，豈可不臨深履薄，以為至戒！黃門郎年幼，血氣方盛，既無長君退讓之風，而要結輕狡無行之客，縱而莫誨，視成任性，鑒念前往，可為寒心。君侯誠宜以臨深履薄為戒。」廖不納。子豫後坐縣書誹謗，廖以就國。〔註57〕

至於馬防和馬光兄弟，《後漢書》則提到：

> 防兄弟貴盛，奴婢各千人已上，資產巨億，皆買京師膏腴美田，又大起第觀，連閣臨道，彌互街路，多聚聲樂，曲度比諸郊廟。賓客奔湊，四方畢至，京兆杜篤之徒數百人，常為食客，居門下。刺史、守、令多出其家。歲時賑給鄉閭，故人莫不周洽。防又多牧馬畜，

禹則是開國大功臣。史書未言鄧疊出自哪一家族，李賢注則曰：「以陰、鄧皆外戚」，鄧禹的後人直到和帝才被任命為皇后、成為當朝外戚，因此鄧疊大概是鄧晨族人；鄧疊母與章德竇后關係良好，鄧疊則在和帝時與竇憲圖謀不軌，事覺被殺。由陰博、鄧疊的出生背景推測，陰黨應該也是光烈陰后族人。

〔註55〕《讀通鑑論》，卷7，〈章帝〉，頁192～194。
〔註56〕《後漢書》，卷32，〈樊宏傳〉，頁1121。
〔註57〕《後漢書》，卷48，〈楊終傳〉，頁1599～1560。

賦斂羌胡。帝不喜之，數加譴勅，所以禁過甚備，由是權埶稍損，
賓客亦衰。八年，因兄子豫怨謗事，有司奏防、光兄弟奢侈踰僭，
濁亂聖化，悉免就國。〔註58〕

這段記載中，馬防兄弟生活奢侈，喜歡賦斂錢財與兼併良田。然而，讓馬氏
兄弟得罪的原因，不在生活奢侈，而是「賓客奔湊，四方畢至」一語。馬氏
兄弟的家中，聚集了為數眾多的賓客，許多地方官吏都出自馬氏門下。光武
帝、明帝時代的諸王獄案，即是因為諸王私下招募賓客所致。身為外戚的馬
氏，居然忽視了諸王獄案的教訓，私下擁有許多的賓客，甚至干預中央政府
的派任，章帝的憤怒不是沒有道理的。如同明帝扶植馬氏來壓制陰氏和郭氏，
章帝也同樣十分注意外戚的勢力發展。當馬氏的勢力在建初二年（77）達到
頂峰之際，心生警惕的章帝在次年立后時，沒有立先生下皇子、與明德馬后
有姻戚關係的宋貴人姐妹，反而立家道衰微已久且無子的竇貴人為后，就是
希望扶植竇氏家族以制衡馬氏的勢力。章帝為何要扶植竇氏呢？一方面，是
因為章帝深深著迷於章德竇后的美色與才氣；另外一方面，馬氏之衰與竇氏
關係密切，兩家之間的恩怨正好可以讓兩家彼此抗衡，無法合作。後代史家
在論及章帝與竇氏的關係時，大多抨擊章帝對竇氏的過分寵幸與寬容，認為
竇氏攬權、獨掌和帝朝政大權，是章帝縱容的結果。〔註59〕姑且不論竇氏在
和帝朝的發展，章帝立竇后、扶植竇氏的結果，確實起了「自王、主及陰、
馬諸家，莫不畏憚」的效果。〔註60〕

　　建初四年（79）六月，明德馬后過世；建初八年（83），馬廖兄弟被遣就
國後。短短四年間，馬氏的勢力快速衰微。誠如前一節所言，相較於馬氏在
明帝崩逝時的驚慌反應，馬氏家族在明德馬后崩逝時並沒有任何反應。因此，
馬氏之衰，明德馬后崩逝並不是主因，關鍵則在章帝身上。馬氏兄弟的奢侈
與貪婪，給予章帝「譴勅」的藉口。然而，馬氏兄弟得罪的真正原因，不在
貪婪與奢侈，而是起因於眾多的賓客聚集在馬氏家中，加上「刺史、守、令

〔註58〕《後漢書》，卷24，〈馬防傳〉，頁857。

〔註59〕如王夫之即認為「竇憲之橫，章帝實使之然矣。」見《讀通鑑論》，卷7，〈章
　　　　帝〉，頁198～199。大陸學者楊建宏亦嚴詞批評章帝重用外戚、疏於防範外戚
　　　　的做法。見楊氏，〈論東漢明章時期柔道政策的兩極分化〉，《長沙大學學報》，
　　　　1996第4期，頁66。

〔註60〕《後漢書》，卷23，〈竇憲傳〉，頁812。

多出其家」，〔註61〕章帝開始覺得不安，對馬氏產生了戒心。與馬氏交惡的竇氏，則利用章帝新寵竇氏、不滿馬氏的機會，逐步取代馬氏的勢力，也影響章帝了對馬氏的態度。《後漢書・馬嚴傳》中提到：

> （建初）二年，拜陳留太守。（馬）嚴當之職，乃言於帝曰：「昔顯親侯竇固誤先帝出兵西域，置伊吾盧屯，煩費無益。又竇勳受誅，其家不宜親近京師。」是時勳女爲皇后，竇氏方寵，時有側聽嚴言者，以告竇憲兄弟，由是失權貴心。……典郡四年，坐與宗正劉軼、少府丁鴻等更相屬託，徵拜太中大夫；十餘日，遷將作大匠。七年，復坐事免。後既爲竇氏所忌，遂不復在位。

綜觀上文，馬嚴對竇氏的嚴厲批評，可以說是馬氏、竇氏長期交惡下的產物。此外，這段記載也顯示出新得寵的竇氏居然在章帝身旁安排耳目，趁機監聽章帝與大臣們的對話。馬嚴的肺腑之言通通傳到竇憲兄弟的耳裡，更增加竇氏的不滿。屯兵伊吾盧一事，牽涉到明帝時代的西域政策，竇固的建議是否妥當，在此存而不論。但是馬嚴卻以「竇勳受誅」的理由，要求章帝將所有的竇勳家人通通遣離京師，顯然是過於嚴苛的建議。馬嚴建言時，竇勳女已經立爲皇后，竇勳未因女而貴，反而成爲竇氏被貶離中央的理由，也難怪竇氏會不服。如果竇氏必須因爲明帝時代「竇勳得罪」一事遣離京師，按照同樣的標準，馬氏也應當爲光武帝時代「馬援得罪」一事遠離中央。不只是馬氏，就連明帝的外戚陰氏，都必須爲了陰就、陰豐父子付出代價。換言之，范曄一句「失權貴心」，表面上是馬嚴得罪了新得寵的竇氏，事實上，卻是得罪所有曾經得罪於先朝的外戚，也得罪了那些企圖把持后位的功臣家族。馬嚴的建言，不只阻斷自己的仕宦之路，也讓馬氏的地位更加孤立無援，把原本可能是盟友的家族通通推向新興的竇氏，壯大了竇氏的實力與聲勢。面對如此有利的時機，竇氏勢力發展非常快速，終於取代馬氏，成爲章帝、和帝時代最興盛的外戚家族。

第三節　章帝和竇氏外戚

建初三年（78），竇融的曾孫女被立爲皇后，衰微已久的竇氏，取代章帝

〔註61〕《後漢書》，卷24，〈馬防傳〉，頁857。

的母舅馬氏，成為章帝時代最顯赫的外戚家族。〔註62〕以美色聞名的章德竇后，未入宮前就已經引起章帝的注意與打聽，入宮後迅速博得章帝的專寵。如同明德馬后一般，章德竇后雖然沒有生下子嗣，卻能仗著章帝的寵愛，收養其他後宮所生的皇子，並進而讓自己的養子登上皇帝的寶座，被尊為皇太后。竇氏勢力的發展，與章德竇后被立為皇后有關，但是真正影響竇氏發展的關鍵，還是在章帝身上。前一節提到章帝沿用明帝「以外戚制外戚」做法，為了壓抑聲勢日漸上漲的馬氏，章帝另外扶植了實力弱小的竇氏。對章帝而言，身旁有美麗的章德竇后相伴，而竇氏又可以成為皇權制衡其他家族的棋子。章帝利用竇氏與馬氏的舊仇，讓馬、竇之間自然形成互相抗衡、互相壓制的關係，〔註63〕完全不需要擔心馬氏與竇氏會攜手合作，變成中央政權最大的隱憂。因此，章帝與竇氏的關係，可以說是明帝與馬氏關係的翻版。

　　同樣是「以外戚制外戚」做法，後人對明、章二帝的評價卻截然不同。後人多讚揚明帝延續了光武帝的政策，成功壓制外戚的發展；〔註64〕相較之下，章帝卻得到過分寵幸竇氏的惡名，飽受後人批評。大陸學者楊建宏在論及明、章二帝的政治風格時，即認為：

> 章帝立竇憲之妹為皇后，憲立即被拜為郎，遷虎賁中郎將，弟篤為黃門侍郎。郎官上應列宿，下近樞機，明帝不肯輕易授人，章帝卻不遵舊制，浪賜外戚，並使憲、篤並理機要，不可不謂政策轉軌。

〔註62〕永平二年（59），護羌校尉竇林因事下獄，明帝因此數次訓誡竇融，竇氏得罪自此始。永平五年（62），當竇穆強迫六安侯離婚事傳到明帝的耳裡，憤怒的明帝免去竇氏子孫的官職，強迫歸鄉。當竇氏開始衰微時，卻是素有怨仇的馬氏開始興盛之時，當明德馬后在世時，竇氏在政治上沒有任何的發展。因此竇氏得罪，部份起於自身的不法行為，部份或許與馬氏有關。

〔註63〕大陸學者曹金華即以章帝時代的遷都爭論為背景，分析馬氏與竇氏兩大集團間的鬥爭。曹氏認為班固撰寫《兩都賦》的目的，表面上是批評杜篤在光武帝時代寫成的舊作《論都賦》，實際上卻化身成竇氏的打手，藉機打擊與杜篤有姻戚關係的馬氏家族。見曹氏，〈從馬竇之爭看班固等"反遷都"論戰的實質〉，《揚州大學學報・人文社會科學版》，1998 第 2 期。

〔註64〕關於明帝壓制外戚的情況，請見第二章的討論。光武帝、明帝對外戚的禁制與裁抑，另可參見秦學頎，〈東漢前期的皇權與外戚〉，《西南師範大學學報（哲學社會科學版）》，1995 第 1 期。

〔註65〕

楊氏並將竇憲侵奪沁水公主園田一事，和明帝時代竇穆矯詔一事相比較，說明章帝對竇氏的縱容。竇穆因矯詔被明帝所殺，竇憲侵奪了章帝姊妹、沁水公主的園地，卻沒被盛怒的章帝懲處。按照楊氏的見解，竇穆、竇憲兩人的遭遇與明、章二帝的態度，確實有天攘之別。楊氏將此差別，歸罪於章帝政策的儒柔與未防範外戚的態度。楊氏一文中，並沒有特別說明章帝為何獨獨對竇氏特別寬容。此外，楊氏顯然不夠了解明帝與馬氏的關係，這樣的對比並不適宜。楊氏的說法，既無法突出明、章二帝的外戚政策有何不同，也不了解明、章二帝「以外戚制外戚」的心法。楊氏嚴屬抨擊章帝任命竇憲為郎、虎賁中郎將及竇篤為黃門侍郎，認為章帝的做法是放棄了光武、明帝以來防範外戚的遺策，首開外戚任政的惡例。事實上，章帝除了繼續延用了明帝「以外戚制外戚」做法外，在對外戚的封賞上，也沒有超過明帝時代的封賞。以馬氏為例，馬廖三兄弟在明帝時代即擔任郎將、侍郎的職務：馬廖先任羽林左監，後來又被明帝任命為虎賁中郎將；馬防和馬光兄弟，則同樣擔任黃門侍郎的職務。對照馬廖兄弟與竇憲兄弟的官職，可以發現明帝、章帝任用外戚的官職，完全一樣。也就是說，章帝正是依循明帝的舊制，才會下詔任用竇憲為虎賁中郎將、竇篤為黃門侍郎。換言之，首開外戚任政惡例者，是明帝而不是章帝，章帝不過是延續父親的做法而已。

關於竇憲侵奪沁水公主園田一案，《後漢書・竇憲傳》中提到：

> 憲恃宮掖聲執，遂以賤直請奪沁水公主園田，主逼畏，不敢計。後肅宗駕出過園，指以問憲，憲陰喝不得對。後發覺，帝大怒，召憲切責曰：「深思前過，奪主田園時，何用愈趙高指鹿為馬？久念使人驚怖。昔永平中，常令陰黨、陰博、鄧疊三人更相糾察，故諸豪戚莫敢犯法者，而詔書切切，猶以舅氏田宅為言。今貴主尚見枉奪，何況小人哉！國家弃憲如孤雛腐鼠耳。」憲大震懼，皇后為毀服深謝，良久乃得解，使以田還主。雖不繩其罪，然亦不授以重任。〔註66〕

章帝最後饒恕了竇憲，也為自己留下一個寵幸外戚的惡名。然而，章帝寬恕竇憲的違法行為，並不表示全盤接納外戚的不法行為。從竇憲在事後不被章

〔註65〕 楊建宏，〈論東漢明章時期柔道政策的兩極分化〉，頁66。

〔註66〕 《後漢書》，卷23，〈竇憲傳〉，頁812。

帝重用一事來看，章帝對於此事還是耿耿於懷。其次，從沁水公主事件以及馬氏奢侈的事件來看，可以看出章帝遇到不法的事情，會直接怒斥當事人，就算是自己的母舅，一樣不留情面，與所謂「長者」的形象相差甚遠。〔註67〕章帝為何不重重懲處竇憲呢？傳文中，提到章德竇后不斷為竇憲求情，才讓章帝息怒，不再追究。實際上，章帝之所以不懲罰竇氏，並不是因為寵愛章德竇后，而是企圖繼續推行「以外戚制外戚」的策略。為了確保竇氏可以繼續制衡其他的外戚家族，維持外戚勢力平衡的狀態，因此，章帝雖然生氣，也只能藉著章德竇后為家人求饒的機會，給竇憲台階下，為竇氏留下後路。竇憲的囂張，畢竟還是讓章帝留下深刻的印象。為了避免讓竇氏家族的勢力獨大，破壞外戚間的勢力平衡，章帝至死都沒有再重用竇憲了。〔註68〕

　　然而，章帝雖繼續明帝的「以外戚制外戚」政策，卻為和帝留下了嚴重的禍患。傳文中，雖然提到章帝不給予竇憲重任，卻在死前留下「以篤為虎賁中郎將，篤弟景、瓌並中常侍」的遺詔，〔註69〕讓竇氏兄弟有機會掌握政治大權。平心而論，章帝的死前遺詔還是將竇憲排除在外，僅僅任命竇篤為虎賁中郎將，其他兄弟為中常侍，與明帝遺詔中單獨任命馬廖為衛尉的做法非常相似。負責宮門安全的衛尉，「中二千石」，屬九卿之一。負責宮殿安全的虎賁中郎，則「比二千石」，隸屬於光祿勳（亦屬九卿）之下。由此可見，章帝並沒有授與竇氏比馬氏更高的政治權力，也沒有授與竇憲有實權的職務，竇氏的聲勢直到和帝時代才真正達到頂峰。竇氏，特別是竇憲，能在和帝時代能夠獲得大權，變成朝中最強盛的外戚家族，最後的關鍵是章德竇后，而不是章帝。章帝死後，和帝年幼，章德竇后臨朝輔政，把政事委託於兄弟，竇憲才有機會干預朝中政事。

　　然而，章帝對外戚的委任雖沒有超過明帝時代的標準，竇氏之禍還是起於章帝之手，章德竇后不過是接續其後而已。前面提到，章帝在處理外戚勢力時，主要是師法明帝「以外戚制外戚」的做法，不讓某一家族，包含竇氏

〔註67〕這個評論，見范曄引用曹丕「明帝察察，章帝長者」的評論。《後漢書》，卷3，《肅宗孝章帝紀》，頁159。

〔註68〕清儒何焯論及沁水公主事件，認為章帝「雖頗開后族恣橫之端，而威福在己，所以猶為七制之主。」文見何焯著、崔高維點校，《義門讀書記（上）》（北京：中華書局，1987），卷22，〈後漢書·列傳〉，頁369。

〔註69〕《後漢書》，卷23，〈竇憲傳〉，頁812。

在內的外戚有機會獨大。但是，章帝忽略了一個非常重要的變數，即章帝即位時已經將近二十歲，可以自理朝政，皇權掌握在皇帝的手中，皇太后與外戚的干預有限。但是，即位的和帝只有十歲，年紀幼小，勢必重演西漢平帝年幼、元帝王皇后臨朝輔政的故事。除了皇帝的年齡之外，章帝也沒有考慮到章德竇后與明德馬后兩人個性上的不同。克己甚嚴的明德馬后，加上年長的君王，馬氏家族發展政治勢力的空間相當有限，還是在皇權的制約下。相比之下，幼主在位，擁有君權的章德竇后，和皇帝無異，是否仍會奉行明、章二帝的故事，約束竇氏族人的行為呢？其次，竇氏族人是否能謹守本分，為皇權所控制呢？等等問題，都是無法預料的狀況。即使前有明德馬后的儉約示範，馬氏兄弟最後還是以奢侈得罪，更何況早有違法行為的竇憲。皇帝、太后、外戚三者，都有可能掌握皇權，改變原本的平衡狀況，造成權力的失衡。就算是章帝本人推行「以外戚制外戚」的做法，在皇太后臨朝輔政的情況下，竇氏必定會以外戚身分干預政局，外戚間的勢力平衡也會被竇氏所打破。

　　章和二年（88）二月，章帝去世，年僅十歲的和帝劉肇即位，尊章德竇后為皇太后。和帝是東漢歷史上第一位幼帝即位的皇帝，故章德竇后與竇氏有機會臨朝輔政。為了獨掌大權，竇憲建議章德竇后以「仁厚委隨」的鄧彪為和帝的太傅，又推薦「性和退自守」的桓郁為帝師，至宮內傳授和帝經書。〔註70〕同年三月，章德竇后正式臨朝聽政，以皇太后名義下詔，：「侍中憲，朕之元兄，行能兼備，忠孝尤篤，先帝所器，親受遺詔，當以舊典輔斯職焉。」〔註71〕如果說章帝的遺詔中排除了竇憲參政的可能性，章德竇后的詔文卻以章帝遺詔為名，把政治大權完全交給了竇憲，反而不談其他的兄弟了。遺詔與詔文的差異，隱約透露出竇憲在其中鑽營的影子。章德竇后把國政全都交給兄長竇憲及太傅鄧彪來處理，東漢外戚臨朝輔政自此開始。竇憲利用和順的鄧彪，達到掌控朝政的目的，鄧彪僅僅是竇憲在外廷的代言人。

　　竇氏能夠壯大聲勢、掌控朝政，還是依附在章德竇后臨朝聽政的名義下，權力來源是章德竇后，而不是幼小的皇帝。就像明德馬后曾經節制馬氏的政治勢力般，竇氏也同樣受到章德竇后的節制。東漢光武帝建國以後，雖以西

〔註70〕《後漢書》，卷23，〈竇憲傳〉，頁812。
〔註71〕《後漢書》，卷4，〈孝和帝紀〉，頁166。

漢滅亡、王莽篡位爲教訓，嚴格防範外戚干政，但是皇后顯然未被隔絕在當朝的政治外。遵奉光武政策的明帝，不只將馬氏兄弟安插在自己的身旁，還與皇后分析時政，讓明德馬后有機會參與政事。明德馬后自撰《顯宗起居注》一事，正說明了馬后對明帝的朝政狀況十分了解，這決不是一個身居後宮、不問外事的嬪妃可以辦到的。一如明帝所料，明德馬后甚至成爲皇宮內節制外戚勢力的重要關鍵。也就是說，當皇帝、太后、外戚三者間的權力失衡，臨朝聽證、握有大權的太后不一定會站在外戚的立場，有時候反而會成爲皇帝與皇權的維護者。〔註72〕臨朝聽政的章德竇后，雖然把國政委託於兄弟，皇權依舊掌握在竇后手中，並不是任由竇憲兄弟擺佈。竇憲掌權後不久，京師便爆發劉暢被刺殺的案子。關於劉暢的案子，《後漢書・竇憲傳》提到：

> 齊殤王子都鄉侯暢來弔國憂，暢素行邪僻，與步兵校尉鄧疊親屬數往來京師，因疊母元自通長樂宮，得幸太后，被詔召詣上東門。憲懼見幸，分宮省之權，遣客刺殺暢於屯衛之中，而歸罪於暢弟利侯剛，乃使侍御史與青州刺史雜考剛等。後事發覺，太后怒，閉憲於內宮。〔註73〕

由此可見，竇憲非常清楚自己的權力來源是章德竇后。章德竇后可以讓竇憲輔政，同樣也可以將輔政的權力收回，授與他人。爲了避免其他人分享權力，竇憲派人刺殺甚得章德竇后寵幸的都鄉侯劉暢，並歸罪於劉暢弟利侯劉剛。劉暢之死，讓不管朝政的章德竇后相當生氣，甚至將竇憲幽禁在宮內，由此可見，即使是自己的親兄弟，一旦違反了自己的利益，章德竇后一樣翻臉不認人。竇后之怒，逼得竇憲不得不率軍出征匈奴來贖罪。〔註74〕和帝永元元年（89），竇憲征討北匈奴、登燕然山一事，是東漢對外關係史上的重要事件，竇憲也因此役官拜大將軍、封武陽侯。章帝時代，讓馬防帶軍征討羌亂，是爲了提高馬氏的政治地位，竇憲出兵卻是爲了贖罪。後人多注意到這場戰爭的勝利，讓竇憲威震漢廷，正式把握朝政。然而，整個征討行動，實出於章

〔註72〕漢獻帝皇后曹節即是一例。曹節是曹操的女兒，兄長曹丕篡漢時，「遣使求璽綬，后怒不與。如此數輩，后乃呼使者入，親數讓之，以璽抵軒下，因涕泣橫流曰：『天不祚爾！』左右皆莫能仰視。」《後漢書》，卷10，〈皇后紀〉，頁455。

〔註73〕《後漢書》，卷23，〈竇憲傳〉，頁813。

〔註74〕《後漢書》，卷23，〈竇憲傳〉，頁814。

德竇后的私憤，卻是較少人討論的地方。

　　章德竇后不只維護自己的利益，也相當注意族人的行事。從永元元年（89）出征到永元四年（92）和帝發動政變、竇憲兄弟自殺爲止，仔細考察竇憲兄弟在這四年的行事，除了節約自修的竇瓌外，竇憲兄弟及族人賓客多驕縱奢侈，並掌控朝中派任及宦仕之途。〔註 75〕不問朝事的章德竇后，並非對竇氏族人的行爲一無所知。爲了節制竇氏的不法行爲及壓抑竇氏的聲勢，竇后先策免竇景的執金吾官職，還把名聲較好的竇瓌外放至潁川擔任太守，竇憲則長年駐守在邊疆。章德竇后爲何將兄弟們通通外放，遠離政治中心的洛陽呢？一方面，可以讓兄弟們遠離政治中心，減少干預朝政的機會，避免引起眾怒；另一方面，遠離中央也可以稍稍壓制竇氏的聲勢與影響力，避免重蹈馬氏的覆轍，引起皇帝的不快。更重要的因素，則是出自章德竇后的私心：保護竇氏族人。一旦政治情勢有變，分散在外的竇氏家族不容易被一網打盡。從竇氏外戚的政治安排上，可以看出章德竇后的苦心。因此，當年輕的和帝企圖奪回大權時，卻「以憲在外，慮其懼禍爲亂，忍而未發」，〔註 76〕隱忍至竇憲及心腹鄧疊班師回朝才發動政變，奪取竇氏手中的權力。鎮守在外的竇憲，是否眞如史書所言有謀圖和帝的企圖？竇憲之謀，章德竇后是否知情？這些疑問，受限於有限的資料，很難說清楚。但是，和帝的政變確實削弱了竇氏的政治地位與勢力，使竇氏再度由盛而衰。自和帝永元四年（92）政變至永元九年（97）竇后崩爲止，和帝親自掌控國事，史書上已不見章德竇后的相關記載。竇憲、竇篤、竇景三人在就國後，被迫自殺，宗族、賓客以及曾依附竇憲的官吏們，通通都被免官、放歸鄉里。竇氏家族中，只有節約自修的竇瓌留在京師，次年也得罪，被徙封爲羅侯。〔註 77〕至此，竇氏族人都被貶離洛陽，直到和帝過世、和熹鄧后臨朝輔政，鄧后才下詔准許竇氏還鄉。

　　永元九年（97）閏八月，章德竇后過世，梁氏族人上書給和帝，〔註 78〕

〔註 75〕《後漢書》，卷 23，〈竇憲傳〉，頁 819。

〔註 76〕《後漢書》，卷 23，〈竇憲傳〉，頁 819。

〔註 77〕羅侯的封國在長沙羅縣。竇瓌就國後，在梁氏族人的逼迫下自殺。關於梁氏、竇氏的恩怨，請見本章第一節的討論。

〔註 78〕《後漢書》，卷 34，〈梁竦傳〉，頁 1172～1173。梁松子、梁扈遣從兄梁禪奏記三府，及貴人姐、南陽樊調妻嫕亦上書自訟梁氏之冤。當時，梁氏家屬仍被流放在九眞，只有梁嫕倖免於難。梁嫕得以免禍，不被娘家牽連，應是受

揭開和帝的身世祕密。以太尉張酺為首的朝中眾臣，於是要求和帝依照光武帝黜呂后的故事，貶抑章德竇后尊號，不與章帝合葬。〔註79〕和帝手詔曰：

> 竇氏雖不遵法度，而太后常自減損。朕奉事十年，深惟大義，禮，臣子無貶尊上之文。恩不忍離，義不忍虧。案前世上官太后亦無降黜，其勿復議。〔註80〕

此時的和帝，早已親掌大權數年，卻依然尊崇章德竇后，可見得母子間的感情很好，並未因竇氏圖謀不軌而生變。其次，從詔文的內容，也印證了上文所述，當竇氏專權時，章德竇后曾試著節制竇氏族人的不法行為。〔註81〕然而，再多的尊崇，都無法改變竇氏的命運與發展。事後，和帝追尊生母梁貴

到夫家的庇護。南陽樊調，為樊宏兄的曾孫，出於東漢光武帝母舅之南陽新野樊氏，亦屬外戚身份。

〔註79〕 關於張酺等人，將章德竇后與西漢呂后相比一事，清儒王鳴盛認為「按竇后私幸都鄉侯劉暢及憲女婿設聲校尉郭舉，事見〈竇傳〉，與呂后私辟陽侯審食其正同，故以為比。」見王鳴盛著、黃曙暉點校，《十七史商榷》（上海：上海書店出版社，2005），卷31，〈後漢書三〉，竇后比呂后條，頁218。王氏認為東漢群臣企圖貶抑章德竇后的理由，在於私幸劉暢和郭舉，而不是為了追尊梁氏。然而，和帝的想法顯然和群臣大不同。在和帝的詔文中，將竇后私德的問題轉移至得罪的竇氏家族身上，並將竇后與西漢昭帝上官皇后相比較，認為竇后不該被竇氏家族牽連。呂后和上官皇后雖然都與西漢政治發展密切相關，卻是不同類型的皇后。這件事，正好說明竇后與和帝母子間的感情確實很好，即使和帝對竇氏專權有諸多的不滿，還是無法抹滅為竇后扶養的事實。因此，和帝將竇后與竇氏家族做切割，保全了竇后的尊號與地位。再者，光武帝降黜漢高祖元配呂后、改以高祖嬪妃、文帝生母薄太后配享高祖的做法，並不符合禮法與宗法中的嫡庶之別。因此，和帝的生母雖因竇后而死，竇后作為章帝的唯一嫡后，其身分不是子孫的和帝可以任意剝奪。關於光武帝降黜呂后一事，王夫之即言「呂后之罪，聽後世之公論，非子孫所得黜也；薄后非高祖之伉儷，非子孫所得命也。」《讀通鑑論》，卷6，〈光武〉，頁182。王氏的說法，可見和帝的處境矣！

〔註80〕 《後漢書》，卷10，〈皇后紀〉，頁416。

〔註81〕 《後漢紀校注》，卷13，〈後漢孝和皇帝紀上〉，頁377。書中提到當竇憲班師回朝時，與和帝謀的宦官鄭眾曾經告訴章德竇后「帝當謹護璽綬。」和帝似乎預先知會太后了。

人爲恭懷皇后，召還被流放的梁氏族人。朝政大權回到皇帝的手中，梁氏、宋氏的冤情得以洗清，〔註82〕而竇氏的勢力則再度衰微，直到漢末桓帝時代，竇氏女子才有機會再度封后。

小　結

　　東漢章帝在位的時間，只有短短的十三年，卻被後人視爲東漢的盛世，和明帝並稱爲「明章之治」。綜觀這十三年的時光，章帝深受身旁的兩個女性影響，一爲養母明德馬后，一爲妻子章德竇后。明德馬后與章德竇后，名爲婆媳，背後則是馬氏及竇氏的兩大外戚。兩大外戚與章帝的統治相終始，影響了章帝的施政與政治風格，也影響了日後和帝的政局。曹丕在評論明、章二帝的政治風格時，提到「明帝察察，章帝長者」。〔註83〕明、章二帝施政風格的不同，一直是後人津津樂道的話題；相較之下，兩人之間的相似，卻是乏人問津的議題。如同明帝對光武帝的繼承，章帝即位後也深受明帝的影響，許多政策都是延續自明帝時代。然而，後人論異不論同的態度，反而忽視了章帝繼承明帝的事實。特別是在對外戚的態度上，章帝對外戚的縱容，一直是後人嚴厲抨擊的地方；讓女主干政的罪名，也同樣被加諸於章帝。然而，這些環伺在章帝身旁的外戚家族，卻是明帝政策下的衍生物。依此，後人對章帝的評論並不盡公允。

　　章帝與明德馬后的母子親情，讓章帝博得孝順的美名，然而兩人的關係卻是來自後天的安排，也就是來自明帝的安排。明帝捨棄了章帝的生母賈貴人，卻選擇了馬援的幼女明德馬后爲章帝的養母。這樣的安排，其實是一場精心的政治安排。賈氏與馬氏之間的親戚關係，讓明德馬后成爲章帝的養母；明帝的收養主張，則讓衰微已久的馬氏再度站在東漢的政治舞台上，取代了光武時代的外戚陰氏和郭氏，成爲當代聲勢最盛的外戚之一。正如前文所言，爲了壓制外戚的發展，繼承光武帝政策的明帝，不只限制外戚的仕宦之路，

〔註82〕關於和帝的永元政變，清河孝王劉慶及千承貞王劉伉都曾參與其事。和帝追尊梁氏之後，劉慶仍不敢上書爲母宋貴人建祠堂，後來和帝爲其召還宋氏家族，並封王舅等人爲郎。事見《後漢書》，卷55，〈清河孝王慶傳〉，頁1800～1801。

〔註83〕《後漢書》，卷3，《肅宗孝章帝紀》，頁159。

還命令外戚之間互相監視。然而，東漢立國後，皇室與皇權對后族與外戚的
依賴，卻也是不爭的事實。〔註84〕光是監督與限制，還是不足以讓明帝放心。
因此，明帝藉著立后、立太子的機會，扶植勢力弱小的馬氏，逐步加強馬氏
的政治力量，最後達到「以外戚制外戚」的目的。明帝的策略非常成功，馬
氏繼陰氏、郭氏之後，成為明帝朝最強盛的外戚家族。此外，明帝之所以會
立馬援幼女為皇后，除了想扶植衰微的馬氏和陰、郭二氏抗衡外，明德馬后
個人的特質，也是其中選的原因。就如同明德馬后成就了明帝「遵奉光武政
策」的美名，明帝也成就了明德馬后「賢后」的美稱一般，明帝讓衰微的馬
氏再度興盛，明德馬后則成為節制馬氏家族的主要力量。在這方面，明帝的
眼光，確實相當獨到。不過，明帝雖大力壓制外戚，卻讓自己的妻子有機會
參與政事。《後漢書》提到：

> 時諸將奏事及公卿較議難平者，帝數以試后。后輒分解趣理，各得
> 其情。每於侍執之際，輒言及政事，多所毗補，而未嘗以家私干。
>
> 〔註85〕

這段文字，顯示出即使是在壓制外戚的明帝時代，明德馬后還是有很多機會
參與政事。換言之，明帝雖然壓制外戚的政治勢力，卻未限制自己的妻子參
政。受到明帝時代的政治經歷影響，章帝即位後，明德馬后不只自撰《顯宗

〔註84〕余英時在論及兩漢之際的史事和劉秀政權的根基時，羅列各地區的強宗大
　　　姓。姑且不論地方大族是否如余氏所言皆反蔟，兩漢之際各地確實存在數量
　　　眾多的地方豪傑，光武帝的中興二十八將，幾乎都是出自地方上的豪族大姓。
　　　文見余英時，〈東漢政權之建立與士族大姓之關係〉，頁166～169。此外，如
　　　畢漢斯所言，東漢的后族幾乎都出自功臣家族。這些功臣大族除了掌握後宮
　　　的人選外，彼此間也互相聯姻通婚，如明德馬后入宮前，曾許婚於竇氏，馬
　　　氏與賈氏的聯姻等等。就像劉秀與真定郭氏的婚姻關係般，功臣家族及外戚
　　　利用婚姻關係，形成盤根錯節的人脈網絡，成為東漢皇室的建國根基與支持
　　　者。是以，東漢皇權對外戚家族的依賴與合作，更甚過西漢時代。然而，外
　　　戚也因此成為皇權最大的威脅者。關於東漢皇室的婚配狀況，可以參酌劉增
　　　貴，《漢代婚姻制度》，第4章，〈皇室婚姻（一）〉及第5章，〈皇室婚姻（二）〉
　　　及翁碩輝，〈東漢政權的轉移——以皇太后為中心〉，台灣大學歷史學碩士論
　　　文，1985。

〔註85〕《後漢書》，卷10，〈皇后紀〉，頁410。

起居注》，還常常和章帝討論政事，指導章帝如何施政。〔註86〕因此，明德馬后應該是東漢時代第一位以女主身分參與政事的女性，成為女主干政的前鋒，而不是章德竇后。〔註87〕在明德馬后的陰影下，章帝即使有再多的抱負與理想，也無法按照自己的意志來施行，只能繼續明帝時代的政治措施與格局，無改父政。章帝立與馬氏素有恩怨的竇貴人為后，卻不立與馬氏有姻戚關係的宋貴人，多少反映出章帝個人對婚姻的自主性，而不僅僅是著迷於章德竇后的美色。

　　儘管章帝不願意為明德馬后支配，受到明帝與養母的影響，章帝與馬氏的關係還是相當親密，遠遠超過所生的賈氏家族。馬氏的興盛，並不是得力於明德馬后的益助，而是來自於明、章二帝的支持與授與。章帝不只延續馬氏的政治勢力，還給馬氏建功的機會，讓馬防得以帶兵出征，建功立業。章帝雖然讓馬氏與光武帝時代的陰、郭二氏相提並論，卻也對馬氏急速壯大的聲勢不滿。當馬氏的聲勢超越陰氏和郭氏，變成朝中勢力最強大的外戚時，章帝不只找機會數次斥責馬氏兄弟的不法行徑外，還沿用明帝「以外戚制外戚」的做法，另外培植勢力衰微的竇氏，企圖抑制馬氏獨大的情況。與馬氏有怨的竇氏，確實沒有辜負章帝的期望，迅速取代馬氏的力量。然而，章帝對竇氏的扶植，卻演變成竇氏獨大的局面，為日後即位的和帝留下嚴重的政治問題，也為自己留下縱容外戚的惡名。這一切，都是章帝始料未及的結果。

〔註86〕《後漢書》，卷10，〈皇后紀〉，頁413。

〔註87〕《後漢書》，卷10，〈皇后紀〉，頁412。當章帝欲封馬廖等人為侯時，明德馬后在拒絕馬氏封侯的詔文中提到：「今數遭變異，穀價數倍，憂惶晝夜，不安坐臥，而欲先營外封，違慈母之拳拳乎！吾素剛急，有匈中氣，不可不順也。若陰陽調和，邊境清靜，然後行子之志。吾但當含飴弄孫，不能復關政矣。」除了拒絕讓馬氏封侯外，這段記載透露出很多訊息。首先，民間穀價波動的情況，居然可以讓深居宮內的馬后焦躁不安，可見得明德馬后非常注意外界的情況。其次，文中明白提到，除非是「陰陽調和，邊境清靜」的情況，明德馬后才願意讓章帝主政，從此不過問政事，回歸含飴弄孫的角色。明德馬后雖然從未臨朝聽政，但是她企圖掌控政治的權力慾，遠遠超過第一個以太后臨朝聽政的章德竇后，讓人印象深刻。

第五章　章帝時代的朝政

　　建初四年（79）十一月，剛剛經歷母喪的章帝，[註1]卻接受祕書郎楊終的建議，召集博士、郎官、諸儒等人，聚集在白虎觀，講論五經的異同。會議之後，又仿照西漢宣帝石渠閣議經的故事，著成《白虎奏議》一書。《後漢書》記載了章帝的詔書和會議的經過，其文曰：

　　十一月壬戌，詔曰：「蓋三代導人，教學爲本。漢承暴秦，褒顯儒術，建立五經，爲置博士。其後學者精進，雖曰承師，亦別名家。孝宣皇帝以爲去聖久遠，學不厭博，故遂立大、小夏侯尚書，後又立京氏易。至建武中，復置顏氏、嚴氏春秋，大、小戴禮博士。此皆所以扶進微學，尊廣道蓺也。中元元年詔書，五經章句煩多，議欲減省。至永平元年，長水校尉（樊）儵奏言，先帝大業，當以時施行。欲使諸儒共正經義，頗令學者得以自助。孔子曰：『學之不講，是吾憂也。』又曰：『博學而篤志，切問而近思，仁在其中矣。』於戲，其勉之哉！」於是下太常，將、大夫、博士、議郎、郎官及諸生、[註2]諸儒會白虎觀，講議五經同異，使五官中郎將魏應承制問，

[註1]　明德馬后在同年六月過世、七月與明帝合葬在顯節陵。

[註2]　《後漢書》言「諸生」，大陸學者雷戈則根據《東觀漢紀》及《後漢書》等書的記載，認爲「諸生」應是「諸王」之誤。見雷氏，〈白虎觀會議和《白虎議奏》、《白虎通義》之關係考〉，《首都師範大學學報（社會科學版）》，1997第6期（總第119期），頁106～107。當時參與議經的諸王，如陳王劉羨，「羨

> 侍中淳于恭奏，帝親稱制臨決，如孝宣甘露石渠故事，作《白虎議奏》。〔註3〕

至於根據會議內容編輯而成的《白虎議奏》，在《後漢書·班固傳》則言「天子會諸儒講論《五經》，作《白虎通德論》，令固撰集其事。」〔註4〕唐代李賢在注此事時，稱其爲「今之《白虎通》」。〔註5〕姑且不論《白虎議奏》、《白虎通德論》、《白虎通》三者是否爲同一書，〔註6〕白虎觀議經一事，確實是章帝時代非常重要的事件，也是後世史家關注的焦點之一。

然而，如何看待白虎觀會議與《白虎通義》，後人卻是議論紛紛，沒有定論。《白虎通義》成書的目的，究竟是爲了建立國憲？〔註7〕還是統一五經的經義？是國家的法典？還是爲了曹褒制禮預做準備的禮典？〔註8〕再者，身爲

博涉經書，有威嚴，與諸儒講論於白虎殿。」見《後漢書》，卷50，〈陳敬王劉羨傳〉，頁1667。

〔註3〕 《後漢書》，卷3，〈肅宗孝章帝紀〉，頁137～138。

〔註4〕 《後漢書》，卷40，〈班固傳〉，頁1373。

〔註5〕 《後漢書》，卷3，〈肅宗孝章帝紀〉，頁137～137。

〔註6〕 關於三書之異同，請參酌《白虎通疏證》書前之出版說明。北京中華書局編輯部根據宋代《崇文總目》、《四庫全書總目》等書的記載，提出會議後所編撰的《白虎議奏》應是第一手資料，班固再依據這些原始資料及議論所產生統一看法，加上章帝的決斷等，編成《白虎通義》。而《白虎通》又是《白虎通義》的省稱，是最後通行天下的定本。清·陳立，《白虎通疏證》（北京：中華書局，1994），頁1～2。雷戈則認爲東漢曾經舉辦過二次白虎觀會議，一次在明帝永平元年，另一次則是章帝建初四年。永平元年的會議，諸儒根據《穀梁傳》著《白虎通義》，建初四年則是根據《公羊傳》著《白虎議奏》，明帝時代著成的《白虎通義》早已失傳，今本的《白虎通》則在章帝時代的產物，後人不察，遂將兩次會議混爲一談。見雷氏，〈白虎觀會議和《白虎議奏》、《白虎通義》之關係考〉，頁105。

〔註7〕 林聰舜先生即認爲《白虎通》是國憲的基礎，「代表章帝對儒學扮演帝國意識形態的重要性的高度認知」，見氏著，〈帝國意識形態的重建──扮演「國憲」基礎的《白虎通》思想〉，頁1。

〔註8〕 關於《白虎通義》是法典、還是禮典的相關討論，請參見王四達，〈是"經學"、"法典"還是"禮典"？──《白虎通義》性質的辨析〉，《孔子研究》，2001第6期，頁54～60。王氏在文章中列舉過去對《白虎通義》的討論，並加以

發起人、以好儒聞名的章帝，又是如何看待這場會議？是爲了解決纏訟已久的今、古文經之爭？還是制禮作樂的先聲？〔註9〕學者們對上述問題的討論，做出不同的見解，既模糊了白虎觀會議與章帝的全貌，也顯示出白虎觀會議與《白虎通義》的複雜性，不亞於《白虎議奏》、《白虎通德論》、《白虎通》三書是否爲同一書的爭論。〔註10〕

　　誠如上文所言，白虎觀會議是章帝時代的重要事件之一，相較於後人對《白虎通》、白虎觀會議的眾多討論，對章帝本人的討論卻相當稀少。〔註11〕在「明章之治」的美名下，章帝一方面是後人稱許的「長者」，是儒家在政治取得空前勝利的時代；另一方面，章帝卻又得到寵幸外戚的惡名，被視爲東漢由盛而衰的關鍵。這些褒貶，都是章帝時代的諸多面相之一，卻不足以完整說明章帝時代的風貌。對此，在分析《白虎通》的同時，是有必要將白虎觀會議及《白虎通》回歸至章帝時代，藉以一探章帝時代的梗概。

第一節　白虎觀會議

　　在前一章的討論中，筆者反覆申述章帝對明帝政策的繼承。白虎觀會議一事上，章帝也同樣繼承自父祖的事業，並不是章帝一人首開的風氣。也就是說，白虎觀會議一事，章帝繼承了光武帝和明帝對經學的態度，最後由章帝總結其事。前引的章帝詔書，在論及召開會議的動機時，往上敘及光武帝、明帝時代的史事，塑造出父子三代一脈相傳的印象，也加強了此次白虎觀會議的重要性。

分析，做出《白虎通義》是禮典的結論。

〔註9〕如王四達即認爲章帝舉行白虎觀會議的目的，是爲了制定《漢禮》，即曹褒制禮一事的起端。見王氏，〈是"經學"、"法典"還是"禮典"？——《白虎通義》性質的辨析〉。

〔註10〕關於《白虎議奏》、《白虎通德論》、《白虎通》版本的討論，可以參考《白虎通疏證》書後、北京中華書局編輯部附錄之劉師培〈白虎通義源流考〉之考證，頁783～786。

〔註11〕明帝、章帝的時代，雖然並稱爲「明章之治」，相較於明帝的研究，章帝卻甚少爲後人注意。遍尋海內外的研究專著，幾乎沒有以章帝爲主的研究，更顯得章帝研究上的困乏與不足。東漢章帝成爲一個既著名、又空白的時代。

　　自漢武帝罷黜百家，獨尊儒術、立五經博士後，儒學便成為官方的主流思想。然而，漢武帝至宣帝時代的儒學，只是君王們「粉飾太平」的工具，「這個時期表面上是用儒家，骨子裡面卻是用法家。」〔註12〕這種「霸王道雜之」〔註13〕的制度，深深影響了西漢的思想與政治，也影響了東漢建國後的政治風氣。〔註14〕東漢的經學，除了受到中央政權「吏化」的挑戰外，經學自身的發展也是相當歧異。東漢建國之後，經學分成三大系統：今文經學、古文經學及讖緯。今文經學是兩漢的官學，是學子們入仕的重要管道，地位固然十分重要。然而，對民間影響力更大的，卻是不被列為學官的古文經。〔註15〕今文經、古文經之間的歧異與爭執，影響了帝國意識形態的統一，也迫使東漢皇帝們出面調和古文經與今文經之間的紛爭，運用皇權的力量來整合經學內部的分歧。〔註16〕在這種情況下，東漢政府便數度召開以皇帝為首、諸儒為輔的經學會議。

　　召開白虎觀會議的目的，是為了彌合古文經和今文經之間的歧異？還是企圖調和今文經學、古文經學及讖緯三者的衝突呢？林聰舜先生認為：

> 在東漢，讖緯神學的勢力不可一世的，它得到對經學很大的解釋權，讖緯對經學的影響，有時甚至大於經學對讖緯的影響。……經學內

〔註12〕劉汝霖，《漢晉學術編年》（台北：長安出版社，1979），卷2，〈總評〉，頁137。

〔註13〕《漢書》，卷9，〈元帝紀〉，頁277。此語出自宣帝。

〔註14〕閻步克即認為光武帝、明帝對吏治的重視，便是繼承宣帝「霸王道雜之」的政治路線。見閻氏，《士大夫政治演生史稿》，第10章，〈儒生與法吏的融合：士大夫政治的定型〉，頁412～415。

〔註15〕劉汝霖即言「今文學之所以存在，全靠政治的力量。」《漢晉學術編年》，卷3，〈總評〉，頁166。

〔註16〕日本學者安居香山在討論緯書的研究時，提到狩野直喜從今古文學論爭的角度來分析白虎觀會議。狩野認為白虎觀會議是「為了解決今古文學的爭論，統一經義而成的東西。」因此，整個會議由今文經取得主導的地位，會議中重新統一不同派別、師法的今文經說。另一位日本學者日原利國則持相反的看法，認為整個會議好像以今文經為主，實際上卻是以古文經的學說作結論，「白虎觀論議是在經學的國家主義的解釋這一明確的意圖下進行的。」文見安居氏，〈緯書思想研究的歷史及其課題〉，《日本學者論中國哲學史》（台北：駱駝出版社，1987），頁233～235。

部分爲三大系統，各自爭取對經學的解釋權，以鞏固自己的地位，
結果是眾說分歧，既趨於煩瑣，甚至會出現不利統治階級的論點，
因此就統治者的立場而言，須要將不同派別的經學理論加以整合，
才能提出有力的論點，作爲統治秩序的總綱領。〔註17〕

林聰舜先生站在「國憲」的立場上來論述白虎觀會議，將白虎觀會議的結論
視爲東漢政府的統治綱領。同樣以「國憲」的角度看待白虎觀會議的侯外廬
和任繼愈二氏，則認爲白虎觀會議提高了讖緯的地位，使讖緯被提高到與經
學同等的崇高地位。〔註18〕綜合上述的說法，「調和今文經學、古文經學及讖
緯三者的衝突」，顯然又較「彌合古文經和今文經之間的歧異」來得重要多了。
大陸學者王四達則提出不同的看法。王氏認爲現存的《白虎通》一書中，經
學所佔的份量相當少，主要是對禮制的討論。其文曰：

> 就現存的《白虎通義》的內容來看，它根本不涉及對《五經》章句
> 的減省，因爲它並沒有針對各經重新進行簡約的注疏，而只是零散
> 地引用經文對國家禮制的有關問題進行斟酌、討論，並由皇帝作出
> 裁決性的解釋。〔註19〕

無論是解決經學的內部紛爭，或者是對國家禮制的討論與解釋，在上述的引
文中，我們可以看到以皇帝爲首的統治階層，企圖在思想層面上擔負起領導
的作用。

現今對白虎觀會議的了解與分析，主要是根據建初四年（79）詔文以及
《白虎通》一書。詔文與《白虎通》書中的差異，正是導致前述學者們爭論
不休、各持己見的關鍵。根據詔文，白虎觀會議的目的是講論五經的異同，
藉此統一經義上的紛爭與歧見。但綜觀現今留存下來的《白虎通》，可以發
現書中內容大多圍繞在「禮」的相關問題上。全書是在說「禮」的前提下，
有條件、有目的地引用其他的經典，而不是一視同仁地討論所有的經典。換

〔註17〕林聰舜，〈帝國意識形態的重建——扮演「國憲」基礎的《白虎通》思想〉，
　　　　頁9。

〔註18〕見侯外廬，《中國思想通史：兩漢思想》（北京：人民出版社，1962），頁227。
　　　　任繼愈主編，《中國哲學史：兩漢魏晉南北朝》（北京：人民出版社，1979），
　　　　頁98。

〔註19〕王四達，〈是“經學”、“法典”還是“禮典”？——《白虎通義》性質的
　　　　辨析〉，頁55。

言之，若以書來推敲白虎觀會議的目的，可以發現會議的目的是在討論儒家
經典中的禮制，而不是討論各經的異同。在對「禮」的解釋上，章帝君臣是
站在不同的經義基礎上取得共識。那麼，詔文中「講議五經同異」的實施狀
況，顯然和光武帝立顏氏、嚴氏春秋，大、小戴禮等博士的狀況大不相同。
在講論「五經異同」一事上，建初四年（79）詔書提到中元元年（56）詔書
「五經章句煩多，議欲減省」一語，反而比較接近統一經義的目的。

　　《白虎通》全書共分十二卷，〔註20〕內容有「爵」、「號」、「諡」、「五
祀」、「社稷」、「禮樂」、「封公侯」、「京師」、「五行」、「三軍」等條目。條目
與禮制較無關係者，僅有「災變」、「蓍龜」、「聖人」、「八風」、「情性」、「壽
命」、「天地」、「日月」、「四時」九者而已。「災變」主要以自然界的變化為
主，兼敘因應的方法。「蓍龜」則說明卜筮的方法、方向、地點及工具的尺
寸等等。「聖人」、「八風」、「情性」、「壽命」、「天地」、「日月」、「四時」較
接近名詞解釋，如「聖人者何？聖者，通也，道也，聲也。」〔註21〕或是
「歲時何謂？春夏秋冬也。」〔註22〕換言之，書中的討論，幾乎都圍繞在
「禮」的解釋與定義下，「說禮」的目的顯然大於「說法」、「制定法律」或
是「統一經義」。此外，書中既沒有分析意見相左的經典或是不同章句解釋
間的差異，〔註23〕也沒有記載各學派在會議期間的辯駁及問難。整體來看，
比較像是一本名詞解釋的書或是一本說明書，而不是硬邦邦的律文。值得一
提的是書中的行文，多採取一問一答的方式：先有疑問，再針對疑問提出解
釋，並以經典為佐證。如《白虎通疏證・喪服・論三年喪義》提到：

> 三年之喪二十五月？以為古民質，痛於死者，不封不樹，喪期無數，
> 亡之則除。後代聖人，因天地萬物有終始，而為之制，以期斷之。
> 父至尊，母至親，故為加隆，以盡孝子之恩。恩愛至深，加之則倍。
> 故再期二十五月也。禮有取於三，故謂之三年。緣其漸三年之氣也。

〔註20〕筆者根據的版本，為陳立，《白虎通疏證》。

〔註21〕《白虎通疏證》，卷7，〈聖人〉，總論聖人條，頁334。

〔註22〕《白虎通疏證》，卷9，〈四時〉，論四時條，頁429。

〔註23〕金春峰認為《白虎通》有些條目，並列了不同甚或相反的學術論點，對一些
　　　　不同的解釋也是存而不決。但是，金氏也承認此書是一部羅列和綜合各家觀
　　　　點的經學名詞彙編。金春峰，〈《白虎通》與兩漢神學經學的思想方式〉，《漢
　　　　代思想史》（北京：中國社會科學出版社，1997），頁490～491。

故《春秋傳》曰：「三年之喪，其實二十五月」也。〔註24〕

這段文字的目的，在解釋「三年喪」的服喪時間爲二十五個月。爲了解釋「三年喪」的涵意，文中首先論及遠古時代的狀況，接著敘及聖人制禮的源由，交代了「三年喪」的歷史演變；其次，從尊父親母的角度來解釋「三年喪」的眞義；其三，交代「三年」一詞來自禮書的記載與用法，雖爲二十五個月，不足三年，仍統稱爲「三年」，並以《春秋公羊傳》〔註25〕的說法爲佐證。按照上述的例證，《白虎通》的作者，藉由問答的模式，清楚表達了「禮」的歷史源流、解釋的角度以及經典的依據。正如筆者前面所言，《白虎通》比較像是一本名詞解釋的書，書中針對某一個問題反覆申述、解釋，企圖讓讀者建立起清楚的觀念。作者如此不厭其三的解釋與說明，完全大異於後世的法律條文與判例。將《白虎通》視做法典的觀點，確實有再商榷的必要性。〔註26〕

「說教」意味濃厚的《白虎通》，能否視爲「國憲」的準備動作呢？所謂的「國憲」，主要是指章帝命令曹褒制定的漢禮。〔註27〕林聰舜先生認爲白虎觀會議的召開，和章帝制定「國憲」的熱切企圖心有關：「他想藉著統一的禮制，作爲帝國制度的規範，所以當時期許爲『一世大典』。」〔註28〕曹褒的父

〔註24〕《白虎通疏證》，卷11，〈喪服〉，論三年喪義條，頁507～508。

〔註25〕根據陳立的注疏，此段文字出自《春秋公羊傳》，見《白虎通疏證》，頁508。

〔註26〕前述學者所提到的「法典」，主要是借用現代的「法典」概念：即某一法律部門經過整理、編纂而形成系統的、規範性的法律條文。然而，這樣的借用是否合宜，是值得深思的。首先，古人常常將「德」、「刑」並列，如《春秋繁露・天辨在人篇》所言：「刑，德之輔也。」見《白虎通疏證》，卷9，〈五刑〉，論刑法科條，頁438。又《白虎通疏證》，卷9，〈五刑〉，論刑不上大夫條，頁442，「禮爲有知制，刑爲無知設也。」可見得「禮」和「刑」是一體兩面，都是漢人日常遵守的規範和依據。「禮」被記載在這種禮書和經書中，「刑」則透過律書（如《九章律》等律書）保存下來。其次，漢人並沒有嚴格區分「禮」與「法」的涵義。對漢人而言，「禮」的作用與「法」一樣，都是國家的根本大典。如此一來，硬將《白虎通》分爲禮典或是法典，並沒有太大的意義。況且，以《白虎通》十二卷的篇名和內容來看，幾乎包含了所有漢朝政治之大項，因此，與其說《白虎通》是禮典還是法典，不如將其視爲漢朝中央與地方政府的政治指導手冊。

〔註27〕「國憲」一詞，出自《後漢書》，卷35，〈曹褒傳〉，傳末的范曄論，頁1205。

〔註28〕林聰順，〈帝國意識形態的重建——扮演「國憲」基礎的《白虎通》思想〉，

親曹充，曾在光武帝建武年間擔任博士一職，並跟從光武巡狩岱宗，定封禪之禮，之後受詔議立七郊、三雍、大射、養老禮儀。對制禮一事心生嚮往的曹充，不只親自參與光武帝時代的制禮活動，在明帝即位後，還建議明帝要制定漢禮。《後漢書》曰：

> 顯宗即位，充上言：「漢再受命，仍有封禪之事，而禮樂崩闕，不可為後嗣法。五帝不相沿樂，三王不相襲禮，大漢〔當〕自制禮，以示百世。」帝問：「制禮樂云何？」充對曰：「《河圖括地象》曰：『有漢世禮樂文雅出。』《尚書琁機鈐》曰：『有帝漢出，德洽作樂，名子。』」帝善之，下詔曰：「今且改太樂官曰太予樂，歌詩曲操，以俟君子。」〔註29〕

在曹充的疏文中，點出了東漢帝國禮儀制度「崩闕」的事實，正好呼應了前一章所提到的：東漢建國後，在光武帝多年的經營下，朝廷雖有封禪等儀式，許多相關的禮樂制度卻仍未重建。〔註30〕因此，明帝在光武帝的喪禮上，面臨了一場極度混亂的場面：太子和諸王的行止，既沒有君臣之別，也沒有任何制度來加以規範。深受其害的明帝，自然是注意到禮制不存的弊端。但是，根據本紀的記載，明帝「改太樂官曰太予樂」一事繫於永平三年（60）八月；至於以東平王劉蒼為首的禮制改革，則是繫於永平元年（58）至永平四年（61）間。由此可見，曹充顯然是搭上明帝朝禮儀改革的末班車，而不是首創其議的人。因此，我們應當將曹充的建議放在東平王改革的脈絡下來看，視為同一件事。在曹充的建議下，明帝先改太樂官的官名。同年十月冬祭光武廟時，更是首次在寢廟前演奏《文始》、《五行》及《舞德》之舞。〔註31〕然而，不管是東平王為首的禮制改革，還是曹充的樂制改革，目的都是為了補足現實制度的不足。對於明帝而言，透過東平王推動的禮制改革，達到現階段的君臣之別、確立皇帝與諸王們的上下尊卑之分，讓諸王們意識到皇權的至高無上與不可侵略性，顯然比效法三王五帝、永為「後嗣法」的理想重要多了。

　　曹充制定漢禮的願望，始終未能實現。即使經過明帝與東平王劉蒼的努

　　頁4。又「一世大典」一語出自章帝時代的太常巢堪，見《後漢書》，卷35，〈曹褒傳〉，頁1202。

〔註29〕《後漢書》，卷35，〈曹褒傳〉，頁1201。

〔註30〕詳見本書第二章之的討論。

〔註31〕《後漢書》，卷2，〈顯宗孝明帝紀〉，頁107。

力，東漢的禮儀還是處於不完備的狀況。直到章帝即位後，曹充的志業，才
由其子曹褒來實現。相較於光武帝和明帝的務實，年紀輕輕的章帝卻對制定
禮樂一事相當有興趣，體察上意的曹褒遂有一展長才的機會。〔註32〕《後漢
書》提到：

> 會肅宗欲制定禮樂，元和二年下詔曰：「《河圖》稱『赤九會昌，十
> 世以光，十一以興』。《尚書琁機鈐》曰：『述堯理世，平制禮樂，放
> 唐之文。』予末小子，託于數終，曷以纘興，崇弘祖宗，仁濟元元？
> 《帝命驗》曰：『順堯考德，題期立象。』且三五步驟，優劣殊軌，
> 況予頑陋，無以克堪，雖欲從之，末由也已。每見圖書，中心恧焉。」
> 褒知帝旨欲有興作，乃上疏曰：「昔者聖人受命而王，莫不制禮作樂，
> 以著功德。功成作樂，化定制禮，所以救世俗，致禎祥，爲萬姓獲
> 福於皇天者也。今皇天降祉，嘉瑞並臻，制作之符，甚於言語。宜
> 定文制，著成漢禮，丕顯祖宗盛德之美。」章下太常，太常巢堪以
> 爲一世大典，非褒所定，不可許。

> 帝知羣僚拘攣，難與圖始，朝廷禮憲，宜時刊立，明年復下詔曰：「朕
> 以不德，膺祖宗弘烈。乃者鸞鳳仍集，麟龍並臻，甘露宵降，嘉穀
> 滋生，赤草之類，紀于史官。朕夙夜祗畏，上無以彰于先功，下無
> 以克稱靈物。漢遭秦餘，禮壞樂崩，且因循故事，未可觀省，有知
> 其說者，各盡所能。」褒省詔，乃歎息謂諸生曰：「昔奚斯頌魯，考
> 甫詠殷。夫人臣依義顯君，竭忠彰主，行之美也。當仁不讓，吾何
> 辭哉！」遂復上疏，具陳禮樂之本，制改之意。拜褒侍中，從駕南
> 巡，既還，以事下三公，未及奏，詔召玄武司馬班固，問改定禮制

〔註32〕 近人劉咸炘在論及張純、曹褒與鄭玄合傳一事時，提到「純、褒諂媚希世，
　　　　豈足爲康成重？」劉氏《後漢書知意》收錄在楊家駱主編《四史知意》（台北：
　　　　鼎文書局，1976），頁 696。劉氏的批評稍苛。按曹褒制禮一事，雖起於章帝
　　　　元和二年詔，但其父曹充早有制禮之心，傳其學的曹褒，一方面是應和章帝
　　　　制禮的呼聲，一方面也是繼承父親的遺志，並非僅僅爲了揣摩上意。章帝爲
　　　　何對「制禮作樂」一事充滿興趣呢？章帝原本即尚儒，加上儒家常言三王不
　　　　同禮，有制禮改樂之思，正如前述曹褒所言：「五帝不相沿樂，三王不相襲禮，
　　　　大漢〔當〕自制禮，以示百世。」云耳，故章帝對制禮作樂充滿了熱誠與興
　　　　趣。見《後漢書》，卷35，〈曹褒傳〉，頁 1201。

之宜。固曰：「京師諸儒，多能說禮，宜廣招集，共議得失。」帝曰：
「諺言『作舍道邊，三年不成』。會禮之家，名為聚訟，互生疑異，
筆不得下。昔堯作大章，一夔足矣。」

章和元年正月，乃召褒詣嘉德門，令小黃門持班固所上叔孫通漢儀
十二篇。勅褒曰：「此制散略，多不合經，今宜依禮條正，使可施行。
於南宮、東觀盡心集作。」褒既受命，乃次序禮事，依準舊典，雜
以五經讖記之文，撰次天子至於庶人冠婚吉凶終始制度，以為百五
十篇，寫以二尺四寸簡。其年十二月奏上。帝以(k)論難一，故但納
之，不復令有司平奏。

會帝崩，和帝即位，褒乃為作章句，帝遂以《新禮》二篇冠。擢褒監
羽林左騎。永元四年，遷射聲校尉。後太尉張酺、尚書張敏等奏褒制
漢禮，破亂聖術，宜加刑誅。帝雖寢其奏，而漢禮遂不行。〔註33〕

從引文來看，章帝和曹褒制禮的時間主要集中在元和二年（85）至章和元年
（87），歷時三年，並於次年、章和二年（88）正式實施。章帝過世後，永元
三年（91），繼任的和帝還按照曹褒制定的《新禮》行冠禮，〔註34〕可此可見，
曹褒的漢禮雖遭到朝臣們的反對，仍然為漢廷所用。直到永元五年（93），已
經親政的和帝接受朝臣們的意見，才廢棄不用。這段引文中，鉅細靡遺記載
了章帝及曹褒之間的對話，可以看出整個制禮作樂的行動，實出自章帝個人
的意志，而不是受到朝臣們的鼓動或是建議。在章帝的強力主導與支持下，
曹褒獨自一人完成整部漢禮。

相較於白虎觀會議中，章帝召集「將、大夫、博士、議郎、郎官及諸王、
諸儒」眾人參與會議的盛大規模，在制定漢禮的過程中，章帝卻不用班固「召
集京師諸儒」的建議，不顧太常巢堪的反對，大膽起用曹褒，以一人之力完成
「一世大典」。此外，在白虎觀會議後，曾經負責編撰《白虎通德論》的班固，
〔註35〕也出現在上述的引文中，成為章帝徵詢的對象。透過班固的角色，「建初

〔註33〕《後漢書》，卷35，〈曹褒傳〉，頁1202～1203。

〔註34〕根據《後漢書》，卷4，〈孝和帝紀〉，頁171，「（永元三年）春正月甲子，帝
加元服，…」因此，此段引文中「帝遂以《新禮》二篇冠」的時間，當在永
元三年（91）正月。

〔註35〕《後漢書》，卷40，〈班固傳〉，頁1373，「肅宗雅好文章，固愈得幸，數入讀

四年的白虎觀會議」和「元和年間的曹褒制禮」二事，便有了聯繫。〔註36〕在
白虎觀會議後，章帝命令班固總結眾人討論的結果，故班固非常清楚整個白虎
觀會議的成與敗。表面上，《白虎通》代表了白虎觀會議最終的結論，是眾人的
共識，也是官方的說法；實際上，在漫長的會議過程中，與會者的爭論不斷，
根本無法取得共識，最終導致會議的失敗。〔註37〕這也是章帝為什麼拒絕班固
的建議，不沿用白虎觀會議的模式，召集京師諸儒共同制定漢禮的原因。在〈曹
褒傳〉的傳文中，章帝很明白地指出：眾人的意見太多，人人各持己見的結果，
反而不容易有共識。這段話，也暗示了章帝認為白虎觀會議採取眾人議論的模
式，是徹底失敗的方向。白虎觀會議之所以會失敗，正是因為無法在眾人的異
議中取得共識。既然白虎觀會議已經證明了眾人「共議得失」的方法不可行，
面對「一世大典」之稱的漢禮，章帝自然是不願意重蹈覆轍。

　　問題是，既然有白虎觀會議的前車之鑑，班固為何還要建議章帝召集眾
人制定漢禮呢？《後漢書・志・五行六》提到當時：

> 章帝建初五年二月庚辰朔，日有蝕之，在東壁八度。例在前建武二
> 十九年。是時羣臣爭經，多相非毀者。〔註38〕

書禁中，或連日繼夜。每行巡狩，輒獻上賦頌，朝廷有大議，使難問公卿，
辯論於前，賞賜恩寵甚渥。」班固的口才和文章甚佳，深受章帝的寵幸，常
代表章帝難問公卿朝臣，也是章帝諮詢的對象之一。

〔註36〕王四達認為：「《白虎通義》只是章帝制作漢禮的一個前奏，《後漢書・章帝紀・
贊》贊他『左右文藝，斟酌律禮』，正是把他主持白虎觀會議和制作漢禮這兩
件事聯繫起來評價的。」見王氏，〈是"經學"、"法典"還是禮典—《白虎
通義》性質的辨析〉，頁58。

〔註37〕雷戈即認為整個會議的目的並沒有實現，重新統一經義的任務也沒有達到，
故而「會議後章將《白虎議奏》秘而不宣，廢而不用，封存下來，正如陳
立所說『舊入秘書，久同佚典。』這一方面使得後來學者無緣得見其書，另
一方面迫使官方不得不接二連三地派學者們進入東觀整理經學傳記，而這也
正是許慎作《五經異義》的原因。」見雷氏，〈白虎觀會議和《白虎議奏》、《白
虎通義》之關係考〉，頁109。

〔註38〕《後漢書・志》，卷18，〈五行六〉，頁3361。文中所言的「例在前建武二十
九年」一語，即指光武帝建武二十九年發生的諸王獄案。其文曰：「（建武）
二十九年二月丁巳朔，日有蝕之，在東壁五度。東壁為文章，一名娵訾之口。

〈五行志〉以建武二十九年（53）的事例，來說明建初五年（80）二月的日蝕事件，點出白虎觀會議與會者爭論不休的狀況。自章帝建初四年（79）十一月下詔白虎觀議經，至建初五年（80）二月止，長達四個月的會議，參與者卻陷於互相非毀、互相爭論的局面，完全沒有共識。〔註39〕此外，會期之長、非毀之烈，也說明了當時參與的各家學派的實力是勢均力敵，不分上下，連皇帝都無可奈何，無法居中協調。東漢群臣「好議論」的表現，確實讓人印象深刻。因此，章帝力排眾議，大膽任用曹褒一人制禮，曹褒的《漢禮》完成後，章帝也未將《漢禮》交給群臣們討論，即是希望避免白虎觀會議的慘況重現。東漢群臣好議論的態度，不僅表現在「經學異同」與「制定禮樂」上，也表現在其他的政治議題。如章帝時代，朝臣即為了是否遷都一事，分成「西遷派」及「都洛派」。西遷派，主要以關中大族為主，主張仿效西漢劉邦定都長安的故事，將國都西遷至長安；都洛派，則以山東大族為主，反對西遷，主張立都洛陽。針對遷都與否的問題，朝臣分成「西遷派」和「都洛派」，並展開曠日持久的辯論，也為今日留下數篇文采洋溢的漢賦。〔註40〕然而，遷都與否的爭論，並不始於章帝時代，早在光武帝及明帝時代，朝臣們即針對這個問題爭論過。洛陽與長安，作為王朝的都城，各有利弊，也各有支持者。姑且不論兩派支持者的動機為何，〔註41〕東漢定都於洛陽已有五十

先是皇子諸王各招來文章談說之士，去年中，有人上奏：「諸王所招待者，或真偽雜，受刑罰者子孫，宜可分別。」於是上怒，詔捕諸王客，皆被以苛法，死者甚多。世祖不早為明設刑禁，一時治之過差，故天示象。世祖於是改悔，遣使悉理侵枉也。」見同書，頁3360。無論是建武二十九年的捕諸王賓客還是建初五年的白虎觀會議，都與「文章」有關，建武條更是「文章談說」並稱，可見得文章必關乎談說。

〔註39〕雷戈即認為此次會議「時間之長是空前的，而且辯論的激烈程度也是絕後的。」見雷氏，〈白虎觀會議和《白虎議奏》、《白虎通義》之關係考〉，頁107。

〔註40〕如班固的〈兩都賦〉、傅毅的〈反都賦〉、〈洛都賦〉和崔駰的〈反都賦〉。其中，尤以班固的〈兩都賦〉最為著名。

〔註41〕關於西遷派和都洛派的動機分析，請見曹勝高，《漢賦與漢代政治——以都城、校獵、禮儀為例》（北京：北京大學出版社，2006），第1章，〈漢賦與漢代都城〉，頁16～37。此外，曹金華從馬氏與竇氏之爭的角度來分析班固的〈兩都賦〉，認為遷都的議題，是竇氏為了打擊馬氏所營造出來的政爭。見前揭曹

年的光陰、先後經歷三代君王，在國都一事上，卻仍然沒有共識，互相爭論不休。如果，連早已定案的國都一事，都能變成朝臣爭論的主題，從光武帝、明帝延續至章帝時代，綿延不絕；那麼，重新制定漢禮一事，必然會在章帝朝中掀起軒然大波，變成朝臣議論的對象。親自主持白虎觀會議的章帝，親身經歷會議中爭經、非毀的過程，自然不願意他的一世大典就這樣淹沒在朝臣的派別與口水中。在眾論難平的情況下，如何取得朝臣的共識？皇權又該如何伸張，對章帝而言，都是相當嚴重的政治考驗。

　　如果說白虎觀會議是為了制定漢禮作準備，而曹褒制禮是白虎觀會議的延續，章帝對兩者的態度顯然有別：一為採取眾議的方式，一為指定一人獨自完成，不讓朝臣有討論的空間。章帝前後態度的轉變，正說明了朝議的影響之大，連皇帝都無法主導輿論的走向。既然皇帝無法平息眾議、擔當起主導輿論的角色，白虎觀會議由章帝「親稱制臨決」的目的自然是失敗了。這也是白虎觀會議後，《白虎議奏》秘而不宣，廢而不用的關鍵。范曄在論及此事，亦言：

> 孝章永言前王，明發興作，專命禮臣，撰定國憲，洋洋乎盛德之事焉。而業絕天筭，議黜異端，斯道竟復墜矣。〔註42〕

范曄將曹褒制禮的失敗，歸咎於章帝的早崩和群臣的議論和反對。然而，就算章帝的壽命如光武帝般長壽，也無法改變輿論及群臣好議論的狀況。曹褒制禮的失敗，不僅僅是曹褒個人的失敗，也象徵東漢皇權的一大挫折。

第二節　不孝與明主

　　前一節提到東漢的群臣好議論，而朝臣議論的內容及結果，對章帝的影響又非常大。章帝初即位，就在群臣的建議下，一改明帝時代的苛察作風，這也是章帝被後人稱為「長者」的原因。章帝雖和明帝並稱為「明章之治」，然而章帝主政期間寬容、崇尚儒學的風格，確實和明帝重吏、苛察好法的風格完全不同。章帝的政治作風和明帝大不相同，除了兩人個性上的差異外，其中一個關鍵，便是來自於群臣對明帝時政的批判與諫言。王夫之曾直言批評章帝不孝、違反「三年無改父道」的原則，改變明帝以來政治風格。其文曰：

氏，〈從馬竇之爭看班固等"反遷都"論戰的實質〉。

〔註42〕《後漢書》，卷35，〈曹褒傳〉，頁1205。

> 章帝初立，鮑昱、陳寵急撟先君之過，第五倫起而持之，視明帝若
> 胡亥之慘，而己爲漢高，章帝聽而速改，將不得復爲人子矣。人君
> 當嗣位之初，其聽言也，尤不容不愼也。臣下各懷其志於先君之世，
> 而或不得逞，先君沒，積憤懣以求伸，遂若魚之脫於鉤，而唯其洋
> 洋以自得。斯情也，名爲謀國，而實挾怨懟君父之心，幸其死以鳴
> 豫也。爲人子者，奈何其殉之！〔註43〕

王夫之認爲讓章帝一改父道的推手，就是身旁的群臣們。至於這些群臣的動機，表面上是爲了國家，實際上卻是在發洩個人對先君的憤懣與怨懟。因此，初即位的君王，在接受臣下的諫言時，更要非常小心，以免變成群臣們泄憤的工具。剛即位的章帝，身旁的群臣自然都是明帝時代的舊臣。這些經歷明帝時代的群臣們，爲何要急著建議章帝去除苛察的政治作風呢？范曄在章帝傳末論曰：「章帝素知人厭明帝苛切，事從寬厚。感陳寵之義，除慘獄之科。」〔註44〕唐代李賢注解范氏的論時，則曰：「寵時爲尚書，以吏政嚴切，乃上書除慘酷之科五十餘條，具本傳也。」根據范氏的說法，章帝在接受陳寵的建議後，更改明帝以來嚴苛的刑罰。但是，李賢的注文則明指陳寵有感於「吏政嚴切」，才建議章帝改革。那麼，章帝「改父道」的內容，究竟是吏政方面的改革，還是刑罰上的改革呢？《後漢書·陳寵傳》提到：

> 肅宗初，爲尚書。是時承永平故事，吏政尚嚴切，尚書決事率近於
> 重。寵以帝新即位，宜改前世苛俗。乃上疏曰：「……聖賢之政，以
> 刑罰爲首。往者斷獄嚴明，所以威懲姦慝，姦慝既平，必宜濟之以
> 寬。陛下即位，率由此義，數詔羣僚，弘崇晏晏。而有司執事，未
> 悉奉承，典刑用法，猶尚深刻。斷獄者急於篣格酷烈之痛，執憲者
> 煩於詆欺放濫之文，或因公行私，逞縱威福。夫爲政猶張琴瑟，大
> 弦急者小弦絕。……宜隆先王之道，蕩滌煩苛之法。輕薄篣楚，以
> 濟羣生；全廣至德，以奉天心。」〔註45〕

根據陳寵上書的內容，陳寵認爲明帝朝的「苛俗」是「吏政尚嚴切，尚書決事率近於重」的狀況。明帝時代，屢興大獄，被牽連的諸王、外戚、朝臣、

〔註43〕《讀通鑑論》，卷7，〈章帝〉，頁193。

〔註44〕《後漢書》，卷3，〈肅宗孝章帝紀〉，頁159。下引李賢之注文，出處亦同此，
不另加注。

〔註45〕《後漢書》，卷46，〈陳寵傳〉，頁1549。

大小官吏不計其數，連光武時代貴盛無比的竇氏、梁氏都受到嚴厲的打擊，家道急劇衰微。當獄案正在審理的時候，許多人無辜被牽累，甚至禁錮終身，不得在朝任官。〔註46〕此外，在獄吏的嚴刑拷打下，很多人不得不承認與自己無關的罪行，甚至誣賴其他無辜者為共犯。〔註47〕因此，明帝朝的「苛俗」，主要在刑獄及獄吏的部份：即獄案的審理過程中，獄吏無所不用其極，用嚴刑拷打的方式，逼迫嫌疑犯認罪，並供出其他關係人；其次，為了避免明帝震怒、落得縱放罪犯的罪名，凡是與獄案相關者，無論有無罪證，都不能輕放。

〔註46〕明帝時代的獄案，牽連之廣，可參見陸續的事蹟。《後漢書》，卷81，〈獨行列傳·陸續傳〉，頁2682～2683，「是時楚王英謀反，陰疏天下善士，及楚事覺，顯宗得其錄，有尹興名，乃徵興詣廷尉獄。（陸）續與主簿梁宏、功曹史駟勳及掾史五百餘人詣洛陽詔獄就考，諸吏不堪痛楚，死者大半，唯續、宏、勳掠考五毒，肌肉消爛，終無異辭。續母遠至京師，覘候消息，獄事特急，無緣與續相聞，母但作饋食，付門卒以進之。續雖見考苦毒，而辭色慷慨，未嘗易容，唯對食悲泣，不能自勝。使者怪而問其故。續曰：『母來不得相見，故泣耳。』使者大怒，以為門卒通傳意氣，召將案之。續曰：『因食餉羹，識母所自調和，故知來耳，非人告也。』使者問：『何以知母所作乎？』續曰：『母嘗截肉未嘗不方，斷蔥以寸為度，是以知之。』使者問諸謁舍，續母果來，於是陰嘉之，上書說續行狀。帝即赦興等事，還鄉里，禁錮終身。續以老病卒。」尹興之名，不過出現在楚王劉英收集的名錄上，就被明帝召至京城下獄，還連帶拘提、刑求尹興的下屬五百多人。至於看管陸續的門卒，則險因代送飲食得罪。這段記載，有兩件事值得注意：一為獄案牽連之廣，上司得罪，下屬無一倖免，連獄吏通風報信都會被懲處。即使獲得皇帝的大赦，被牽連的人物多被禁錮在家，不能入仕。其次，明帝為了密切注意獄案的發展，還派遣使者至獄中監督，確保獄吏按照明帝的旨意來處理。廖伯源先生在討論東漢的將軍時，曾提到自光武帝始，喜用使者監軍及率軍作戰，避免軍隊為將軍所有。這段記載，則說明了明帝將其發揮至內政，利用使者來干預獄吏事物的情況，以確保皇帝個人意志的落實。廖氏，〈漢代監軍制度試釋〉，收錄在《歷史與制度——漢代政治制度試釋》，頁52～64。

〔註47〕如楚王獄案中，隧鄉侯耿建、朗陵侯臧信、護澤侯鄧鯉、曲成侯劉建等人，和顏忠、王平毫不相識，卻被顏忠、王平供詞拖累，被捕下獄。事見《後漢書》，卷41，〈寒朗傳〉，頁1417。

　　爲了迎合上意，被視爲有罪者，獄吏往往援引最嚴格的法律來懲處。《後漢書‧袁安傳》亦提到：

> 永平十三年，楚王英謀爲逆，事下郡覆考。明年，三府舉安能理劇，
> 拜楚郡太守。是時英辭所連及繫者數千人，顯宗怒甚，吏案之急，
> 迫痛自誣，死者甚。安到郡，不入府，先往案獄，理其無明驗者，
> 條上出之。府丞掾史皆叩頭爭，以爲阿附反虜，法與同罪，不可。
> 安曰：「如有不合，太守自當坐之，不以相及也。」遂分別具奏。帝
> 感悟，即報許，得出者四百餘家。〔註48〕

這段文字中，透漏出當時的狀況。首先，許多無辜者在獄吏的嚴刑拷打下喪生；僥倖未死者，往往辭引出更多的無辜者。獄吏會採取如此嚴苛的做法，主要還是受到明帝態度的影響。明帝要求嚴辦的態度，迫使官員們採取最嚴苛的手段來審理獄案相關的嫌疑犯。〔註49〕對於不願嚴格審理或是不合上意的官員，明帝便以「阿附反虜」的罪名來治罪。也就是說，在沒有先取得明帝的同意下，楚郡太守袁安釋放沒有罪證嫌疑犯的做法，就是「阿附反虜」。換言之，袁安的行爲便是與謀反者共謀的最大罪證，這也是〈袁安傳〉中的府丞掾史要叩頭相爭的原因：一旦袁安被視爲謀反者，袁安的幕僚們也難逃其罪，通通要被捕下獄。〔註50〕明帝時代的諸王獄案，被指控者難逃其罪，受到嚴厲的懲罰，連負責審理的大小官員都可能因此得罪，無法全身而退。大小獄案所營造出來的恐怖氣氛，無怪乎官員和獄吏們在處理獄案時要努力表現，以免天威震怒，反而惹禍上身。其次，不只是被指控者和幕僚們被捕下獄，連親屬、門生故舊都會受到牽連。如《後漢書‧鄭弘傳》中的河東太守焦貺，就是一個最佳的例子：

〔註48〕《後漢書》，卷45，〈袁安傳〉，頁1518。

〔註49〕《後漢書》，卷41，〈寒朗傳〉，頁1417，寒朗勸戒明帝曰：「臣見考囚在事者，咸共言妖惡大故，臣子所宜同疾，今出之不如入之，可無後責。是以考一連十，考十連百。又公卿朝會，陛下問以得失，皆長跪言，舊制大罪禍及九族，陛下大恩，裁止於身，天下幸甚。及其歸舍，口雖不言，而仰屋竊歎，莫不知其多冤，無敢轄陛下者。」由此文，當時在審理獄案的過程中，審案者無不用最嚴苛的標準與方式來辦案，刑求拷打屢見不鮮，即使明白其中的冤屈，也不敢輕易放縱。

〔註50〕如會稽太守尹興被下廷尉後，跟隨他入獄的大小掾屬共五百餘人。

（鄭）弘師同郡河東太守焦貺。楚王英謀反發覺，以疏引貺，貺被
收捕，疾病於道亡沒，妻子閉繫詔獄，掠考連年。諸生故人懼相連
及，皆改變名姓，以逃其禍，弘獨髠頭負鈇鑕，詣闕上章，爲貺訟
罪。顯宗覺悟，即赦其家屬，弘躬送貺喪及妻子還鄉里，由是顯名。
〔註51〕

當時被牽連者，除了焦貺的家人，還波及焦貺的學生和故人，逼得這些學生
和故人要隱姓埋名來避禍。由於家屬和親戚故舊連坐的情況非常普遍，當明
帝受到袁安的感悟後，下令釋放者，是四百餘家，而不是四百餘人。一人得
罪，卻禍及全家和親朋故舊。無論是被指控者還是負責審理的官員獄吏，都
感受到籠罩在頭上的沈重壓力與朝中的恐怖氣氛。

透過史料的記載，我們看到鄭弘、袁安勇敢爲無辜者申冤，不懼個人的
生死和利祿，但是大多數的官員則是屈服在明帝的震怒之下，不敢釐清真相，
只能嚴苛治獄，造成一椿又一椿的冤獄。也無怪乎鮑昱要將建初元年（76）
的旱災，歸罪於明帝時代嚴苛獄事所累積的怨氣。《後漢書・鮑昱傳》：

建初元年，大旱，穀貴。肅宗召昱問曰：「旱既大甚，將何以消復災
眚？」對曰：「臣聞聖人理國，三年有成。今陛下始踐天位，刑政未
著，如有失得，何能致異？但臣前在汝南，典理楚事，繫者千餘人，
恐未能盡當其罪。先帝詔言，大獄一起，冤者過半。又諸徒者骨肉
離分，孤魂不祀。一人呼嗟，王政爲虧。宜一切還諸徒家屬，蠲除
禁錮，興滅繼絕，死生獲所。如此，和氣可致。」帝納其言。〔註52〕

鮑昱認爲章帝建初元年（76）的天災，並不是章帝施政失德所致，而是導源
於明帝時代民怨鬱結的結果。大大小小的獄案，被牽連的，不僅僅是皇親貴
戚大小官吏，也連帶波及指控者的親族和門生故舊。這些被指控與謀反者相
關的人，大多被拷打致死，僥倖未死者則被剝奪了仕宦的機會，終身禁錮，
家屬則被徙至遠地。這種生離死別的滋味，使百姓的積怨甚深，終而導致氣
候的失調。鮑昱把氣候的異常，和天子的失德劃上等線，一方面反應出東漢
在思想上繼承了西漢的「陰陽災異」說法，〔註53〕另外一方面，也顯示出明

〔註51〕《後漢書》，卷33，〈鄭弘傳〉，頁1155。
〔註52〕《後漢書》，卷29，〈鮑昱傳〉，頁1022。
〔註53〕漢人認爲災異是上天譴告人君過失的表現。《白虎通》，卷6，〈災變〉，論災變
　　　　譴告之義條，頁267，「天所以有災變何？所以譴告人君，覺悟其行，欲令悔

帝時代獄案的無情與苛刻。〔註 54〕政治環境的嚴苛與恐怖，明帝時代的朝臣自然是無法倖免於外，只能靜默以對。〔註 55〕

　　以好儒聞名的章帝即位後，對於明帝時代的舊臣而言，是一個轉機，也是一個不再靜默的好機會。因此，無論是陳寵、鮑昱或是第五倫，都希望藉著新君即位的機會，矯正明帝以來的恐怖政治氣氛。《後漢書・第五倫傳》

> 倫雖峭直，然常疾俗吏苛刻。及爲三公，值帝長者，屢有善政，乃上疏稱盛美，因以勸成風德，曰：「光武承王莽之餘，頗以嚴猛爲政，後代因之，遂成風化。郡國所舉，類多辨職俗吏，殊未有寬博之選以應上求者也。陳留令劉豫，冠軍令駟協，並以刻薄之姿，臨人宰邑，專念掠殺，務爲嚴苦，吏民愁怨，莫不疾之，而今之議者反以爲能，違天心，失經義，誠不可不慎也。非徒應坐豫、協，亦當宜譴舉者。務進仁賢以任時政，不過數人，則風俗自化矣。臣嘗讀書記，知秦以酷急亡國，又目見王莽亦以苛法自滅，故勤勤懇懇，實在於此。又聞諸王主貴戚，驕奢踰制，京師尚然，何以示遠？故曰：『其身不正，雖令不（行）〔從〕。』以身教者從，以言教者訟。夫陰陽和歲乃豐，君臣同心化乃成也。其刺史、太守以下，拜除京師及道出洛陽者，宜皆召見，可因博問四方，兼以觀察其人。諸上書言事有不合者，可但報歸田里，不宜過加喜怒，以明在寬。」〔註 56〕

明帝時代的獄案，及獄案所造成的嚴苛治獄風氣，章帝自然是非常清楚。因此，章帝即位後，即不斷下詔，要求大小官吏以寬治民。章帝選擇以寬厚治國，〔註 57〕除了受到群臣的壓力外，養母明德馬后也是一項關鍵。當朝廷正

過修德，深思慮也。」錢穆先生則認爲「儒家之言災異」起自董仲舒，是漢武帝以後的一大學術運變。見錢氏，《秦漢史》（台北：東大出版社，1992 六版），第 5 章，〈昭宣以後之儒術〉，頁 209〜214。

〔註 54〕徐復觀先生在論及袁安釋放無辜者一事時，認爲「明帝及當時之人臣，並不是不知道這是冤獄。明帝寧願把社會稍有活力的人，如前所謂『州郡豪傑』，藉機鋤殺盡淨，而人臣莫敢爭。」見徐氏，〈漢代專制政治下的封建問題〉，頁 197。全文收錄在《兩漢思想史・卷一：周秦漢政治社會結構之研究》。

〔註 55〕如宋均即沈默不敢言，事見《後漢書》，卷 41，〈宋均傳〉，頁 1414。

〔註 56〕《後漢書》，卷 41，〈第五倫傳〉，頁 1400。

〔註 57〕有些學者將章帝的「以寬治國」態度和光武帝「柔道」劃上等線。見前揭楊

在審訊楚獄的相關人士時，明德馬后曾經就刑罰太濫一事私下勸戒過明帝。明德馬后的婉言相勸，確實讓明帝的怒氣化解了不少，也寬恕了部份的嫌疑犯。馬后對明帝朝政的影響，遠遠超過後人的想像。前一章曾提到馬后在自撰的起居注中，大筆刪除馬防服侍明帝湯藥一事，不讓明帝得到親近外戚的惡名；同樣地，馬后或許也將自己參政的資料通通刪除，以保全了明帝不讓後宮、外戚干政的美名。當章帝即位後，親眼見識楚獄之濫的明德馬后，和章帝討論政事的過程，必然會提及明帝獄案的實情，避免章帝重蹈覆轍。也就是說，章帝會選擇以寬治國，除了淵源於自身的寬厚天性外，更多是來自四周對明帝嚴猛治國的反彈聲浪與反省。因此，章帝一改明帝打擊宗室、外戚的嚴格態度，一方面和兄弟們保持親密關係，並歸還諸王被明帝剝奪的封邑〔註58〕；另一方面，則是任用馬氏和竇氏外戚，並讓馬氏有封侯的機會。在國政上，章帝接受陳寵的建議，一改明帝明察好法、嚴猛治獄的態度，「每事務于寬厚」，〔註59〕企圖營造出寬厚的政治風氣與治獄風格。

　　綜觀陳寵和鮑昱上書的內容，都是針對斷獄及刑罰而言，特別是明帝時代諸王獄案中的審理及懲處方式。在陳寵的建議下，章帝針對「鑽鑽諸慘酷之科」、「妖惡之禁」及「文致之請讞五十餘事」三者來改革。〔註60〕「鑽鑽諸慘酷之科」，主要是指審理獄案中，獄吏考訊犯人時所用的工具。章帝在元和元年（84）七月下詔，其文曰：

> 律云「掠者唯得榜、笞、立」。又《令丙》，箠長短有數。自往者大
> 獄已來，掠考多酷，鑽鑽之屬，慘苦無極。念其痛毒，怵然動心。
>
> 書曰「鞭作官刑」，豈云若此？宜及秋冬理獄，明為其禁。〔註61〕

按照詔文的解釋，漢律規定獄吏拷問犯人時，只能用長五尺、半寸厚的竹箠

建宏，〈論東漢明章時期柔道政策的兩極分化〉。

〔註58〕如章帝在建初二年封楚王劉英子劉种為楚侯，其餘五子為列侯，後以王禮改葬劉英；建初八年，又還給濟南王劉康被明帝削去的祝阿五縣、中山王劉焉被削去的安險縣。至於因謀反被徙為阜陵侯的劉延，則在章和元年復封為王。

〔註59〕《後漢書》，卷46，〈陳寵傳〉，頁1549。

〔註60〕《後漢書》，卷46，〈陳寵傳〉，頁1549。

〔註61〕《後漢書》，卷3，〈肅宗孝章帝紀〉，頁146。根據徐灝的說法，鑽與鉗同類異物，鉗「蓋治器所用之鐵夾」，鑽「即今所用之鑷子」。《周禮》及《鬼谷子》則是鑽、鉗通用。見舒新城等編，《辭海》（北京：中華書局，1981一版五刷）

來杖打犯人。〔註62〕但是在明帝的諸王獄案中，地方官吏及獄吏卻是用更嚴酷的手法來偵訊犯人，在犯人的皮膚上又鑽又夾，讓犯人痛苦不堪。在如此慘痛的折磨下，許多嫌疑犯和無辜者往往耐不住疼痛，辭連更多的無辜者，或是在酷刑中喪失了生命。其次，詔文中提到禁止在秋冬以外的季節治獄，也說明了明帝年間的獄案連年不斷，隨時都有人被下獄治罪。〔註63〕

「妖惡之禁」即剝奪罪犯的仕宦機會。這些罪犯，主要是指因「妖惡」而被「禁錮」者流。如會稽太守尹興和幕僚們因楚獄下獄，後來雖都得到明帝的大赦，卻被「禁錮終身」，無法在政府任職。〔註64〕建初二年（77），章帝即位後不久，就下詔讓因楚獄、淮陽獄案被徙的四百餘家回到家鄉。〔註65〕到了元和元年（84）十二月，章帝特別針對「禁錮」一事下詔：

> 往者妖言大獄，所及廣遠，一人犯罪，禁至三屬，莫得垂纓仕宦王朝。
> 如有賢才而沒齒無用，朕甚憐之，非所謂與之更始也。諸以前妖惡禁錮者，一皆蠲除之，以明弃咎之路，但不得在宿衛而已。〔註66〕

引文的「妖言」即「妖惡」，是明帝時代的諸王獄案中，被其他罪犯供詞所牽連者，也就是下文所提到的「文致之請讞五十餘事」。至於「三屬」，根據李賢的注解，主要指父族、母族和妻族，也就是說除了禁錮者本人外，包含禁錮者的父、母、妻三族的親人，都在被禁錮的範圍內，一樣無緣出宦入仕。詔文中，章帝宣佈解除禁錮者不得任官的規定，讓罪犯有改過自新的機會，重新在朝任官；至於負責保衛皇帝和皇宮的宿衛衛士，在安全的考量下，還是不讓禁錮者擔任。章帝一方面表現出寬厚不念舊惡的態度；另外一方面，

〔註62〕 李賢注「景帝定箠令，箠長五尺，本大一寸，其竹也末薄半寸，其平去節。」《後漢書》，卷3，〈肅宗孝章帝紀〉，頁146。

〔註63〕 《後漢書》，卷3，〈肅宗孝章帝紀〉，頁140。

〔註64〕 《後漢書》，卷81，〈獨行列傳·陸續傳〉，頁2683。廖伯源先生曾經針對兩漢的禁錮提出討論，分析兩漢禁錮的原因、對象及內容，參見廖氏，〈漢禁錮考〉，《秦漢史論叢》（台北：五南出版社，2003）

〔註65〕 《後漢書》，卷3，〈肅宗孝章帝紀〉，頁135，「夏四月戊子，詔還坐楚、淮陽事徙者四百餘家，令歸本郡。」曹金華認為章帝此舉，明白表明帝時代的大獄已經解凍。見曹氏，〈東漢前期統治方略的演變與得失〉，《安徽史學》，2003第3期，頁15。

〔註66〕 《後漢書》，卷3，〈肅宗孝章帝紀〉，頁147～148。

此舉卻又暗示這些禁錮者仍然是有罪之身，即使是新君在位，仍然無法洗脫罪名。換言之，禁錮者能有機會再度任官，是皇帝的垂憐與寬大的心胸所致，決不是洗刷罪名、含冤得雪的結果。章帝既不願承認明帝的施政與處置是錯誤的，也不想修正明帝朝政的缺失，還冤屈者一個公道。明帝之明法，章帝之寬厚，正顯示出在「漢代一人專制政治」的模式下，統治者自身的性格與心理狀態，對當朝的政治風氣影響有多深遠。〔註67〕

至於章帝接受陳寵建議的第三項「文致之請讞五十餘事」，根據李賢的注解：「文致謂前人無罪，文飾置於法中也。」〔註68〕當是指那些與罪犯無關、沒有犯罪情節，卻被牽連在內的無辜者，如會稽太守尹興、隧鄉侯耿建、朗陵侯臧信、護澤侯鄧鯉、曲成侯劉建等人。換言之，就是被羅織成罪者。由於獄案牽連廣大，其中甚多無辜者，在明帝時代即曾多次下令寬貸無辜被牽連者及家屬，〔註69〕章帝此舉，只是將皇帝個人的恩惠轉變成國家的法制，讓群臣不因畏禍而止言，導致冤獄。

值得一提的是，根據《後漢書》的記載，章帝即位後，常常接受群臣的建議。此外，《白虎通》亦明言群臣有規諫君王的義務。《白虎通》開宗明義即言：「明王所以立諫諍者，皆為重民而求己失也。」〔註70〕《白虎通・諫諍》則提到：

> 臣所以有諫君之義何？盡忠納誠也。……《孝經》曰：「天子有諍臣七人，雖無道不失其天下；……」天子置左輔、右弼、前疑、後承，以順。左輔主脩政，刺不法。右弼主糾，糺周延失傾。前疑主糺度定德經。後承主匡正常，考得失，四弼興道，率主行仁。夫陽變於七，以三成，故建三公，序四諍，列七人。雖無道不失天下，杖羣賢也。〔註71〕

書中提到天子身旁有「左輔、右弼、前疑、後承」四者，負責輔佐天子的施

〔註67〕關於漢代的專制政治，請參考徐復觀，〈漢代專制政治下的封建問題〉。

〔註68〕《後漢書》，卷46，〈陳寵傳〉，頁1550。

〔註69〕如明帝受到袁安和明德馬后的感悟，先後釋放無罪的犯人及家屬。見《後漢書》，卷10，〈皇后紀〉，頁410。

〔註70〕《白虎通》，卷5，〈諫諍〉，論記過徹膳條，頁237。

〔註71〕《白虎通》，卷5，〈諫諍〉，總論諫諍之義條，頁226～228。筆者按，下列注文皆引自此條，不另作注。

政。四者中，主要由「左輔、右弼」負責諫諍的工作。何謂「輔」？文中提到：「主脩政，刺不法」注文則引用荀子的〈臣道篇〉曰：

> 有能比知同力，率羣臣百吏而相與彊君撟君，君雖不安，不能不聽，
> 遂以解國之患，除國之大害，成於尊君安國，謂之輔。

何謂「弼」？文中提到「主糾，糺周延失傾」，注文則引《大戴‧保傅篇》曰：「絜廉而切直，匡過而諫切者，謂之弼。弼者，拂天子之過也。」除了天子在身旁設置「左輔、右弼、前疑、後承」四官來規諫君王外，《白虎通》還配合五常「智仁禮信義」，提出對應的規諫方式，即「諷諫」、「順諫」、「闚諫」、「指諫」和「陷諫」，〔註72〕指導臣子如何向君王諫諍。

　　《白虎通》的說法，也代表了東漢時人對「諫諍」的想法。和帝時，尚書僕射郅壽得罪竇憲，竇憲於是誣陷郅壽以買公田毀謗，下吏當誅。侍御史何敞為此上疏，即言：

> 臣聞聖王闢四門，開四聰，延直言之路，下不諱之詔，立敢諫之旗，
> 聽歌謠於路，爭臣七人，以自鑒照，考知政理，違失人心，輒改更
> 之，故天人並應，傳福無窮。〔註73〕

在何敞的疏文中，明白指出君王不只要廣開言路，聽從臣下的諫言，還要收錄地方上的歌謠，了解民情，藉以改革施政上的不當。如果做君王的不聽諫言，還以「毀謗」的罪名來誅殺直言勸戒的臣子，那將會讓忠貞的臣子從此閉口不言，對國事更加無益。至於臣子們，當以「匡救」為職，直言規勸君王的施政得失；如果臣子抱持著「懷默不言」的態度，不願直言規諫君王，便是違背了「君臣之義」，理應被誅。〔註74〕因此，「君王接受諫爭」、「臣子

〔註72〕《白虎通》，卷5，〈諫諍〉，論五諫條，頁235。

〔註73〕《後漢書》，卷29，〈郅壽傳〉，頁1033。

〔註74〕根據何敞的本傳，何敞曾鑑於竇氏之專權，勸太尉宋由「事君之義，進思盡忠，退思補過。…今明公位尊任重，責深負大，上當匡正綱紀，下當濟安元元，豈但空空無違而已哉！」也就是說無論在朝與否，身為臣子，不只要為君王盡忠，還要彌補君王的過失。如果只想著自保、獨善其身，便是有負於臣子的本分。當何敞被任命為尚書時，又上書言道：「夫忠臣憂世，犯主嚴顏，譏刺貴臣，至以殺身滅家而猶為之者，何邪？君臣義重，有不得已也。」明白提出臣子不應以「殺身滅家」為念，才是身為臣子之義，見《後漢書》，卷43，〈何敞傳〉，頁1481～1485。章帝時的朱暉亦言「若心知不可而順旨雷同，

向君王諫爭」便成爲君臣關係中必然存在的條件。

　　然而，臣子向君王提出諫言時，不只要用對方法，還要「諫而不露」，〔註75〕保存君王的面子，更不可任意伸張君王的闕政。如果君王不接受臣子的諫言，臣子還要爲君「隱惡」，因爲「人臣之義，當掩惡揚美」〔註76〕；至於君王，「君至尊，故設輔弼，置諫官，本不當有遺失。」〔註77〕換言之，《白虎通》雖然承認君王有接受諫言的義務，但是在「君至尊」的先決條件下，國有失政，不是君王個人的錯誤，而是四周的臣僚沒有善盡規諫的義務，才會導致君王施政不當。既然問題是出在不盡責的群臣的身上，〔註78〕《白虎通》便將重心放在如何教導群臣提出諫言、要求臣僚盡心規諫的問題上。至於君王本身的善惡與否，就不是《白虎通》所要關注的焦點了。

　　誠如《白虎通》所言，臣僚有諫諍君王的義務，接受諫言則是君王必須遵守的本分。那麼，當群臣在匡正君王的失政時，君王是否會像荀子所說的

<hr>

　　　　負臣子之義。」可見得臣子直言以諫，是時人公認的臣子之義。見《後漢書》，
　　　　卷43，〈朱暉傳〉，頁1461。

〔註75〕《白虎通》，卷5，〈諫諍〉，論五諫條，頁236。

〔註76〕《白虎通》，卷5，〈諫諍〉，論五諫條，頁239。

〔註77〕《白虎通》，卷5，〈諫諍〉，論隱惡之義條，頁242。

〔註78〕王建文先生以西漢律令上的「不道」爲例，分析原本專指君王「無道」的惡名，爲何會變成臣僚侵犯人君的重罪「不道」。王氏認爲皇帝利用法律來確保自己的權威性和神聖性，並藉此合理化國家權力的制裁。文見王氏，〈西漢律令與國家正當性——以漢律令中的"不道"爲中心〉，《新史學》，3卷3期，1992。雷戈則從「待罪」的角度，分析秦漢的官僚意識。雷氏引用劉邦治蕭何罪一事，提出「宰相的職責就是爲皇帝擔待罪名，倘若宰相不這麼做，那恰恰說明宰相確實是有罪的。」見雷氏，《秦漢之際的政治思想與皇權主義》，第3章，〈皇權主義普遍規範的逐漸確立〉，頁201。雷氏認爲秦朝「法治天下」其實也意味著「依法治吏」，法與罪主導了官僚意識的形成與建構，也是官僚「待罪」意識所產生的制度背景。雖然劉邦後來承認君王也可能犯錯，進而形成西漢帝王下詔罪己的故事，但是在《白虎通》的內文中，群僚有罪的思想顯然遠勝於帝王有罪。東漢建國以後，當光武、明帝一方面將王朝與符命做連結，另一方面則是改變中央官制、集權中央時，帝王的形象也不斷被美化，成爲完美無缺的角色。

「不能不聽」呢？〔註79〕姑且不論章帝是否更改父道，章帝即位後接受陳寵、鮑昱等朝臣的建議，力圖改正明帝以來的嚴苛治獄風氣；當朱暉因反對恢復「均輸」而自繫獄時，章帝尚以「國家樂聞駁議」為言，寬恕了朱暉直言以諫、不阿從上意的態度。〔註80〕章帝的言行、對臣子的寬容，確實營造出一幅「臣諫、君受」的美好畫面，也成功塑造出章帝「明主」的形象。然而，章帝並不是完全接受臣子的意見。如前文提及的第五倫，也曾經就馬氏和竇氏外戚勢力太盛一事提出諫言，卻不被章帝所接受。後世史家論及竇憲專權一事，大多歸罪於章帝無視朝臣的勸言，寵溺外戚所致。〔註81〕換言之，章帝雖然有意識地塑造自身的「明王」形象，但是在面對國事與家事時，章帝並不是全盤接受朝臣們的意見，而是有選擇性的接受與拒絕。〔註82〕荀子的「不能不聽」，只不過是臣子們的深切期待，既不代表君王們的個人意志，也無法約束君王們的行為。如果君王接受了臣子的諫言，是君王本身的肚量與才智所致，並不是臣子們的功勞；如果君王不接受臣子的諫言，便是臣子們進諫的方法不對。如果臣子們以身家性命為憂，默而不言，更是有虧君臣之義，辜負皇恩。因此，身為臣子的，只能努力規勸君王，輔導君王的施政，心無二念。事實上，不管臣子們是否直言以對，最後的選擇權，還是在皇帝的心中。

其次，對一個「明主」而言，必須要有接受臣子們諫言的雅量。問題是，當朝臣的意見分歧時，沒有共識時，無論接受哪一方的意見，都可能被另外一方視為拒諫，多少會影響「明主」的聲譽。如何在眾多的意見中，選擇最有利的意見，確實是非常困難的事。如前述的朱暉繫獄一事，便是導因於尚書張林建議章帝恢復武帝時代的「均輸」制度，以解決地方財用不足的問題。當章帝接受張林的建言，下詔施行時，尚書僕射朱暉卻直言：

〔註79〕 清‧王先謙，《荀子集解》（北京：中華書局，1988），卷9，〈臣道篇〉，頁250。

〔註80〕 《後漢書》，卷43，〈朱暉傳〉，頁1460。

〔註81〕 如王夫之即認為竇氏專權，是章帝所致，又言章帝「託仁厚而溺於床第，終漢之世，顓越於婦家，以進姦雄而隕大命，帝惡能辭其咎哉？」見《讀通鑑論》，卷7，〈章帝〉，頁198～199。

〔註82〕 王夫之即稱讚章帝納諫有方，其言曰：「章帝於直言極諫之士，補外吏而試其為，非無以酬之，而不引之以無涯之辯，官守在而賢不肖抑可徵焉，庶幾得之。」《讀通鑑論》，卷7，〈章帝〉，頁196～197。

今均輸之法與貿販無異，鹽利歸官，則下人窮怨，布帛爲租，則吏

多姦盜，誠非明主所當宜行。〔註83〕

史書上提到章帝原本就非常贊成張林的建議，收到朱暉的奏文後，非常生氣，嚴厲譴責諸尚書，故朱暉和諸尚書皆自繫獄。章帝爲何大怒呢？章帝之怒，不是因爲朱暉反對恢復「均輸」，而是因爲朱暉的奏文中直指章帝此舉不是一個明主該有的行爲。這對以「明主」自居的章帝而言，無疑是最嚴重的指控與不敬，惹得章帝大發雷霆。無怪乎同樣是臣子的《白虎通》作者，要諄諄告誡日後的臣子們，在規諫君王時，先要「隱惡揚美」，讓君王的心情舒坦一點。如此，才有機會匡正國事，一盡臣子的本分。

第三節　章帝的改革

　　身爲東漢的第三位君王，章帝即位時雖然非常年輕，在國事的規劃上，卻有自己的想法。前幾章提到明帝在施政上，主要還是繼承光武帝以來的政策與施政方向，特別是光武帝和明帝本人都勤於吏事，甚至親自參與獄事的訴訟和判決。〔註84〕因此，明帝時代基本上仍是光武時代的延續而已。章帝即位後，初期雖沒有大舉更動明帝以來的施政方向和故事，卻在明德馬后過世後，推動一連串的變革。章帝爲何在建初四年（79）後開始推動變革？關鍵便是章帝的養母明德馬后。明德馬后在拒絕章帝封外戚馬氏爲侯的詔文中提到：「若陰陽調和，邊境清靜，然後行子之志。吾但當含飴弄孫，不能復關政矣。」〔註85〕明德馬后的話語中，顯示了兩個重點：首先，明德馬后非常關心章帝朝的政治發展，明德馬后的存在，深刻影響了章帝朝的施政方向；另外一方面，馬后的「行子之志」，卻意外指出章帝個人的志向。「子之志」，不外乎章帝欲改革之志。換言之，章帝早有改制的企圖，卻礙於養母的意見而無法實行。

〔註83〕《後漢書》，卷43，〈朱暉傳〉，頁1460。

〔註84〕《後漢書》，卷26，〈牟融傳〉，頁916，「是時顯宗方勤萬機，公卿數朝會，每輒延謀政事，判折獄訟。融經明才高，善論議，朝廷皆服其能；帝數嗟歎，以爲才堪宰相。」關於光武帝對吏事的重視，請參見曹金華，《漢光武帝劉秀評傳》，第13章，〈改進國家政治制度〉，頁280～282。

〔註85〕《後漢書》，卷10，〈皇后紀〉，頁412。

也許是深受儒學的影響，章帝即位後，刻意效法過去的明主作為，以明主自居。在《後漢書・肅宗孝章帝紀》提到

> （建初五年，80）夏五月辛亥，詔曰：朕思遲直士，側席異聞。其先至者，各以發憤吐懣，略聞子大夫之志矣，皆欲置於左右，顧問省納。建武詔書又曰，堯試臣以職，不直以言語筆札。今外官多曠，並可以補任。〔註86〕

為了成為一位明主，章帝一即位便接受眾臣的諫言，透過「納諫」及朝議的方式，企圖改變自光武以來集權中央、一人專制的現況。章帝在國事上的變革，並不是單純要彌補明帝時代的缺失，或如王夫之所說的，受到朝臣的蠱惑因而大改父道，而是有更深層的政治動機在其中。王莽改制的失敗與新朝的覆滅，影響了東漢儒生的政治態度，不再輕言改革。〔註87〕然而，年輕的章帝卻不願守舊，延續舊有的政治制度與習慣，而是希望一改光武帝、明帝以來的政治風尚與制度。

章帝主政後的第一個變革，就是建初四年（79）的白虎觀會議；其次，則是建初六年（81）的復鹽鐵官；其三，則是章和元年（87）任命曹褒制定漢禮。關於白虎觀會議及曹褒制禮一事，前文已經論及，屬於禮制上的改革。至於「復鹽鐵官」一事，《後漢書》提到：

> 建初六年，（鄭眾）代鄧彪為大司農。是時肅宗議復鹽鐵官，眾諫以為不可。詔數切責，至被奏劾，眾執之不移。帝不從。〔註88〕

「復鹽鐵官」一事，與元和年間的「復均輸」一事，都屬於財政上的改革。「復均輸」在朱暉等人的反對下，最終沒有施行。「復鹽鐵官」卻在章帝的堅持下，得以恢復。「復均輸」的目的，是為了解決地方財用不足的問題；至於「復鹽鐵官」一事，則和邊境的軍事有關。根據《後漢書・孝和帝紀》的記載：

〔註86〕《後漢書》，卷3，〈肅宗孝章帝紀〉，頁140。

〔註87〕陳師 啟雲即認為王莽新朝的建立，是西漢儒家理想主義的頂峰；而王莽的失敗是「前漢儒家有關人性和改革理想主義看法的幻滅，一個明顯的跡象是給予命的注意不斷加強。」見《劍橋中國秦漢史》，第15章，〈後漢的儒家、法家和道家思想〉，頁832～833。王莽失敗的教訓，導致「政治理想的失落，東漢儒士對政治改革的熱誠遠遠低於西漢。」見陳 師，〈漢儒理論與價值觀研究的方法論問題之考論篇〉，《史學集刊》，2006第1期，頁30。

〔註88〕《後漢書》，卷36，〈鄭眾傳〉，頁1225～1226。

詔曰：「昔孝武皇帝致誅胡、越，故權收鹽鐵之利，以奉師旅之費。
自中興以來，匈奴未賓，永平末年，復修征伐。先帝即位，務休力
役，然猶深思遠慮，安不忘危，探觀舊典，復收鹽鐵，欲以防備不
虞，寧安邊境。而吏多不良，動失其便，以違上意。先帝恨之，故
遺戒郡國罷鹽鐵之禁，縱民煮鑄，入稅縣官如故事。」〔註89〕

這道詔文繫於章和二年（88）四月，章帝過世、和帝即位的那一年。詔文中
廢除的「鹽鐵之禁」，即建初六年（81）恢復的「鹽鐵官」。〔註90〕章帝恢復
鹽鐵之禁的目的，是爲了籌措邊境的軍費，特別是要防範北匈奴。自永平十
六年（73）起，北匈奴便不斷騷擾東漢的邊境。明帝先派遣祭肜出高闕、竇
固出酒泉、耿秉出居延、來苗出平城，征伐北匈奴。竇固大破呼衍王後，屯
兵於伊吾盧城，「西域自絕六十五載，乃復通焉。」〔註91〕次年，明帝再度派
遣竇固、耿秉等將出擊，置西域都護及戊己校尉。當竇固軍隊回師後，焉耆、
龜茲圍攻西域都護陳睦，盡滅其軍；車師和北匈奴又圍攻戊己校尉關寵及耿
恭。明帝得到消息後大怒，欲發兵興討，卻不幸崩殂。相較於明帝對西北邊
境的積極態度，章帝則顯得消極多了。章帝即位後，雖然命令征西將軍耿秉
屯酒泉、行太守事，遣酒泉太守段彭將兵救戊己校尉耿恭，〔註92〕但爲了簡
省國家的軍費開支，還是先後罷除了戊己校尉官和伊吾盧屯兵，西域之路再
度中斷。〔註93〕值得一提的事，正如詔文中所說的「深思遠慮，安不忘危」

〔註89〕《後漢書》，卷4，〈孝和帝紀〉，頁167～168。

〔註90〕根據《後漢書》的記載，「罷除鹽鐵之禁」一事，是和帝遵從章帝遺言下詔。
然和帝年幼即位，國事掌握在章德竇后和竇憲的手中，故此詔應當出自章德
竇后之手。永元三年，和帝按照曹褒制定的《漢禮》行冠禮。由此可見，正
如明德馬后遵奉明帝的政策不悖般，臨朝輔政的章德竇后也同樣維持章帝時
代的政策與制度，落實章帝的旨意，沒有變更。女主繼續前帝的政策，成爲
東漢女主執政的特色。

〔註91〕《後漢書》，卷88，〈西域傳〉，頁2909。

〔註92〕關寵被圍於柳中時，曾上書求救，章帝詔公卿會議，討論是否出兵相救。最
後，章帝接受司徒鮑昱的建議，派遣秦彭、王蒙等人率兵救之。事見《後漢
書》，卷19，〈耿恭傳〉，頁721～722。

〔註93〕章帝在建初元年罷戊己校尉、建初二年罷伊吾盧屯兵。詳細經過見《後漢書》，
卷88，〈西域傳〉，頁2909～2910。直到永元三年，班超定西域，和帝才以班

一語，顯示出章帝並未完全忽視邊境的安全問題；相反地，章帝把心力放在西南邊疆上，特別是西羌的問題。〔註94〕

終章帝一朝，燒當羌亂數次進犯隴西、金城一帶，成為東漢章帝以後最主要的外患。為了解決燒當羌為患的問題，〔註95〕章帝曾數次派兵征討。為了增加軍費，章帝不顧朝臣們的反對，堅持恢復鹽鐵之禁。然而，章帝的努力終究是失敗了。多次出兵，還是無法徹底解決羌亂的問題，也連帶影響了日後和帝與安帝的邊境安危。《後漢書·西羌傳》提及此事，尚言：

> 自羌叛十餘年間，兵連師老，不暫寧息。軍旅之費，轉運委輸，用二百四十餘億，府帑空竭。延及內郡，邊民死者不可勝數，幷涼二州遂至虛耗。〔註96〕

不過，真正讓章帝寒心忿恨的，並不是羌亂所導致的邊境安全問題，而是地方官吏在執行鹽鐵之禁時，「吏多不良，動失其便，以違上意」，執行失當，讓中央設置的鹽鐵官和「鹽鐵之禁」無法發揮助邊的功效，反而造成百姓的不便。在章帝時代的詔書中，章帝數次痛罵地方吏治不良，不願遵守中央的號令，甚至直言：

> 夫俗吏矯飾外貌，似是而非，揆之人事則悅耳，論之陰陽則傷化，朕甚饜之，甚苦之。……吾詔書數下，冠蓋接道，而吏不加理，人或失職，其咎安在？〔註97〕

章帝心中的苦悶與煩厭，清楚可見。在第三章的討論中，筆者認為明帝與東

超為西域都護，並恢復戊己校尉一職。

〔註94〕 光武帝崩、明帝初即位時，燒當羌寇隴西，次年為竇固、馬武等將平定，直到明帝末年，北匈奴成為當時最嚴重的外患。章帝即位後，北匈奴率眾請降，羌亂反而取代北匈奴，成為當朝最棘手的問題。因此，章帝雖然不積極經營西域，並不是不願與北匈奴衝突，不好戰爭，而是羌亂問題更為嚴重。關於西羌的問題，請見《後漢書》，卷87，〈西羌傳〉，頁2881～2891。

〔註95〕 前一章，筆者曾論及章帝建初二年命令母舅馬防討燒當羌一事。章帝命馬防出征，自然是給馬防建功立業的機會，但從馬防出征一事，更可以看出章帝對平羌一事的重視。

〔註96〕 《後漢書》，卷87，〈西羌傳〉，頁 2891

〔註97〕 《後漢書》，卷3，〈肅宗孝章帝紀〉，頁 148。這段詔文出自章帝元和二年正月的詔令，是章帝統治晚年所發佈的詔文。

平王劉蒼對禮制的改革，是爲了確立君臣上下的尊卑關係。至於引發明帝改革的源頭，正是那些不循禮制、妄想登上大位的諸王們以及權重奢華的皇親貴戚們。受到明帝時代的眾多獄案的牽連，到了章帝時代，諸王們及功臣家族已經無法威脅中央的權威；至於外戚們，在明、章二帝的「以外戚制外戚」策略下，大致維持平衡的狀況，亦不足以擔憂。章帝即位後，眞正讓章帝寢食難安的威脅，不是中央的官僚或是遙遠邊境的外族，而是那些帝國底層的官吏和人民，這也導致章帝熱切推動禮制改革的原因之一。

表面上，東漢政權是一個大一統的帝國；實際上，中央政府對地方政府的控制卻相當有限，特別是地方官吏的選舉問題上。章帝建初元年（76）正月丙寅詔文中提到：「有司明愼選舉，進柔良，退貪猾，順時令，理冤獄。」〔註98〕同年三月，山陽、東平地震，章帝針對此事下詔，再度提到：

> 朕既不明，涉道日寡；又選舉乖實，俗吏傷人，官職耗亂，刑罰不
> 中，可不憂與！昔仲弓季氏之家臣，子游武城之小宰，孔子猶誨以
> 賢才，問以得人。明政無大小，以得人爲本。夫鄉舉里選，必累功
> 勞。今刺史、守相不明眞僞，茂才、孝廉歲以百數，既非能顯，而
> 當授之政事，甚無謂也。每尋前世舉人貢士，或起甽畝，不繫閥閱。
> 敷奏以言，則文章可採；明試以功，則政有異迹。文質彬彬，朕甚
> 嘉之。〔註99〕

建初五年（80），章帝要求公卿百官推舉直言極諫者時，還不忘強調「其以巖穴爲先，勿取浮華。」〔註100〕上述三道詔文中，章帝不斷強調選舉得人的重要性，甚至要求百官優先舉荐默默無名的「巖穴」之士，捨棄知名的「浮華」者。章帝的詔文中，突顯出兩個問題：首先，章帝認爲「俗吏」是中央政府施政不良的關鍵；其次，漢代的鄉舉里選大多被「浮華」、「閥閱」者所把持，有能力卻沒有背景的平民被剝奪了入仕的機會，中央政府得人的管道也受到限制。

誠如上文所提的鹽鐵之禁，章帝對地方官吏不按照中央的命令辦事非常頭痛，甚至到了厭煩的地步。地方官吏不僅不按照中央的禁令行事，甚至「擅

〔註98〕《後漢書》，卷3，〈肅宗孝章帝紀〉，頁132。

〔註99〕《後漢書》，卷3，〈肅宗孝章帝紀〉，頁133。

〔註100〕《後漢書》，卷3，〈肅宗孝章帝紀〉，頁139。

行喜怒，或案不以罪，迫脅無辜，致令自殺者，一歲且多於斷獄。」〔註101〕
不只是俗吏傷人，連身居上位的刺史和兩千石官員也絲毫不在意，沒有積極
要求地方官吏擔負起教化的工作，導致糧食不足、飢荒不斷，人民生活益加
困苦。〔註102〕為了加強管束地方官吏行事，章帝一再發詔書給刺史和二千石
的地方官員，要求地方首長擔負起行政責任，約束自己轄區的地方官吏。章
帝的詔書顯示出中央政府的威權只能控制二千石以上的州、郡地方官員，無
法擴及縣及縣以下的基層官吏。章帝的詔文中，提到：

> 聞勑二千石各尚寬明，而今富姦行賂於下，貪吏枉法於上，使有罪
> 不論而無過被刑，甚大逆也。夫以苛為察，以刻為明，以輕為德，
> 以重為威，四者或興，則下有怨心。吾詔書數下，冠蓋接道，而吏
> 不加理，人或失職，其咎安在？〔註103〕

換言之，章帝雖然接受陳寵、鮑昱、第五倫的建議，選用寬明者擔任地方首
長，地方官吏卻還是被貪婪不法的官吏所把持。政府寬仁的美意，只能到州
郡一級的地方官員，老百姓還是深受俗吏之害，無法感受到皇帝的恩澤和美
意。第五倫即沈痛地對此事提出批判。第五倫在上書給章帝的疏文中即言：

> 陛下即位，躬天然之德，體晏晏之姿，以寬弘臨下，出入四年，前
> 歲誅刺史、二千石貪殘者六人。斯皆明聖所鑒，非群下所及。然詔
> 書每下寬和而政急不解，務存節儉而奢侈不止者，咎在俗敝，群下
> 不稱故也。光武承王莽之餘，頗以嚴猛為政，後代因之，遂成風化。
> 郡國所舉，類多辨職俗吏，殊未有寬博之選以應上求者也。〔註104〕

第五倫認為當代政治風氣的嚴苛，實始於光武的「嚴猛」之政，以及明帝對
光武帝政策的沿襲。政治風氣所致，故地方向中央推舉的人才大都是精於行
政的「辨職俗吏」，而不是行事「寬博」的人。即使章帝即位後大力懲治不法
的刺史和二千石，地方官府中還是充斥著「辨職俗吏」，地方施政依舊是「以
苛為察，以刻為明，以輕為德，以重為威」。其次，無論是章帝，或是第五倫，
都意識到在中央大一統的政策與威權下，地方政府卻絲毫不把皇帝的詔書放
在眼裡。儘管章帝不斷下詔要求地方官吏以寬治民，地方官府還是沿襲光武、

〔註101〕《後漢書》，卷3，〈肅宗孝章帝紀〉，頁140。
〔註102〕《後漢書》，卷3，〈肅宗孝章帝紀〉，頁145。
〔註103〕《後漢書》，卷3，〈肅宗孝章帝紀〉，頁148。
〔註104〕《後漢書》，卷41，〈第五倫傳〉，頁1400。

明帝時代的嚴苛做法，毫無改變。整個東漢政權，分裂成中央與地方兩個世界，身處中央的章帝與朝臣，是中央集權的權力中心，卻無法影響地方的事務，甚至是莫可奈何。章帝心中的急躁與苦悶，可想而知。

　　對章帝而言，吏治不良的關鍵，就在於刺史和郡國守相們推舉至中央的茂才、孝廉等儲備官員，都被「閥閱」、「浮華」者所把持。吏選皆出於故舊，這些「閥閱」、「浮華」者，或是憑藉父祖的權勢和影響，透過徵召和察舉的管道進入中央政府；或是依靠在當朝顯貴的外戚下，謀取一官半職，甘爲心腹。〔註105〕大陸學者周長民在研究漢代的地方政治時，即認爲「任免郡國守相之權下移，標志著皇權的旁落與中央統治力的鬆弛。」〔註106〕值得一提的是，地方郡國守相的任免，雖然掌握在顯赫的外戚家族手中，外戚憑藉的仍然是皇權的威嚴，而不是自身的威勢。馬、竇二氏都是藉由皇帝的恩寵，才有機會干預地方官吏的任免。馬氏之衰與竇氏之盛，恰好說明了皇帝在其中扮演的關鍵角色，刺史與二千石的任命權依舊在中央政府與皇帝的手中。也就是說，「中央統治力的鬆弛」並不能專指外戚及被外戚家族所把持的地方官吏任免，而是指那些憑著家族權勢入仕的「門閥勢力」。〔註107〕門閥勢力憑藉著地方上的影響，成功壟斷了鄉舉里選。根據周氏的研究，明帝到和帝時代的郡國守相中，其父祖爲公卿、二千石、官宦世家背景者有二十八人，佔出身明確者的百分之八十三，比例驚人。此外，周氏還提到魯恭的例子，說明「耆舊大姓」沿選舉、薦舉入仕，已變成當代的風氣。〔註108〕魯恭不舉荐耆舊大姓擔任列卿、郡守的故事，雖然發生在和帝期間，卻說明了章帝不取「閥閱」唯求「巖穴」的詔令，對地方的影響相當有限。

〔註105〕如《後漢書》，卷24，〈馬防傳〉，頁857，「兄弟貴盛，…刺史、守、令多出其家門。」又《後漢書》，卷23，〈竇憲傳〉，頁819，「刺史、守令，多出其門。」

〔註106〕周長山，《漢代地方政治史論》（北京：中國社會科學出版社，2006），第1章，〈從郡國守相出身看漢代地方政治之遞嬗〉，頁39。

〔註107〕周長山在分析明、章、和帝時代的郡國守相出身時，歸納出三種出身：一爲儒吏的總體比例提高，二爲門閥勢力的形成漸呈顯態，三爲外戚勢力的膨脹。筆者在此借用周氏的用詞。

〔註108〕《漢代地方政治史論》，第1章，〈從郡國守相出身看漢代地方政治之遞嬗〉，頁38。

　　對地方政府而言，耆舊大族、地方豪強才是真正操控地方政治的力量，〔註109〕至於遠在京城的皇帝與中央政府，則是「天高皇帝遠」，不需要也不應該理會。按照漢制，二千石擁有自辟屬吏的權力，因此新上任的刺史和郡國守相往往必須援引當地的大族擔任屬吏，才能迅速掌握轄區內的狀況。〔註110〕因此，兩千石及兩千石以下的地方官員，往往會和地方勢力相結合，變成中央政府無法控制的力量。章帝非常清楚地方政府的狀況，也了解中央政府權力的極限。為了加強中央政府與地方政府間的聯繫，確保中央威權的落實，《白虎通》試圖透過「三綱六紀」的人倫模式，突破中央與地方之間的距離，加強中央政府的權力強度。《白虎通》以「受命於天」的觀點為主軸，不斷強調君權的神聖性與政權的正當性；次外，透過「三綱六紀」的討論，《白虎通》將君、父並稱，把「君權」與「父權」之間劃上等線。林聰舜先生即認為《白虎通》書中的觀點，部份反應出當時豪族勢力的抬頭。為了解決同宗、賓客、徒附間的衝突，豪族利用宗法與血緣關係來調和，藉以凝聚全族的向心力。〔註111〕當地方豪族的向心力獲得凝聚、父權得以伸張時，君權與中央政權反而受到壓制，導致行政不彰。為了解決君權與父權間的衝突，《白虎通》一方面將君、父並稱，承認並尊

〔註109〕增淵龍夫提到：「漢代所謂地方土豪的實體，既以本族的結合和大地主所有為基礎，又在本族的外延招養了大量的游俠劍客為其門客。由此成為地方官吏也不能觸犯的武斷鄉曲的勢力。」增淵龍夫，〈漢代民間秩序的構成和任俠習俗〉，收錄在劉俊文主編，《日本學者研究中國史論著選譯（第三卷：上古秦漢）》（北京：中華書局，1993），頁548～549。

〔註110〕增淵龍夫在論及漢代的任俠習俗時，即言：「少數有能力手腕的地方官透過和民間豪俠、土豪相結，將他們任用為郡縣之吏，從而成為自己的爪牙。還應指出，政府所任用的和人民直接接觸的郡縣掾以下的吏，以及鄉亭的下級役人，多是一些武斷鄉曲的本地豪俠和土豪的子弟，而在一般情況下，這些豪吏利用本地的勢力為所欲為。」見增淵龍夫，〈漢代民間秩序的構成和任俠習俗〉，頁553。增淵龍夫的論點，過於強調少數有能力的地方官和地方勢力的結合，事實上，這樣的情況並不是少數，而是常態。漢制規定郡守等兩千石地方官必須迴避本籍，因此，初到轄區的兩千石官員都會先援引當地的大族為屬吏，藉以加強統治的力度。

〔註111〕林聰舜，〈帝國意識形態的重建──扮演「國憲」基礎的《白虎通》思想〉，頁16～17。

重父權的重要性；另一方面則在「君爲臣綱」的原則下，強調父權從屬於君權，以確立中央集權的正當性與法理基礎。〔註112〕《白虎通》對君權與父權的聯繫與解釋，反應出地方豪族勢力高漲，成爲東漢中央政權的最大隱憂。

　　《白虎通》對君權與父權的說明，顯示出章帝的政治態度。在《後漢書‧賈逵傳》中，提到章帝受到賈逵的影響，特別偏好古文經的《左氏春秋》。章帝爲何獨重《左氏春秋》呢？從賈逵「左氏傳大義長於二傳」的說明中，可略見大概。其文曰：

> 臣謹摘出《左氏》三十事尤著明者，斯皆君臣之正義，父子之紀綱。……《左氏》義深於君父，《公羊》多任於權變，其相殊絕，固以甚遠，而冤抑積久，莫肯分明。臣以永平中上言《左氏》與圖讖合者，先帝不遺芻蕘，省納臣言，寫其傳詁，藏之祕書。……至光武皇帝，奮獨見之明，興立《左氏》、《穀梁》，會二家先師不曉圖讖，故令中道而廢。凡所以存先王之道者，要在安上理民也。今《左氏》崇君父，卑臣子，彊幹弱枝，勸善戒惡，至明至切，至直至順。……又五經家皆無以證圖讖明劉氏爲堯後者，而《左氏》獨有明文。五經家皆言顓頊代黃帝，而堯不得爲火德。《左氏》以爲少昊代黃帝，即圖讖所謂帝宣也。如令堯不得爲火，則漢不得爲赤。其所發明，補益實多。〔註113〕

賈逵的說明中，一方面突顯出《左氏春秋》重視君臣正義、父子綱紀的特色，另一方面又將《左氏春秋》和圖讖相連結，以經傳證明「堯後火德」讖文的可靠性。姑且不論賈逵是否相信讖文，〔註114〕賈逵以經證緯的做法，正好說明了東漢初年讖緯的盛行，以及光武帝、明帝二帝對圖讖的偏好。後人研究皆注意到東漢光武帝、明帝、章帝三帝對圖讖的偏好。〔註115〕然而，眞正引

〔註112〕林聰舜，〈帝國意識形態的重建——扮演「國憲」基礎的《白虎通》思想〉，頁18。

〔註113〕《後漢書》，卷36，〈賈逵傳〉，頁1236～1237。

〔註114〕大陸學者楊權即以張衡的疏文爲例，說明賈逵本身並不相信讖文，爲了討好皇帝，不得不如此說。見楊氏，《新五德理論與兩漢政治—「堯後火德」說考論》，第6章，〈「堯後火德」說與東漢前期的政治〉，頁285。

〔註115〕如楊權即認爲明帝和章帝受到光武帝的影響，崇信讖緯。見楊氏，《新五德理論與兩漢政治—「堯後火德」說考論》，第6章，〈「堯後火德」說與東漢前

起章帝的注意，不是圖讖與《左氏春秋》的關係，而是《左氏春秋》中提出的政治理論：「崇君父，卑臣子」。毫無疑問，《白虎通》強調的「三綱六紀」，正是由此衍生出來的。賈逵對《左氏春秋》的解讀，正好與章帝急欲突破中央權力極限的想法暗和。甘懷眞先生在觀察西漢的郊祀與宗廟禮改革時，提出「儒家官僚藉著禮制以重新定義皇帝制度。」〔註116〕同樣地，身爲政權中心的章帝，則透過《白虎通》與《左氏春秋》的經文和說明，重新界定政治秩序：以三綱爲中心，確立君尊臣卑的政治關係。〔註117〕林聰舜先生認爲《白虎通》一書反映了皇權對豪族勢力的妥協，也約束了皇帝的個人行爲，要求皇帝要自我克制，遵守綱常的規範。〔註118〕事實上，《白虎通》不只約束了皇帝個人行爲，要求皇帝遵守綱常的規範，也同樣約束了其他人的行爲，使整個東漢社會，包含各級政府與地方豪族在內，都必須按照「三綱六紀」的框架來行事。「三綱六紀」，一方面界定了人與人之間的關係，另一方面則確保了以皇帝爲首的政治與社會秩序得以運行不悖。正如劉淑所言：

> 君其綱也，臣其紀也。綱紀正則萬目張，君臣正則萬國理，故能父慈子孝，夫信婦貞，兄愛弟順。如此則陰陽和，風雨時，萬物得所矣。〔註119〕

也就是說，皇帝的地位，不僅僅是三綱之首，更是天地萬物運行的基本原則。如此，便突出皇帝的神聖性及不可取代性。相比之下，依靠血緣與地方勢力崛起的豪族，自然是無法與「受命於天」的皇權相抗衡。

爲了確保皇權的威權，章帝毅然推動禮制改革，不顧眾議，命令曹褒一人制定漢禮。《後漢書·曹褒傳》提到曹褒的漢禮，包含「天子至於庶人冠婚吉凶終始制度」。〔註120〕章帝與曹褒正是希望透過新制定的漢禮，以中央政府

期的政治〉，頁281。

〔註116〕甘懷眞，〈中國中古時期君臣關係初探〉，《台大歷史學報》，21期，1997。

〔註117〕甘懷眞即提出「『白虎觀經學會議』之後，『三綱』關係也確立爲人間秩序規範的主軸。」見甘氏另文，〈「舊君」的經典詮釋──漢唐間的喪服禮與政治秩序〉，收錄在《新史學》，13卷2期，2002，頁13。

〔註118〕林聰舜，〈帝國意識形態的重建──扮演「國憲」基礎的《白虎通》思想〉，頁24。

〔註119〕周天游，《後漢紀校注》，卷22，〈後漢孝桓皇帝紀下〉，頁611。

〔註120〕《後漢書》，卷35，〈曹褒傳〉，頁1203。

的威權來重塑社會秩序，透過日常生活的禮儀來規範每一個人的行為。使國家的意志可以往下延伸至每一個人，包含地方豪族在內，藉以消解宗族的影響力。更重要的，透過制禮作樂的動作，彰顯出章帝「受命而王」的明主形象，可以和歷史上的聖人相媲美。相較於明帝與東平王劉蒼的禮制改革，章帝的禮儀改革不在著墨於皇帝與宗室諸王間的上下尊卑關係，而是將上下尊卑的關係延伸至整個社會，以確保中央集權與皇帝制度的穩定性，進而加強對地方的控制。換言之，章帝對禮的重視，是為了安定天下秩序，具有強烈的政治目的，正是班固所謂的「為國者一朝失禮，則荒亂及之矣！」〔註121〕

小　結

　　前文提到王夫之大力抨擊章帝聽從群臣的建議，治國從寬，一改父道。然而，王夫之的批評並未反映出章帝時代的真實狀況。根據《後漢書》及《通鑑》的記載，陳寵和鮑昱上書的時間均在章帝建初元年（76）。鮑昱藉著天災勸章帝讓被徙的家族還鄉、解除政治上的禁錮。陳寵則是要求不要用酷刑來刑求犯人。在鮑昱的建議下，章帝在次年讓坐楚、淮陽事被徙的四百餘家返鄉。章帝也接受了陳寵「隆先王之道，蕩滌煩苛之法。輕薄箠楚，以濟群生」的諫言，不准獄吏用殘忍的方式刑求犯人、解除罪犯的禁錮，並釋放無罪者出獄。第五倫的上疏，大約在建初四年（79）。〔註122〕也就是說，無論是鮑昱、

〔註121〕《漢書》，卷22，〈禮樂志〉，頁1027。同樣的觀點，也出現在《後漢書·志》，卷4，〈禮儀〉，頁3101，「夫威儀，所以與君臣，序六親也。若君亡君之威，臣亡臣之儀，上替下陵，此謂大亂。大亂作，則群生受其殃，可不慎哉！故記施行威儀，以為禮儀志。」

〔註122〕至於第五倫上疏的時間，本傳僅言第五倫為三公後，上疏勸戒章帝。根據《後漢書·肅宗孝章帝紀》的記載，第五倫在永平十八年（75）十一月由蜀郡太守轉任司空，直到元和三年（86）五月罷，由太僕袁安擔任司空一職。本傳雖未明確指出第五倫上疏的時間，卻將第五倫的疏置於勸戒竇氏貴盛的文章之前，因此《通鑑》將其上疏的時間繫於建初二年（77）。但是，第五倫的疏文中又提到「陛下即位，躬天然之德，體晏晏之姿，以寬弘臨下，出入四年，…」等語，按章帝在永平十八年八月即位，故此上書時間當在建初四年，而非建初二年。

陳寵或是第五倫上疏的時間，均在章帝剛即位至建初四年（79）年間。章帝接受群臣的建言，不再延續明帝時代的嚴猛治獄，改革當代嚴苛治獄的習性，然而，朝廷的施政方向上卻沒有太大的變動，章帝也沒有替獄案無辜者翻案的打算。嚴格來說，從永平十八年（75）即位到建初五年（80）之間，章帝還是延續明帝時代的政治風尚，並沒有太大的變動，王夫之「不孝」之說並不公允。

建初五年（80），章帝才開始真正一改父道，大力批評地方官吏的行事與治獄風格。章帝時代的改革：禁止地方官吏用嚴苛的方法來治獄，開放政治上的禁錮，改革刑獄的審理方法三者，都是出自建初五年（80）以後的詔文，並不是一即位就發佈天下，要求馬上變革。此外，章帝出於私心厚待宗室諸王和外戚們，給予優渥的賞賜。以上兩者的變革，均是出自章帝個人的情感，並未對國家的體制做出任何變動。無論是明帝之嚴還是章帝之寬，都是出自皇帝個人的情感，而不是出於國家的法制，正顯示出在一人專制下的東漢政權，「皇帝之私」對「國家之公」的干涉與影響。

其次，前文提到章帝在建初五年（80）曾下詔批評地方官吏「擅行喜怒，或案不以罪，迫脅無辜，致令自殺者，一歲且多於斷獄。」〔註123〕這時候，章帝早已即位多年，地方官吏在審案的過程中，卻依舊沿襲明帝時代較為嚴苛的做法，迫使章帝在元和元年（84）再度下詔，嚴詞批判「掠考多酷」，還要求官吏只能在秋冬理獄。同年十二月，章帝解除明帝時代的政治禁錮，讓被禁錮者有機會再度入仕。次年（元和二年，85）七月，章帝以《春秋》為依據，明文規定不得以十一月、十二月報囚。〔註124〕表面上，章帝接受群臣的建議，一再放寬刑罰，事實上卻無法改變地方官吏處事的態度與治獄的方法。換言之，即使章帝每事務寬，先後釋放無辜者，嚴格規定刑求的工具與求刑的時間，卻無法干預地方政府的施政。地方官吏仍用慘無人道的工具刑求犯人，依舊屈打成招。章帝數次下詔，都無法改變地方官吏審案嚴苛的習慣。無奈的章帝只好一方面給禁錮者重新任官的機會，另一方面則在元和三年（86）任命郭躬為廷尉，〔註125〕重新整理法律條文，直接針對法律本身來

〔註123〕《後漢書》，卷3，〈肅宗孝章帝紀〉，頁140。

〔註124〕《後漢書》，卷3，〈肅宗孝章帝紀〉，頁152～153。

〔註125〕史書上提到郭躬「家世掌法，務在寬平。」見《後漢書》，卷46，〈郭躬傳〉，頁1544。

改革，以達到移風易俗的效果。諷刺的是，這些為章帝所抨擊的嚴苛獄吏，正是嚴格執行明帝個人旨意的官員。這也說明了酷吏之所以常存不歇，正是因為酷吏們對皇帝個人旨意的忠誠與奉行。〔註126〕然而，這些遵守明帝意旨嚴刑拷打的官員，到了章帝時代，卻變成中央力圖控制、急欲改革的對象，也反應出中央政權與地方政府之間關係正在變化中。

　　在中央政府的規劃上，章帝還是繼承父祖時代的設計，把權力集中在皇帝的手中，繼續削弱外廷和三公的權力。然而，對照於中央政府的改革與重組的成功，地方的改革卻是相當失敗。地方官吏依然嚴苛治獄，無視於中央的詔令。東漢末年，民間曾經流行一句俚語「州郡記，如霹靂；得詔書，但挂壁」。〔註127〕這句俚語出自東漢桓帝的崔寔。崔寔借用當時民間流行的俚語，說明中央的權威無法控制地方政府。事實上，在章帝時代，中央政府對地方的影響力即相當有限。章帝雖曾數次下詔要求地方官吏放寬刑獄，卻換來「詔書數下，冠蓋接道，而吏不加理」〔註128〕的狀況。和帝即位後，依舊抨擊地方「吏行慘刻，不宣恩澤，枉拘無罪，幽閉良善」，明言要處罰這些不按照中央詔令行事的「煩苛之吏」。〔註129〕由此可見，無論章帝在中央如何以寬治國，力圖矯正明帝以來的嚴苛吏風，地方還是按照原有的習慣治獄，絲毫不把中央的禁令放在心上。陳師　啓雲在論及東漢中央政府的重組時，曾以這句俚語為例，說明當時中央與地方之間的隔閡。其文曰：

　　　　盡管後漢皇帝們或他們的代理人這樣盡力加強對中央行政機構的專
　　　　權控制，但在地方上看來，他們的真實權威卻是相當有限的。這種
　　　　情形被當時很流行的一種說法作了生動的描述，"地方政府（州和

〔註126〕酷吏往往以忠臣自居，奉行皇權至上，如西漢酷吏郅都即以忠臣自詡。見雷戈，《秦漢之際的政治思想與皇權主義》，第3章，〈皇權主義普遍規範的逐漸確立〉，頁211。

〔註127〕原文出自《全後漢文》，卷46，〈崔寔〉，收錄在嚴可均校輯，《全上古三代秦漢三國六朝文》（北京：中華書局，1958一版6刷），頁727。全文為「今典州郡者，自為詔書，縱意出入，每詔書所欲禁絕，雖重懇惻，罵詈極筆，由復廢舍，終無悛意。故里語曰：『州郡記，如霹靂；得詔書，但挂壁。』」崔寔是東漢桓帝時人，著有《政論》一文。

〔註128〕《後漢書》，卷3，〈肅宗孝章帝紀〉，頁148。

〔註129〕相關詔文見《後漢書》，卷4，〈孝和帝紀〉，頁192、186。

郡）的命令如同雷霆，帝國（來自中央）的敕令僅僅是挂在牆上的
裝飾"。雖然説地方政府的首長，比如州的刺史、郡的太守和縣的
令和長是由帝國任命，但這些層次的行政實權卻由這些地方政府首
長們在當地招收的行政助手（比如從事、掾、史等）所掌握。〔註130〕
中央政府與地方守令之間的隔閡，讓皇帝大爲不安。正如大陸學者周長山所
言，即使皇帝們企圖用刺史出巡、使者巡行天下的種種方式來監督地方行政，
這些太守專權一方的情況並未從根本上發生變化。東漢時代出現的各種監察
制度，正好說明中央政府對地方郡守的不安。〔註131〕章帝雖然希望透過《白
虎通》與漢禮的影響力，重新規範社會秩序，加強中央政府對地方的控制，
成效卻相當有限。章帝和曹褒的《漢禮》所招致的反對聲浪，不僅僅象徵了
東漢經學的紛爭與歧異，事實上也顯示出東漢中央政府欲將控制力延伸至民
間的失敗。換言之，章帝的禮制改革，對於根基已固的地方勢力而言，就像
那被掛在牆壁上的詔文般，不過是個裝飾，毫無作用。

〔註130〕陳啓雲著、高專誠譯，《荀悦與中古儒學》，第 2 章，〈帝國的崩潰和新的菁英〉，
　　　　頁 17。

〔註131〕《漢代地方政治史論》，第 4 章，〈君臣之義〉，頁 126。

第六章　后妃與東漢政權

　　東漢建國後，除了光武帝、明帝、章帝三帝直接掌政外，自和帝以降的政局，大多可以看到女主與外戚干政的身影。外戚與宦官間的爭權，也動搖了東漢政權的政治根基。然而，有鑑於西漢政權亡於外戚王莽之手，以西漢宗室為號招起兵的光武帝劉秀，對外戚干政的教訓，自然是銘記於心。因此，東漢建國後，光武帝刻意不讓后族及功臣家族擁有過多的政治權力。〔註1〕明帝、章帝時代，奉行光武帝的外戚政策不變，大權掌握在皇帝的手中，不讓外戚有太多機會干政。明法好察的明帝，嚴厲懲處不法的外戚，執行「以外戚制外戚」的策略，避免外戚的勢力過盛。寬厚好儒的章帝，表面上寵幸外戚竇氏，實際上還是遵行明帝「以外戚制外戚」的策略，將大權牢牢抓在自己的手中，不讓外戚和後宮影響自己的施政。然而，無論是嚴苛的明帝，還是寬厚的章帝，都無法確保日後的政局發展。章帝英年早逝，年幼的和帝即位後，外戚和女主再度出現在東漢的政治舞台上，從此影響了東漢政治的發展，直到東漢滅亡。

　　歷代史家多以幼帝繼位、母后臨朝為外戚干政的直接原因。〔註2〕清代學者趙翼在觀察東漢史事時，也注意到東漢諸帝壽命不長及東漢多母后臨朝的

〔註1〕關於光武帝建國的過程及規劃，請參見曹金華《漢光武帝劉秀評傳》一書。曹氏在該書第12章，〈加強封建專制集權〉，分別討論劉秀對功臣集團、外戚勢力集團勢力的壓制。頁237～271。

〔註2〕楊聯陞在討論中國史上的女主問題時，引用民國初年趙鳳喈氏的論點，提出「皇帝年幼、帝疾不能視事、先帝卒崩，或有遺詔」等理由。見楊氏，〈國史上的女主〉，《國史探微》（台北：聯經出版社，1983），頁97～98。

情況。〔註3〕母后臨朝主政者，先後有章德竇后、和熹鄧后、安思閻后、順烈梁后、桓思竇后及靈思何后六人。這六位女主主政時，往往援引自家的親屬來輔政，形成外戚專政的局面。趙翼在《廿二史箚記》一書中，提到兩漢外戚保全者只有四家，其原因在於：

> 推原禍本，總由於柄用輔政，故權重而禍亦隨之。西漢武、宣諸帝，東漢光武、明、章諸帝，皆無外戚之禍，由於不假以權也。成帝柔仁，專任王氏而國祚遂移。東漢多女主臨朝，不得不用其父兄子弟以寄腹心。由於權勢太盛，不肖者輒縱恣不軌，其賢者亦為眾忌所歸，遂至覆轍相尋，國家俱敝，此國運使然也。〔註4〕

趙氏認為東漢女主、外戚掌權的真正原因，在於掌握了原本屬於皇帝的政治權力。至於皇帝為何要讓出屬於自己的政治大權？大抵出在幼帝即位，或者是皇帝本身的性格所致。其次，在女主的影響力下，無論外戚的資質是賢或愚，外戚都不可避免地成為朝廷的主要勢力。值得一提的是，女主的權力與外戚的地位，是相對等的，而外戚的發展也取決於女主政治權力的穩固與否，以及女主個人的意願。同樣地，當外戚勢力受到打擊或是被夷滅時，女主往往會受到牽連，甚至被幽禁。因此，在討論東漢外戚之禍時，也必須要考慮到女主的問題。

　　東漢女主干政，確實和幼主在位有關。然而，透過前幾章的討論，我們可以看到即使是防範外戚最烈的光武帝、明帝、章帝時代，都可以找到外戚在政壇活動的身影。更甚者，防範外戚最嚴格的明帝時代，居然讓自己的皇后參與政治，甚至指導繼任者章帝的施政。換言之，和帝以降的女主政治實起源於明章時代。對此，我們有必要重新理解明章時代的后妃政治，藉以爬梳出東漢女主政治的梗概。

第一節　明德馬后

　　明德馬后，其名不詳。扶風茂陵人，是東漢伏波將軍馬援的小女。〔註5〕

〔註3〕《廿二史箚記》，卷4，〈東漢諸帝多不永年〉、〈東漢多母后臨朝外藩入繼〉二條，頁92～94。

〔註4〕《廿二史箚記》，卷3，〈兩漢外戚之禍〉，頁68。

〔註5〕關於馬后生母，馬后本傳言馬后「少喪父母」，又言馬后「兄客卿早夭，母藺

馬后上有四兄、二姐，兄長分別爲馬廖、馬防、馬光和馬客卿。王莽末年，馬援和兄馬員避禍於涼州，效命於隗囂集團，當隗囂的兒子隗恂入質於洛陽，不受隗囂重用的馬援遂藉此攜家族、賓客同歸洛陽。東漢建國後，馬援數次領兵出征，是東漢建國後底定邊疆的重要功臣，被封爲新息侯。然而，當馬援死在征五溪蠻的路途後，深得光武帝寵幸的虎賁中郎將梁松與黃門侍郎竇固卻藉此機會陷害馬援。其他朝臣亦開始抨擊馬援的行事，如馬武、侯昱即上章彈劾馬援征交阯時，私載明珠文犀歸等等。〔註6〕這些奏章，使光武帝非常憤怒，下令收回馬援的新息侯印綬。受到連番的打擊，馬氏政治勢力急遽衰退。爲了提振家族勢力，馬援兒子馬嚴便上書給光武帝，要求選送馬援的女兒們進掖庭。年僅十三歲的馬后，便是在這種落魄的情況下入太子宮。

　　馬后在入宮前即以擅長主持家事聞名，家人曾數次招相者、筮者來府占卜吉凶，皆言馬后日後當貴。〔註7〕馬后進入太子宮後，史書上稱其「奉承陰后，傍接同列，禮則脩備，上下安之。遂見寵異，常居後堂。」〔註8〕馬后入宮後

<hr>

夫人悲傷發疾恍惚。」《後漢書》，卷10，〈皇后紀〉，頁407。根據馬援傳，馬客卿與馬援死於同年，當時馬后年僅十歲，則藺夫人之死當在馬援得罪後。此外，本傳提到明帝賈貴人是馬后前母（馬援前妻）姐女，可見得馬援的夫人不只一位。《後漢書》，卷24，〈馬援傳〉，頁852，「至（永平）十七年（74），援夫人卒，乃更脩封樹，起祠堂。」此處之馬援夫人是否爲藺夫人，史書未詳。不過，本傳既言年少喪父母，此時的馬后已將近中年，當非藺夫人，永平十七年的馬援夫人，當是馬援其他妻妾，非后母。

〔註6〕　《後漢書》，卷24，〈馬援傳〉，頁846，「初，援在交阯，常餌薏苡實，用能輕身省慾，以勝瘴氣。南方薏苡實大，援欲以爲種，軍還，載之一車。時人以爲南土珍怪，權貴皆望之。援時方有寵，故莫以聞。及卒後，有上書譖之者，以爲前所載還，皆明珠文犀。馬武與於陵侯侯昱（司徒侯霸子）等皆以章言其狀，帝益怒。援妻孥惶懼，不敢以喪還舊塋，裁買城西數畝地槀葬而已。賓客故人莫敢弔會。嚴與援妻子草索相連，詣闕請罪。帝乃出（梁）松書以示之，方知所坐，上書訴冤，前後六上，辭甚哀切，然後得葬。」從上文，馬援死後得罪，似乎與光武帝當朝權貴不滿有關。然而，僅以此作爲馬援得罪朝權貴的原因，證據稍嫌不足。

〔註7〕　《後漢書》，卷10，〈皇后紀〉，頁407～408。

〔註8〕　《後漢書》，卷10，〈皇后紀〉，頁408。

竭力侍奉光烈陰后，誠懇對待其他的嬪妾，深得婆婆光烈陰后的欣賞，這也是日後馬后得以冊立為后的關鍵因素之一。〔註9〕明帝即位之後，立馬后為貴人。由於馬后膝下無子，故明帝命令馬后收養賈貴人的兒子為養子，〔註10〕即日後的章帝。馬后非常認真教養養子，母子間的感情也非常好。除此之外，為了讓明帝增加子嗣，馬后還不斷引薦後宮女子給明帝，對於其他受到明帝寵幸的後宮嬪妃，也是相當禮遇，完全不嫉妒。因此，馬后博得其他嬪妃們的稱讚與信任，在宮中獲得到非常好的名聲。被立為皇后後，馬后更加謙恭待人，絲毫不見驕氣。永平七年（64）正月，陰太后崩，馬后正式主持後宮。《後漢書·皇后紀》提到馬后被立為皇后後：

> 既正位宮闈，愈自謙肅。身長七尺二寸，方口，美髮。能誦《易》，好讀《春秋》、《楚辭》，尤善《周官》、《董仲舒書》。常衣大練，裙不加緣。朔望諸姬主朝請，望見后袍衣疎麤，反以為綺縠，就視，乃笑。后辭曰：「此繒特宜染色，故用之耳。」六宮莫不歎息。帝嘗幸苑圃離宮，后輒以風邪露霧為戒，辭意款備，多見詳擇。帝幸濯龍中，並召諸才人，下邳王已下皆在側，請呼皇后。帝笑曰：「是家志不好樂，雖來無歡。」是以遊娛之事希嘗從焉。〔註11〕

傳文中提到生性儉樸的馬后，日常喜歡讀書，不好遊玩娛樂之事。即使樸素的衣著常常招致旁人的譏笑，仍然不改初衷。身為後宮的表率，馬后不只以身作則，還時時在旁勸戒明帝的行為。如永平十三年（70）發生的楚王英案，牽連甚廣，傷及眾多的無辜者。馬后找機會好言勸戒，使明帝得以稍減心中怒氣，寬貸受到牽連的人。〔註12〕對於朝廷上難解的政事，馬后都能作出合情合理的判斷，適時地輔佐明帝處理朝政。〔註13〕此外，明帝遵奉光武時代不准後宮家族干政的政策，〔註14〕而聰慧的馬后也從未以馬氏的私事干預國

〔註9〕 《後漢書》，卷10，〈皇后紀〉，頁409，「永平三年（60）春，有司奏立長秋宮，帝未有所言。皇太后曰：『馬貴人德冠後宮，即其人也。』遂立為皇后。」長秋宮為皇后之居處。由此可知，馬后之立，實得力於光烈陰后。

〔註10〕 賈貴人為馬后前母姐女，為馬后之外甥。

〔註11〕 《後漢書》，卷10，〈皇后紀〉，頁409。

〔註12〕 《後漢書》，卷10，〈皇后紀〉，頁410。

〔註13〕 《後漢書》，卷10，〈皇后紀〉，頁410。

〔註14〕 《後漢書》，卷2，〈顯宗孝明帝紀〉，頁124，「帝尊奉建武制度，無敢違者。

事，深得明帝的敬重與寵愛。

　　明帝過世後，章帝即位，明德馬后被尊爲皇太后。身爲皇太后的馬后，仍不改以往的作風：一方面安慰那些情同姊妹，卻必須遷居到南宮居住的明帝嬪妃們，〔註15〕還特別賞賜赤綬、黃金、布疋等禮物給嬪妃們所生的皇子；〔註16〕另外一方面，則更加謹慎地約束馬氏外戚，嚴格遵守明帝的外戚政策，不讓馬氏親族有機會干政。節儉謹慎的馬后，爲自己贏得「賢后」的美名。建初四年（79），就在馬廖兄弟封侯後不久，明德馬后即因病過世，與明帝合葬在顯節陵。

　　前文提到，王夫之在論東漢史事時，大力抨擊有「賢后」之名的明德馬后，認爲馬后之賢，是「好名而巧於言者也。」〔註17〕爲了維持自己的美名，馬后表面上壓制馬氏的發展，暗地裡卻大力支持自己的娘家。王夫之甚至將東漢外戚干政，造成國家滅亡的原因歸罪於馬后。〔註18〕王夫之的批評，對馬后過於嚴苛，也低估了明帝和章帝所扮演的角色。首先，東漢外戚干政，

後宮之家，不得封侯與政。」李賢注引《東觀紀》：「光武閔傷前代權臣太盛，外戚與政，上濁明主，下危臣子，后族陰、郭之家不過九卿，親屬榮位不能及許、史、王氏之半耳。」

〔註15〕皇太后居處「長樂宮」位於北宮。

〔註16〕《後漢書》，卷10，〈皇后紀〉，頁410，「諸貴人當徙居南宮，太后感析別之懷，各賜王赤綬，加安車駟馬，白越三千端，雜帛二千匹，黃金十斤。自撰《顯宗起居注》，削去兄防參醫藥事。帝請曰：『黃門舅旦夕供養且一年，即無異，又不錄勤勞，無乃過乎！』太后曰：『吾不欲令後世聞先帝數親後宮之家，故不著也。』」這裡的諸王，當是明帝諸皇子。《後漢書》，卷50，〈孝明八王列傳〉，頁1667，「（章帝）建初三年（78），有司奏遣羨與鉅鹿王恭、樂成王黨俱就國。肅宗性篤愛，不忍與諸王乖離，遂皆留京師。」根據同傳記載，明帝諸皇子、章帝兄弟確實都留在京師，直到章帝崩才就國。然而，對照明帝時代，明帝兄弟均在光武末年時就國，只有光武帝崩時才至京師奔喪，章帝之舉顯然顯然不符合漢制。日後，和帝也不顧群臣的建言，仿效章帝故事，把兄弟都留在京師，直到和帝崩才歸國。見《後漢書》，卷55，〈章帝八王傳〉，頁1806。

〔註17〕《讀通鑑論》，卷7，〈章帝〉，頁194。

〔註18〕《讀通鑑論》，卷7，〈章帝〉，頁195。

大都發生在皇帝幼小的情況下，而章帝即位時，已經十九歲，並非矇懂無知的孩童，馬后與馬氏能否控制章帝的朝政，尚待討論。其次，馬氏日後雖以「奢侈踰僭」獲罪，〔註19〕其他的外戚如陰氏等家族，也是以同樣的罪名獲罪。更甚者，外戚陰氏在享受奢侈的生活時，還私自交結賓客及諸王，其聲勢甚至凌駕在諸王之上，連諸王都要禮讓三分。此外，陰氏還利用楚王英案除掉不與其配合的官吏。〔註20〕兩相比較，馬氏之惡顯然並未超越陰氏的作為。因此，東漢外戚之禍，當自陰氏始，而非馬氏。再者，在明、章二帝「以外戚制外戚」的政策下，外戚家族雖以驕奢聞名，朝中大權及外戚的勢力仍在皇帝的控制之下，無論是陰氏、馬氏或是竇氏家族，都沒有辦法撼動皇權的根基。

總而言之，東漢初期雖然不讓外戚有干政的機會，馬后卻能夠憑著皇后與皇太后的身分參與政治，甚至指導章帝的施政。皇后被視為皇室的一員，和外戚家族之間的區別是非常清楚的。史料的缺乏，我們無從得知光烈陰后在光武帝和明帝時代的政治活動，馬后的情況則不同。在前文的討論中，筆者曾提到馬后在自撰的《顯宗起居注》中，特地刪去其兄馬防照顧明帝病事的記載，不讓明帝留下親近外戚的名聲，成就了明帝遵奉光武帝外戚政策不貳的美名。這段記載顯示出馬后不只喜歡讀書，本身亦具備一定程度的書寫能力。〔註21〕然而，從馬后能夠撰寫《顯宗起居注》一事來看，也說明了馬后對明帝朝政相當了解。明帝曾故意把朝中難解之事交給馬后來分析，在分析與討論的過程中，明帝無意中為馬后製造了參與朝政的機會。因此，明帝雖然防範后族干政，但僅止於外戚家族，明確來說並不包括身為皇室一員的皇后及皇太后，這也是馬后能夠親近國事的原因。其次，光武、明帝二帝雖有意識地打壓外戚的政治力量，不讓外戚掌握朝政大權，私下生活卻與外戚

〔註19〕關於馬氏獲罪的經過，請見第四章討論。

〔註20〕關於陰氏之失，請參見曹金華，《漢光武帝劉秀評傳》，第 12 章，〈加強封建專制集權〉，260～261。值得注意的是虞延受到楚王英案牽連時，陰后與陰就兄弟均已過世，陰氏仍可以左右朝中大臣生死，可見得陰氏勢力之盛。

〔註21〕周天游，《後漢紀校注》，卷9，〈後漢孝明皇帝紀〉，頁245，則言馬后「讀《光武本紀》，至於獻千里馬、寶劍，賜騎士，手不持珠玉，未嘗不嘆息也。」可見馬后不只好讀書，甚至還有機會讀到當代編撰的《光武本紀》，這顯然也是獲得明帝的同意。

非常親近。在明帝臥病期間，馬防能夠長期待在明帝身旁侍奉湯藥，可見馬氏與明帝的私人關係非常親密。馬氏親族也很清楚馬氏的的權力基礎來自於明帝本人的授與，而不是馬后。整體來說，光武帝和明帝對外戚的打壓與限制，主要還是集中在「公」領域，而不是「私」領域。這裡，也顯示出光武帝和明帝將外戚集團納入皇室的私人關係中，而不是屬於國家的公領域。

　　至於馬后，則是和明帝站在相同的立場上，嚴格區分「公」、「私」之別。馬后雖然背負著振興家族的責任入宮，也沒有阻止明帝和馬氏兄弟親近，卻堅守「公」、「私」之別，既不願讓馬氏兄弟封侯，也不願將明帝的私人情誼暴露在史冊上。至於明帝的母親光烈陰后，在明帝懲處外戚陰就時，同樣未見陰后干預之事。因此，在光武帝與明帝時代，皇帝的態度、外戚與皇帝的關係，才是外戚發展勢力的關鍵，而不是母儀天下的皇后與皇太后。光烈陰后與明德馬后，稱職扮演了賢內助的角色，也成就了光武帝與明帝的外戚政策。

第二節　章德竇后

　　章德竇后，名不詳。扶風平陵人，是河西集團竇融的曾孫女，父爲竇勳、母爲東海恭王劉彊女泚陽公主。竇融曾大力支持光武帝征討隗囂集團，爲了表彰竇融的貢獻與忠誠，光武帝除了把女兒內黃公主嫁給竇融長子竇穆、涅陽公主嫁給竇友（竇融弟）子竇固爲妻外，又將東海恭王劉彊女泚陽公主嫁給竇穆的兒子竇勳。〔註22〕竇氏家族先後三次和王室聯姻，是東漢開國功臣中權勢最盛的家族。明帝即位後，由於竇家子孫荒誕不法，加上竇穆父子交通賓客、干亂地方政事，引起明帝的不滿，竇穆、竇勳最後皆下獄死、諸竇爲官者免官，竇家勢力受到嚴重打擊，開始衰微。因此，在竇后入宮前，竇氏雖然有公主身分的庇蔭，家族的狀況仍然很差。爲了家族的發展，泚陽公主常常召相工來家裡問禍福，相工見到竇后，皆言竇后日後當大貴。建初二年（77）十二月，竇后與妹妹被選入後宮。入宮前，竇后即以美色聞名於世，連深處皇宮大院的章帝都聽聞竇后的美名，特別打聽竇后的狀況。竇后姊妹在長樂宮面見明德馬后時，連明德馬后都對竇后的美色與才華印象深刻。〔註23〕竇后入宮不久便被封

〔註22〕竇氏數次與皇室、王室聯姻，故章德竇后實爲章帝的甥女。

〔註23〕《後漢書》，卷10，〈皇后紀〉，頁415，「建初二年，后與女弟俱以選例入見長樂宮，進止有序，風容甚盛。肅宗先聞后有才色，數以訊諸姬傅。及見，

為貴人，並贏得章帝的寵愛，建初三年（78）三月，竇后被正式立為皇后，妹妹則封為貴人，距離竇后入宮僅有短短三個月而已。竇后封后，意味著竇氏家族時代的來臨。

然而，竇后與明德馬后面臨同樣的問題，即本身沒有子嗣，而章帝其他嬪妃卻接連生下八位皇子。〔註24〕明德馬后在明帝的命令下，以親戚賈貴人子為養子，與養子同時被立為皇后與太子，地位相當穩固。竇后面臨的情況卻更為複雜。就在竇后被立為皇后的那一年，原本即深受章帝寵愛的宋貴人生下皇子劉慶，並在建初四年（79）四月被立太子。劉慶被立為太子一事，對初封后、尚未有子嗣的竇后而言，是非常大的打擊。按理說，剛封后的竇后正值生育年齡，還有生育皇子的機會，章帝並不需要急著立出生才一年的劉慶為太子。事實上，劉慶被立為太子一事，與明德馬后有很大的關係。章帝宋貴人是西漢文帝中尉宋昌的八世孫，扶風平陵人，父為宋楊、母為王氏。不過，宋楊的姑姑是明德馬后的外祖母，馬氏與宋氏間原本就有姻戚關係，明德馬后於是將宋楊的二個女兒接到宮裡教導，永平末年選入太子宮。章帝即位後，宋氏二女均封為貴人。宋貴人姊妹中的大貴人，不只生下太子劉慶，還待在長樂宮中侍奉明德馬后，深受明德馬后的歡心與支持。〔註25〕劉慶能被立為太子，正是建立在馬氏與宋氏家族的姻戚關係上。

史書的記載中，雖然沒有馬氏女子選入章帝後宮的記錄，但這並不表示明德馬后不在意自己家族的發展。相反地，為了延續馬氏家族的榮耀，明德馬后把心力全都放在後宮的經營上。明德馬后從馬氏的姻戚中尋找適合的女子入宮，藉以延續馬氏的影響力。明德馬后先將宋貴人姊妹送入太子宮，博

雅以為美，馬太后亦異焉，因入掖庭，見於北宮章德殿。后性敏給，傾心承接，稱譽日聞。明年，遂立為皇后，妹為貴人。七年，追爵諡后父勳為安成思侯。后寵幸殊特，專固後宮。」光武末年，馬援得罪及馬氏勢力的衰微與竇固等人的譖言有很大的關係，迫使馬嚴等人送明德馬后入宮。然而，即使竇、馬交惡在前，對於竇后入宮、章帝立竇氏為后一事，史書上未見明德馬后表達反對的意見，馬后似乎很尊重章帝的想法。

〔註24〕章帝宋貴人生清河孝王慶、梁貴人生和帝、申貴人生濟北惠王壽及河閒孝王開，另外尚有不知母氏的長子千乘貞王伉、平春悼王全、誠陽懷王淑及廣宗殤王萬歲。

〔註25〕《後漢書》，卷55，〈清河孝王慶傳〉，頁1799。

取章帝的歡心與寵幸；當宋氏生下皇子後，又作主讓宋貴人待在長樂宮中侍奉太后。明德馬后與宋貴人的關係，簡直是光烈陰后與明德馬后婆媳關係的翻版。換言之，明德馬后此舉，一方面塑造出宋貴人孝順婆婆的形象，另一方面則是特意突出宋氏在章帝後宮的地位，預先為宋貴人立后一事做準備。然而，章帝卻沒有按照明德馬后的規劃，立生下皇子的宋貴人為后，反而鍾情於與馬氏有宿怨的竇氏女子，並立其為后。身染重病的明德馬后，為了鞏固宋氏姐妹的地位及維持馬氏的家族勢力，只好把注意力轉至立太子一事上，要求章帝先立宋貴人所生的皇子為太子。因此，年幼的劉慶能被立為太子，實與明德馬后脫不了干係。對馬氏而言，鞏固家族勢力的關鍵不在於馬廖兄弟能否封侯，而是在於有血緣關係的劉慶能否被立為太子。〔註26〕馬氏勢力在章帝時代能夠延續，主要得力於明德馬后養章帝為子；章帝與馬氏之間的甥舅關係，又加強了馬氏與皇室間的聯繫。明德馬后勸章帝立劉慶為太子一事，便是出自於血緣的關係；明帝令馬后養章帝為子，也是基於同樣的理由。血緣關係，成為家族能否延續下去的關鍵。以孝順聞名的章帝，自然無法拒絕身罹重病母親的心願與要求，匆忙立襁褓中的劉慶為太子。〔註27〕無子的竇后，在明德馬后的陰影下，對立太子一事無能為力，只能等待機會的來臨。劉慶被立為太子後，同年六月，明德馬后便因病去世。

　　建初四年（79），就在劉慶被立為太子的這一年，與竇后同年入宮的梁貴人生下了皇子劉肇，成為竇后的養子。正如明德馬后與賈貴人有親戚關係般，竇后之所以收養劉肇，與梁氏出身於竇融派系有很大的關係。梁貴人的祖父

〔註26〕這也是明德馬后不願讓兄弟封侯的真正原因。對馬后而言，馬氏兄弟封侯，既不會增加馬氏的勢力，還可能造成章帝的反感。況且，外戚的勢力再盛，所有的榮耀與權力，還是來自於皇后和太子寶座，特別是太子身上。唯有保住皇后與太子的位子，才能確保馬氏家族的勢力可以延續下去。既然皇后之位已經被竇氏所有，如何掌握太子之位，才是最重要的事，這比馬氏兄弟封侯與否一事還要重要。其次，明德馬后不送馬氏女子入太子宮，而是改送有姻戚關係的宋氏姊妹入宮，既可以避免馬氏聲勢太盛，予人獨佔後宮的印象，進而招致章帝反感；又可以憑著援立宋氏之功，延續自己家族的勢力。明德馬后此舉，可謂兩全其美。

〔註27〕《後漢書》，卷3，〈肅宗孝章帝紀〉，頁159。范曄論章帝曰：「（章帝）奉承明德太后，盡心孝道。」

梁統，安定烏氏人（寧夏境內），更始時被任命爲酒泉太守。竇融能被推舉爲河西大將軍，即是得到於梁統的大力支持。梁統隨竇融到洛陽後，兒子梁松娶光武女舞陰長公主爲妻，深受光武帝的信任與寵幸。光武帝死前，還特意下詔梁松輔政。梁統與竇融關係密切，第二代的梁松與竇固也頗有交情，馬援得罪，即出於竇固、梁松兩人的譖言。梁氏與竇氏在光武帝時代同樣貴盛，連得罪的經過與時間都非常相似。〔註28〕明帝初年，受到梁松下獄的牽連，梁氏的政治勢力受到嚴重打擊，梁竦和梁恭則被遷徙到蠻荒的九眞郡，流放多年後才得到明帝的特許返回本郡。當梁竦、梁恭被流放在外時，具有皇室身分的舞陰公主成爲支持梁氏一族的主要力量，而梁竦的女兒們便是在舞陰公主的照顧下成長。章帝時，梁竦的次女及小女被選入後宮，被封爲貴人。建初四年（79），梁小貴人生下和帝劉肇，由於梁氏與竇氏之前的交情，劉肇遂被竇后選爲養子。

建初七年（82），竇后的父親竇勳被追封爲安成思侯；同一年六月，竇后與后母沘陽公主共同誣陷太子母、宋貴人「挾邪媚道」，挑撥章帝和宋氏姐妹的感情，導致太子劉慶被廢、宋貴人姊妹自殺，成功立自己的養子劉肇爲太子。〔註29〕由於竇氏曾聽聞梁氏私下慶賀竇后以劉肇爲養子一事，開始擔心劉肇即位後，梁氏將會取代竇氏，成爲當朝最重要的外戚。建初八年（83），劉肇被立爲太子的次年，竇后與竇氏再度聯手陷害梁竦，使「竦坐誅，貴人姊妹以憂卒。」，〔註30〕梁氏家族再度被流放至遙遠的九眞郡，連身爲王室宗屬的舞陰公主都受到牽連，被遷徙至新城（今河南省）。〔註31〕至於太子生母

〔註28〕梁氏與竇氏都是在明帝時期得罪，導致家族勢力急遽衰退。值得一提的是，馬援得罪，與竇固、梁松的譖言有關。當光武帝將梁松的書信出示給馬嚴和馬援夫人看時，便埋下馬氏和竇、梁二氏不和的伏筆。當梁、竇二氏得罪時，正是明德馬后被立爲皇后、馬氏勢力開始發展之際。因此，梁、竇二氏的失勢，實與馬氏脫不了關係，或許是馬氏在背地裡運作的結果。

〔註29〕關於宋貴人被誣陷事，分別見於《後漢書》，卷10，〈皇后紀〉，頁415。又《後漢書》，卷55，〈清河孝王傳〉，頁1799～1800。

〔註30〕《後漢書》，卷10，〈皇后紀〉，頁416。對照《後漢書》，卷34，〈梁竦傳〉，頁1171～1172，傳文言「建初八年，遂譖殺二貴人，而陷竦等以惡逆。」梁貴人之死，當爲被殺。

〔註31〕袁宏則言舞陰長公主被徙至新野。見周天游，《後漢紀校注》，卷14，〈後漢孝

爲梁氏的眞相，也被竇氏及竇后給掩蓋起來，後宮內無人知曉。皇宮內，竇后接連除去對其有威脅的宋氏姊妹與梁氏姊妹，贏得章帝的專寵；在皇宮之外，竇氏也成爲唯一有機會影響章帝及和帝朝政的外戚。

竇后封后後，竇氏的政治勢力急遽上升。竇后不只博得章帝的專寵，也援引自己的兄弟入宮，竇憲、竇景、竇瓌、竇篤兄弟均爲章帝所親近。竇氏勢力之盛，連諸王、公主、陰氏及馬氏都心生畏忌，如竇憲曾仗著竇后的聲勢，強佔明帝女、章帝姊妹沁水公主的園田。沁水公主受到竇憲的逼迫，居然不敢向章帝訴苦，直到事情被章帝察覺後，才保住園田。章帝雖然非常生氣，不再重用竇憲，但也沒有加罪於竇憲。不過，終章帝之世，朝政仍掌控在章帝的手裡，竇氏與竇后的勢力也沒有超越皇帝，仍舊依附在皇權之下。直到和帝即位後，竇氏的政治勢力才逐漸達到高峰。

然而，再度回到政治舞台中心的竇氏，並沒有吸取馬氏的教訓，反而更加跋扈。如同馬防兄弟般，竇憲、竇景、竇瓌、竇篤兄弟競相追求豪華奢侈的享受，「競修第宅，窮極工匠」。〔註32〕竇憲北征匈奴、大勝回朝後，竇氏的聲勢更盛。竇氏完全掌控了和帝朝的朝政，並積極操控朝廷的人事安排。史書上提到：

> （竇）憲既平匈奴，威名大盛，以耿夔、任尚等爲爪牙，鄧疊、郭璜爲心腹。班固、傅毅之徒，皆置幕府，以典文章。刺史、守令多出其門。尚書僕射郅壽、樂恢並以忤意，相繼自殺。由是朝臣震慴，望風承旨。而（竇）篤進位特進，得舉吏，見禮依三公。（竇）景爲執金吾，（竇）瓌光祿勳，權貴顯赫，傾動京都。雖俱驕縱，而（竇）景爲尤甚，奴客緹騎依倚形埶，侵陵小人，強奪財貨，篡取罪人，妻略婦女。商賈閉塞，如避寇讎。有司畏懦，莫敢舉奏。〔註33〕

這段記載中，正好說明了竇氏的聲勢，已經到了無人可匹敵的地步。爲了鞏固自己的勢力，竇氏積極聯合其他的家族，形成綿密的政治網絡。如上文提及的鄧疊，便出自東漢初年的功臣家族南陽新野鄧氏；郭璜則是光武帝廢后郭聖通弟、外戚郭況的兒子。爲了加強竇氏與郭氏的聯繫，竇憲還將女兒嫁

和皇帝紀下〉，頁396。

〔註32〕《後漢書》，卷23，〈竇憲傳〉，頁818。

〔註33〕《後漢書》，卷23，〈竇憲傳〉，頁819。

給郭璜的兒子郭舉，成為兒女親家。身為爪牙的耿夔，則出自另一功臣家族：扶風茂陵耿氏，是耿弇弟耿國的兒子；任尚出身不明，根據《後漢書》，任尚曾先後跟隨竇憲、鄧騭出征匈奴和西羌，並代班超為西域都護，[註34] 負責邊防的安全。任尚不只為竇憲的爪牙，和南陽新野鄧氏的關係也很深，曾經擔任鄧騭的副手，受到鄧騭的保護。[註35] 至於竇憲的賓客：班固和傅毅，都是當代有名的文學之士，史書上稱「憲府文章之盛，關於當世。」[註36]由此可知，竇氏的人脈網絡，遍及其他的外戚家族、功臣家族，也包含了當朝的官吏與文士。

然而，當竇氏的聲勢達於頂峰時，和帝的不滿與怨恨也日益增加。當滿朝的文武大臣都變成竇氏的附庸後，不安的和帝只好暗中聯合清河孝王劉慶和千乘貞王劉伉。在兄弟與宦官鄭眾等人的支持下，[註37] 和帝終於在永元四年（92）發動政變，一舉拔除竇氏的勢力。當竇氏的勢力被消滅後，章德竇后雖然保住了太后的地位與尊榮，再也無法干預和帝的朝政。至於支持和帝政變的宦官鄭眾，則成為和帝議政的對象，「中官用權，自（鄭）眾始焉。」[註38] 宦官遂取代外戚的力量，成為操控東漢政權的另一隻黑手。女主政治與外戚干政，開啟了宦官干政的契機，外戚和宦官之爭也動搖了東漢政權的根基，成為東漢衰亡的主因。

第三節　東漢的后妃政治

即使經歷過西漢末年王氏掌權、新莽建國的歷史教訓，加上光武帝、明帝的壓制，東漢的后族外戚仍然得到長足的發展，甚至掌握冊立新帝的權力。女主與后族勢力的蓬勃發展，除了得力於幼帝即位的機會，也和東漢后族的出身背景有很大的關係。根據《後漢書·皇后紀》的記載，[註39] 東漢制度雖以洛陽為采選後宮的主要來源地，實際上后族多掌握在陰氏、鄧氏、竇氏、

〔註34〕《後漢書》，卷47，〈班超傳〉，頁1586。

〔註35〕《後漢書》，卷39，〈劉愷傳〉，頁1308。

〔註36〕《後漢書》，卷80，〈文苑列傳·傅毅傳〉，頁2613。

〔註37〕《後漢書》，卷78，〈宦者列傳·鄭眾傳〉，頁2512。

〔註38〕《後漢書》，卷78，〈宦者列傳·鄭眾傳〉，頁2512。

〔註39〕《後漢書》，卷10，〈皇后紀〉，頁400。

梁氏等大家族的手中；這些家族不只把持了皇后的位子，也和其他功臣家族、皇室、諸王宗室互相聯姻，形成盤根錯節的政治人脈與派系，使婚姻關係與政治利益劃上等線。〔註40〕立后與廢后，意味著不同家族的勝利與失敗，也牽動了整個東漢政局的發展。光武帝廢郭聖通、改立陰麗華爲后一事，說明了不同家族與派系間的政治角力，連皇帝都無法置身於外。由少數大族把持后族的情況，直到東漢末才有改變，如靈思何后本身出自屠戶，地位並不高。也就是說，東漢政權的建立與覆滅，與陰氏、鄧氏、竇氏、梁氏等大族的發展有密切關係，不可分割。

　　東漢建國至漢魏禪代，先後共立了十五位皇后。這十五位皇后中，尤以章德竇后、和熹鄧后與順烈梁后對東漢政治發展的影響力最大。竇氏、鄧氏、梁氏家族勢力，也同樣藉著皇太后的勢力達到高峰。東漢女主的權力來自於幼帝即位後，女主臨朝輔政所致。其中，章德竇后是第一位母后臨朝的女主。然而，相較於東漢初年光武帝及明帝對外戚的壓抑與防備，和帝以降卻不斷出現女主與外戚干政的狀況，東漢皇室顯然沒有吸取西漢王莽改朝換代的教訓。

　　女主與外戚力量，爲何能在光武帝、明帝、章帝三帝後再度興起，影響朝政，並取得冊立新帝的權力呢？原因有三，一爲幼帝即位，母后臨朝。東漢皇后雖多無子嗣，但是在「孝道」與「宗法」的前提下，母子間的關係與情份，使母后可以代替年幼的兒子掌管國政。加上東漢皇后多出於大族，后族往往成爲政治上支持幼帝與小宗入繼皇帝的最佳力量。然而，掌握權力後，部份女主往往不願將權力釋放出來，或是還給已經成年的皇帝，反而造成母子間的衝突，和熹鄧后即是一例。爲了與強大的外戚對抗，並拿回自己的權力，小皇帝如和帝者，只好與宦官們合作奪權，卻造成國政被宦官把持的惡果。

　　其次，女主本人的資質及興趣皆不同。部份女主主政時，往往會引用外戚與宦官來輔政。諷刺的是，當外戚與宦官互相爭權時，女主卻變成宦官的守護者與幫手，直接或是間接幫助宦官打擊外戚，導致外戚集團的覆滅，如桓思竇后與靈思何后。因此，外戚與女主間的血緣關係雖然重要，卻不是密不可分。外戚政治勢力的發展，仍是維繫在女主身上，但女主卻不全然仰仗外戚家族的勢力，甚至還打壓外戚家族的發展。外戚既得不到女主的全心支

〔註40〕郭氏、陰氏、馬氏、鄧氏、竇氏等家族的聯姻狀況，請參考書末所附之譜系聯姻圖。

持，又得不到皇帝的信任，這也是外戚與宦官的爭權戰爭中，外戚往往會落敗的原因。

其三，女主能夠干政，與東漢政治制度的設計有關。光武帝建國後，為了加強皇權、避免權臣僭越，於是剝奪了外朝與三公的權力，把政治權力收歸至皇帝控制下的尚書台閣和內朝。當皇帝本人因年幼或是因病無法掌握政權時，國家的權力往往控制在女主及內朝，外朝群臣與三公根本無法與其抗衡。光武帝建立的政治制度，雖有壓抑外戚、后族的目的，對於皇后和女主的部份，卻沒有任何清楚的規範和劃分。因此，明帝可以和明德馬后公開談論政事，甚至接受明德馬后的建議，為明德馬后留下參政的機會。日後，明德馬后即是以自身參政的經驗，幫明帝的朝政留下記錄，身為太后後還常常與章帝談論政事。女主干政，其實始於明帝朝與明德馬后，而不是章德竇后與年幼和帝。政治制度的缺失與皇帝本人的授與，才是女主干政的重要關鍵。

最末，在前文的討論中，筆者曾提到光武帝和明帝對外戚的限制主要集中在「公」領域方面，也就是不讓外戚在朝廷擁有過多的權力與官位。無論是身為皇帝的光武帝、明帝，或是與外戚出自同血緣的光烈陰后、明德馬后，都嚴守「公」、「私」分立的原則，壓制外戚家族的政治發展，成功塑造出「後宮之家，不得封侯與政」〔註41〕的形象。然而，光武帝、明帝對外戚的限制，並未影響皇帝與外戚之間的私人情誼。在朝廷之外、皇宮之內，皇帝的私人領域中，外戚依舊自由出入，毫無阻礙。外戚家族雖然不能參與國政，卻被劃入皇帝的私人領域中，成為皇室的一部份。關於東漢政權對「公」、「私」領域的區別，日本學者加藤繁的研究或許可以提供一些參考的方向。加藤氏在論及漢代的財政時，提出西漢政府將財政分成「國家財政」與「帝室財政」二者。「國家財政」是政府統治天下所需的開支，屬於「公」的領域；「帝室財政」則是皇帝個人及宮廷生活所需的開支，屬於「私」的領域。〔註42〕根據加藤氏的研究，西漢末年帝室財政過於膨脹，和國家財政失去平衡，形成國家財政不足時，帝室財政卻依舊富庶的奇怪現象，導致改革的呼聲不斷。當光武帝稱帝後，果斷施行財政制度的改革，推翻了西漢「國家財政」與「帝

〔註41〕《後漢書》，卷2，〈顯宗孝明帝紀〉，頁124。

〔註42〕加藤繁，〈漢代的國家財政和帝室財政的區別及帝室財政一斑〉，《日本學者研究中國史論著選譯·第三卷：上古秦漢》，頁294。

室財政」分別運轉的制度，將兩者合併，由大司農負責管轄。也就是說，在東漢初年的財政規劃上，只有國家財政，沒有帝室財政，皇帝與後宮的私人開支都被併到國家的開支下。光武帝的改革，一方面可以增加國家的收入，另一面也可以避免皇室私人財政過度膨脹的問題。

　　關於西漢末年皇室生活奢華、國家財政幾乎破產的景象，親身經歷過的東漢人自然是不願意重蹈覆轍。然而，西漢時代「國家」與「帝室」財政分立的設計，卻體現出西漢人對「公」、「私」領域的嚴格劃分。正如陳師所言：

　　　漢世「朝廷」、「宗室」、「宮掖」「宮俸」、「爵祿」之劃分，亦處處寓
　　　有「公、私」、「官、家」之界限。〔註43〕

同樣地，「公」、「私」之別也出現在漢代的政治制度上，即「外朝」與「內朝」。「外朝」，又稱爲「外廷」，是以宰相爲首的官僚機構；「內朝」則與「中朝臣」有關，是指那些供職於宮內（如中臣、內臣、近臣），專門幫皇帝處理大小政治事務者所組成。〔註44〕內、外朝設置的目的，皆是爲了處理日常的政務與國家

〔註43〕關於「公」與「私」的觀念與討論，陳　師啓雲在其著作，〈中國中古「士族政治」淵源考〉，一文中，提出「公私之對立，於周末漢初已深入人心。」全文收錄在《漢晉六朝文化・社會・制度——中華中古前期史研究》，頁 141～142。另外，陳　師在其近作中，亦不斷強調「我的研究指出儒生（乃至士族）可貴的特色是能夠公而忘私，爲了理想而犧牲現實的利益，而西漢儒生的理想和努力的目的是改正秦政君主專制、法吏當道、乃至一姓王朝所衍生的種種弊端。」見陳　師，〈漢儒與王莽：評述西方漢學界的幾項研究〉，《史學集刊》，2007 第 1 期，頁 75。劉紀曜則提出忠有「公忠」與「私忠」之別：「公忠」指維護社稷國家之利，「私忠」則維護君王個人的利益。見劉氏，〈公與私——忠的倫理內涵〉，《中國文化新論：思想篇二・天道與人道》（台北：聯經出版社，1982），頁 199。

〔註44〕關於「內（中）朝」，徐復觀認爲漢武帝雖然是第一個以內臣干預外廷政治的皇帝，但是「漢代所謂中朝的出現，乃出於霍光爲了把持權勢所特別製造出來的；霍光以後，只是因皇帝或有勢力的中臣，一時運用的便利；或者小人藉辭挑撥，臨時擺出來以抑壓宰相的權位；並沒有一種固定的組織與經常的政治活動。」換言之，內朝並不是一個固定的政治機構與制度，「中朝臣」則泛指在宮廷內處理政治事務者。見徐氏，〈漢代一人專制政治下的官制演變〉，頁 242。

大事，但是一為宮廷之外，一為宮廷之內，內外之別相當明顯。其次，相較於外朝，內朝主要是建立在與皇帝個人的關係上，「私」的性質更為強烈。當帝室財政（私）的富庶程度遠遠超過國家財政（公）時，正好是外戚出身、屬於內臣的大將軍（私）掌握政治大權、凌駕在宰相（公）之上的時候。〔註45〕從帝室財政膨脹、外戚王莽掌政來看，正好說明了西漢末年「私」領域已經凌駕在「公」領域之上，成為主導政治走向的主流。

　　諷刺的是，當王莽建立新朝後，政治主流卻由「私」再度轉化成「公」，〔註46〕王氏與新朝外戚並未因此得到更多的政治權力，反而受到王莽的壓制。至於光武帝的財政改革，表面上是為了解決國家財政不足的問題，避免帝室財政膨脹的情況再現，企圖以「去私存公」的方式，來消弭「公／私」之別所導致的謬誤。事實上，在「天下為公」的名義下，「私」並未消失不見，而是披上「公」的外衣，取得更多的發展機會。財政的改革如是，對外戚的壓制亦如是。在壓制外戚的企圖下，光武帝、明帝雖然不讓外戚在朝廷擁有太多的權力，卻放縱自己和外戚家族保持非常親密的私人關係，毫無戒心。馬防長年待在明帝身旁，親自侍奉湯藥；陰識、陰興兄弟則接連手握重兵，擔負起京師的安全。光武帝、明帝對陰氏、馬氏的信任，已經遠遠超過三公及百官群僚了。相較於光武帝對開國功臣、三公們的擔憂與防備，被劃入「私」領域的外戚，在皇帝的全心信任下，早已經取得有利的地位。換言之，即使王莽的教訓猶在，外戚政治能在東漢的歷史上再度出現，並不是毫無原因的。總之，無論是明、章時代的后妃政治，或是東漢和帝以降的外戚干政，其根源都是出自光武帝、明帝處置外戚時的「私心」。皇帝的私心，泯滅了「公／私」之間的界限，遂使一人之私，導致整個東漢王朝的覆滅。

第四節　皇帝、外戚及東漢帝國

　　在西漢的教訓下，東漢初年的光武帝、明帝、章帝為何如此信任外戚，

〔註45〕《漢書》，卷77，〈劉輔傳〉，頁3253，顏師古注引孟康曰：「中朝，內朝也。大司馬左右前後將軍、侍中、常侍、散騎、諸吏為中朝。丞相以下至六百石為外朝也。」

〔註46〕王莽連續殺害自己的兒子，一方面出於私慾，一方面也是「不以私害公」的體現。

對外戚存有私心呢？問題，並不在外戚與皇后身上，而是出於皇權與皇帝本身。當皇帝既不能信任三公及官僚體系，〔註47〕又擔憂功臣集團及諸王對皇權的威脅時，身旁的外戚和宦官就成爲皇帝唯二能依靠的對象，這也是爲什麼東漢中葉後，整個政權被外戚和宦官宰制的根本因素。

　　然而，後世研究者，多注意到光武帝「退功臣而進文吏」、削弱三公、集權中央、廢除郡國都尉官等政策，事實上，光武帝除了防備開國功臣、三公們及官僚體系外，也非常注意地方的狀況，特別是地方的武力與大族的勢力發展。〔註48〕光武帝先廢除郡國都尉官，後又逐步罷除輕車、騎士、材官、樓船四種常備軍及軍假吏，最後則取消每年一度的都試制度，並留少數的軍隊給地方郡守，以維持地方治安。光武帝取消了地方軍隊，又擴大中央南北軍的規模，如此一來，所有的軍權都掌握在中央，特別是皇帝的手中，再也沒有地方軍隊可以和中央抗衡了。上述的政策，在在反映出皇帝對地方政府的懷疑及擔心。在第五章論及章帝的改革時，筆者曾提到東漢中央政府對地方的控制是相當有限的，整個東漢政權實際上分裂成兩個世界：一個是以皇帝爲首的中央政府，另一個則是被「閥閱」、「浮華」及耆舊大姓所把持的地方政府。爲了加強地方控制，明帝和章帝採取了光武帝時代的做法，即不斷巡行天下。

　　王夫之在論及章帝時，曾提出：

　　　明帝車駕屢出，歷兗、幷、冀、豫、徐、荊之域，章帝踵之，天下
　　　不聞以病告，然天下亦惡能不病哉！〔註49〕

根據《後漢書》本紀的記載，明帝在位期間（57～75），先後出巡七次，平均兩年出巡一次；章帝（75～88）則有八次，出巡次數最多。至於在位超過

〔註47〕關於東漢初年諸帝不信任官僚體制一事，陳　師認爲「猜忌儒生的結果是對公
　　　卿大臣的奪權。」至於東漢初年諸帝爲何要猜忌儒生，關鍵就在於「大部分
　　　儒生基於改革現實的"公義"，是認同王莽新政的理想的。」爲了對付上述
　　　具有離心傾向的儒生，東漢初年諸帝只好採取嚴切的措施，產生了不少的惡
　　　果，明帝時代的諸王獄案便是其一。文見陳師　啓雲，〈漢儒理念與價值觀研
　　　究的方法論問題之考論篇〉，頁27～30。

〔註48〕相關的研究成果，請參見林劍鳴，《秦漢史》（上海：上海人民出版社，1989），
　　　第14章，〈東漢王朝的出現〉，頁188～216。

〔註49〕《讀通鑑論》，卷7，〈章帝〉，頁199。

三十年的光武帝，出巡次數高達十六次，平均每兩年出巡一次。〔註50〕永平五年（62）十月，明帝至鄴，召見趙王劉栩；永平六年（63），明帝東巡至魯，祭拜早逝的廢太子東海王劉彊後，又召見沛王劉輔、楚王劉英及其他諸王。回程經過陽城（屬潁川郡）時，還派遣使者祭祀中岳。永平十年（67）十月，明帝至南陽章陵祭祖後，在回程的路上，再度召見淮陽王劉延及沛王劉輔。〔註51〕永平十三年（70），當汴渠完成後，明帝巡視汴渠後，往北渡過黃河，越過太行山，至上黨郡，這是東漢建國以來的第一次北巡。永平十五年（72）二月，明帝最後一次東巡，除了祭拜東海恭王陵及召見諸侯外，明帝還特地至孔子故宅祭拜孔子及孔子弟子，並「親御講堂，命皇太子及諸王說經。」〔註52〕章帝建初七年（82）開始出巡，此後年年出巡，足跡遍佈東、南、西、北四方。章帝出巡的情況和明帝相似，主要是祭祖及召見散居各地的諸侯王。唯一的不同，是元和二年（85），章帝東巡至太山，柴告岱宗，並在漢武帝修建的汶上明堂宗祀五帝及二祖（高祖、光武帝）及四宗（太宗文帝、世宗武帝、中宗宣帝、顯宗明帝）。〔註53〕

　　光武、明帝、章帝三帝為何頻頻出巡呢？對君王而言，巡狩不僅僅是宗教祭祀行動，而是有更重要的政治意圖在其中。上文提到，明章二帝的巡行，是效仿光武帝的做法。王夫之認為光武帝頻頻出巡，主因是：

> 光武承亂而興，天下盜賊並起，己亦由之以成大業，故重有疑焉，冀以躬親閱歷，補罅整紛，而消奸桀之心，以是為建威消萌之大計焉耳。〔註54〕

換言之，光武帝巡行地方的主要原因，還是對地方的懷疑和猜忌。這種猜忌和懷疑，也被明、章二帝所繼承。舉例而言，建初七年（82），章帝出巡至河內郡時，曾下詔：

> 車駕行秋稼，觀收穫，因涉郡界。皆精騎輕行，無它輜重。不得輒

〔註50〕關於光武、明、章三帝出巡的時間與地點，請參考表（三）：光武、明、章三帝出巡表。

〔註51〕明帝與淮陽王劉延會於平輿縣（屬汝南郡），與沛王劉輔會於睢陽（梁國境內）。

〔註52〕《後漢書》，卷2，〈顯宗孝明帝紀〉，頁118。

〔註53〕《後漢書・志》，卷8，〈祭祀〉，頁3183～3184。

〔註54〕《讀通鑑論》，卷7，〈章帝〉，頁200。

修道橋，遠離城郭，遣吏逢迎，刺探起居，出入前後，以爲煩擾。

動務省約，但患不能脫粟瓢飲耳。所過欲令貧弱有利，無違詔書。

〔註55〕

觀此詔文，章帝此次的目的是「觀收穫」。爲了不打擾地方，還不准地方官員來回接待。但是，章帝才剛剛回宮，又馬上西巡狩，至長安祭拜高廟和西漢十一陵，地方官吏和百姓們根本沒有喘息的機會，也不符合古典和《白虎通》上所言五年一巡狩的原則。〔註56〕很顯然地，章帝出巡的動機，根本不是爲了勸農。也就是說，禮制上的巡狩，實際上包裝了中央政府力圖控制地方的強烈企圖。

東漢初年，中央政府對地方的控制主要有兩個方向：一爲對封國諸侯王的監視與規範，二爲對地方郡守與地方勢力的管理與監察。《白虎通・巡狩》提到天子在巡行天下時，除了肩負「牧民」的政治責任外，還要「見諸侯，問百年」，〔註57〕考察諸侯王在封國的一舉一動。一旦諸侯王的行爲超越禮制的規範，就會遭受到被奪爵、被流放或是被討伐的下場。光武帝分封諸皇子爲王後，還是將諸王們留在京師。建武二十七年（51）開始，成年的諸王們及宗室諸王才陸陸續續回到封國。中元元年（56）春正月，東海王劉彊、沛王劉輔、楚王劉英、濟南王劉康、淮陽王劉延及趙王劉盱來朝後，都被留在京師，直到光武帝崩才又回到封國。光武帝不只將諸王放在身邊就近看管，東巡時，也不忘召魯王劉興、齊王劉石朝於東嶽。在光武帝的管理下，諸王們的活動受到非常嚴格的限制，也無法干預封國的政事。三國時代的吳太傅諸葛恪在勸戒孫權的兒子孫奮時，即言：

昔漢初興，多王子弟，至於太彊，輒爲不軌，上則幾危社稷，下則骨肉相殘，其後懲戒以爲大諱。自光武以來，諸王有制，惟得自娛

〔註55〕 《後漢書》，卷3，〈肅宗孝章帝紀〉，頁143。

〔註56〕 《白虎通疏證》，卷6，〈巡狩〉，論巡守述職行國行邑義，頁291～292，「所以不歲巡狩何？爲太煩也。過五年，爲太疏也。因天道時有所生，歲有所成。三歲一閏，天道小備，五歲再閏，天道大備。故五年一巡狩，三年二伯出述職黜陟。」章帝出巡在白虎觀會議之後。換言之，這也說明了白虎觀會議之所以會失敗，除了眾人議論紛紛、難以取得共識之外，連皇帝本身都「廢而不用」，《白虎通》一書形同虛設。

〔註57〕 《白虎通疏證》，卷6，〈巡狩〉，總論巡狩之禮，頁289。

> 於宮內，不得臨民，干與政事，其與交通，皆有重禁，遂以全安，
> 各保福祚。〔註58〕

諸葛恪在書文中，刻意忽略了明帝時代的諸王獄案，卻也突顯出諸王問題在光武帝時代並不是最大的威脅。諸王問題真正影響到中央威權，是在明帝時代。明帝在光武帝喪禮上遇到的混亂情況，加上劉荊私下煽動廢太子劉彊的事件，在在讓明帝對諸王產生戒心。因此，明帝出巡時，都會藉此召見散居各地的諸侯王。明帝藉著巡行天下之名，達到監視諸侯王之實。換言之，明帝雖多次巡行天下，還親至長安、章陵祭祀西漢諸帝及光武帝的先祖，大部份的巡狩還是為了監視地方上的諸侯王，特別是兄弟們的活動，「巡狩」與「諸王獄案」是互為表裡的兩件事。召見諸王，遂成為明帝巡行時的一大特徵。

然而，除了監視諸侯王的活動外，對地方官吏與地方勢力的管理與監察，也是東漢初年三帝不斷出巡的原因。光武帝建國與地方大族的關係，一直是後人津津樂道的歷史課題。〔註59〕地方大族、強宗大姓，並不是東漢新興的社會現象，在西漢時代，就已是中央政權關注的焦點。〔註60〕漢武帝時代，政府明文限制強宗大族不得族居，還把一些地方豪族、富家遷到茂陵附近，遠離舊有的地方根基。〔註61〕然而，政府的遷徙政策及監視，並沒有徹底解決大族盤據的問題。相反地，地方豪族大姓的勢力依舊在地方上根深蒂固。兩漢之際，天下大亂，許多大族紛紛起兵自保，光武帝本身就是出自南陽地區的豪族子弟。〔註62〕對於大族聚眾自保的情況，身處其中的光武帝自然是

〔註58〕新校標點本《三國志・吳書》，卷59，〈孫奮傳〉，頁1373。

〔註59〕如余英時在〈東漢政權之建立與士族大姓之關係〉一文中，分別羅列各地區的強宗大姓。姑且不論地方大族是否如余氏所言反莽，兩漢之際各地確實存在數量眾多的地方豪傑，光武帝的中興二十八將，幾乎都是出自豪族。

〔註60〕《漢書》，卷92，〈游俠傳〉，頁3699，班固在卷頭提到：「然郡國豪桀處處各有，京師親戚冠蓋相望，亦古今常道，莫足言者。」由此可見，即使是班固生存的東漢時代，郡國豪傑仍是相當普遍的現象。關於豪族的研究狀況，可以參考崔向東，《漢代豪族研究》（武漢：崇文書局，2003）及馬彪，《秦漢豪族社會研究》（北京：中國書店，2002）二書。

〔註61〕《漢書》，卷64，〈主父偃傳〉，頁2802。

〔註62〕光武帝與兄長劉縯起兵時，雖以漢家宗室為號召，事實上，劉氏與樊氏、陰氏都是當地豪族。這些豪族利用婚姻關係，構建起綿密的人際網絡，成為光

非常清楚。因此，當東漢建國之後，如何限制地方集團勢力的發展，便成為光武帝首要解決的問題。對於地方勢力特別龐大的豪族，如竇氏、馬氏等流，光武帝採取互相制衡的方式來壓制大族的發展。如光武帝任用竇融為大司空，一方面讓竇融遠離勢力根據地河西地區，另一方面又利用竇融來牽制南陽與河北地方勢力。〔註 63〕至於地方上的豪強大姓，一方面任用嚴吏、酷吏者，如董宣、樊曄等輩來加以整治；〔註 64〕另一方面，為了避免地方官吏和地方勢力勾結，光武帝還派遣使者巡行天下，利用使者監督官吏的一舉一動。〔註 65〕可惜的是，光武帝的種種措施，還是無法稍稍削減地方大族的勢力，就像衰微的竇氏和馬氏家族勢力延而不絕般，地方上仍然存在大大小小的大小豪族，也影響了明帝與章帝的政局。

明帝時代的諸王獄案中，被牽連者，除了諸王貴戚之外，還包含了地方上的官吏。在《後漢書・楚王劉英傳》中提到：

> 楚獄遂至累年，其辭語相連，自京師親戚諸侯州郡豪桀及考案吏，
> 阿附相陷，坐死徙者以千數。〔註 66〕

也就是說，被牽連者中還有為數甚多的州郡豪傑。徐復觀先生在論及袁安釋放諸王獄案中的無辜者一事時，提到：

> 明帝及當時之人臣，並不是不知道這是冤獄。明帝寧願把社會稍有
> 活力的人，如前所謂『州郡豪傑』，藉機鋤殺盡淨，而人臣莫敢爭。
> 〔註 67〕

換言之，徐氏認為明帝大興諸王獄案的動機，不全然都是為了整治違法的諸王們，而是想藉著獄案的審理，一舉清除對中央政權有威脅性的州郡豪傑。正如增淵龍夫氏所言，郡縣的幕僚及掾屬等基層官員，大多掌握在地方豪族

武帝建國的後盾。關於劉氏的背景，請見宇都宮清吉，〈劉秀與南陽〉，《日本學者研究中國史論著選譯》，頁 630～632，及 Hans Bielenstein, "The Restoration of The Han Dynasty", Vol.3, The People, pp.18~19。

〔註 63〕 相關的討論，見曹金華，《漢光武帝劉秀評傳》，第 12 章，〈加強封建專制集權〉，頁 271。

〔註 64〕 《後漢書》，卷 77，〈酷吏列傳〉，頁 2489～2493。

〔註 65〕 《後漢書》，卷 33，〈朱浮傳〉，頁 1143。

〔註 66〕 《後漢書》，卷 42，〈楚王劉英傳〉，頁 1430。

〔註 67〕 見徐氏，〈漢代專制政治下的封建問題〉，頁 197。

子弟手中。地方豪族與地方官吏之間的連結，成為中央政府無法干預的領域；此外，這些州郡豪族往往會和中央的官吏和諸王相呼應，形成由中央到地方的「直線式權力結構」，更讓中央政府坐立難安。〔註68〕在光武帝時代貴盛無比的竇氏、梁氏和郭氏等外戚家族，紛紛在明帝時代遭到政治清算，家族勢力大受打擊。得禍的關鍵，除了這些家族與諸王之間的私人關係外，更重要的是這些家族至中央任官後，依舊藉著自身的地方勢力，四處招納賓客、交結地方英俊，變成連貫中央與地方、實力雄厚的大豪族。明帝正是希望透過獄案，一舉剷除在中央政權與地方政權間遊走的豪傑大姓，具有指標性的竇氏與梁氏自然是無法免禍。很諷刺地，在明帝時代的嚴格管控與壓制下，來自關中地區的外戚馬氏，卻取代河西的竇氏、梁氏而起，成為章帝初期聲動天下的大族，馬氏也成為關中大族的代言人與保護者。〔註69〕馬氏與賓客、地方豪傑間的關係，正好說明了州郡豪族的發展已經變成常態，即便是身處中央、處事低調且謹慎畏禍的馬廖兄弟們，都不認為與舊籍人士之間的往來有需要特別注意的地方。當社會風氣已經形成後，即使漢章帝數次嚴詞抨擊「違上意」的地方官吏，甚至下令鄉舉里選不得被「閥閱」所把持，終究無法改變州郡豪族遊走於地方與中央的事實。〔註70〕無能為力的章帝，一方面師法光武帝和明帝的故智，頻頻出巡，藉以加強對地方政府的管理與監督；另一方面則是從禮制上著手，企圖從思想上重建中央政權的威嚴與地位。章帝的早逝，加上和帝以降的外戚與宦官干政的局面，使漢初三帝的努力通通付之一炬，州郡豪傑依舊牢牢盤據在中央與地方政府中，延續至東漢滅亡之

〔註68〕 這也是光武、明帝禁止諸王交結賓客的關鍵。當諸王在外交結賓客時，便很容易和地方勢力有了聯繫，成為中央政府的隱憂。

〔註69〕 《後漢書》，卷41，〈第五倫傳〉，頁1398，第五倫上書章帝時，提到：「竊聞衛尉（馬）廖以布三千匹，城門校尉（馬）防以錢三百萬，私贍三輔衣冠，知與不知，莫不畢給。又聞臘日亦遺其在洛中者錢各五千，越騎校尉（馬）光，臘用羊三百頭，米四百斛，肉五千斤。臣愚以為不應經義，惶恐不敢不以聞。」這份書文中，點出了馬廖兄弟私下接濟在洛陽的關中人士，緊密的人脈網絡，也促使馬氏成為關中地區在洛陽的代表。

〔註70〕 州郡豪族透過選舉至中央與地方政府任官，利用「門生故吏」的關係建構出緊密的人際網絡，成為中央政權的隱憂。相關的討論請見楊聯陞，〈東漢的豪族〉，《清華學報》，11：4，1936。

後。

　　州郡豪族的存在，反應出漢代政權的結構問題。正如上文所言，地方大族、強宗大姓並不是東漢特有的現象，而是長期存在於兩漢的政治與社會階層中。當中央皇權權力強大時，地方大族成爲中央政府急欲打壓、消滅的對象；相反地，當中央皇權處於衰微的處境時，強宗大姓卻成爲中央政府急欲拉攏的對象。東漢光武帝建國後，先後援引郭氏、竇氏與梁氏等家族的勢力，便是最好的說明。無論是打壓或是拉攏，都說明了州郡豪族的勢力並沒有受到中央政府的影響，依舊存在於地方鄉里間，將漢代社會劃分成「中央/地方」，形成既對立又共生的二元世界。爲了加強對地方的管理，中央派遣的二千石地方官員遂成爲節制地方的關鍵。然而，二千石官員卻成爲中央皇權的極限，也阻礙了中央對地方的控制。和帝初，太尉張酺上奏曰：

> 臣聞王者法天，熒惑奏事太微，故州牧刺史入奏事，所以通下問，知外事也。數十年以來，重其道歸煩擾，故時止勿奏事，今因以爲故事。臣以爲刺史視事滿歲，可令奏事如舊典，問州中風俗，恐好惡過其所道，事所聞見，考課眾職，下章所告及所自舉有意者，賞異之。其尤無狀，逆詔書，行罪法，冀敕戒其餘，令各敬慎所職，于以衰減貪邪便佞。〔註71〕

張酺的奏文中，反應出地方與中央間的「距離」越來越遠，即使是中央任命的州牧刺史，都不需要按時至中央奏事。表面上，「道歸煩擾」是原因，事實上，兩千石官員與地方強宗大姓間的結合，才是州牧刺史長留地方的關鍵。〔註72〕換言之，即使是中央官派的兩千石官員，中央皇權的控制力還是

〔註71〕吳樹平，《東觀漢紀校注》，頁693。

〔註72〕周長山曾言：「在東漢時期的地方行政體系中，以"今之長吏況古之國君"之風甚盛。時頗見太守自比"明王"，喻右曹爲"卿士"之例。屬吏于太守不僅執君臣之禮，如果其個人蒙受太守的特殊恩眷，在太守死後還要服三年之喪，否則就會受到世間輿論的責任與彈劾。」見周氏，《漢代地方行政史論》，第4章，〈君臣之義〉，頁141～142。誠如前文所言，郡吏多由強宗大姓的子弟來擔任，而太守與郡吏之間又有「君臣名分」，遂使兩千石官員與強宗大姓之間相結合，成爲中央政府不能忽視的力量。東漢初年州牧刺史不需至中央奏事，一方面，中央政府擔心州牧來往中央與轄區之間，會擾亂舊有的地方秩序；另一方面，地方的強宗大姓也希望與兩千石間建立長期而穩定的關係。

相當有限。地方的強宗大姓，成為中央政府的擁護者，也阻礙了中央政府對地方的控制。光武帝劉秀建立的東漢帝國，表面上是一個統一的大帝國，事實上卻是各個強宗大姓及勢力團體間妥協下的結果。兩漢之際，正因為各地充斥著大大小小的強宗大姓及遊民集團，誰也不服誰，漢室後裔的劉秀才有機會登上寶座。換言之，從東漢建國開始，東漢政權就是各方勢力妥協下的結果。為了維持各方勢力的平衡，后族的選擇，便成為皇室、大族（含建國的功臣家族）妥協下的產物，這也是后族多出自大族的根本原因。簡而言之，東漢政治，便是「妥協政治」。

中央皇權雖然無法控制地方官吏與人民，連中央官派的二千石都無法完全掌控，國家分裂成中央與地方兩個世界，東漢政權卻沒有陷入分崩離析的局面，反而綿延將近兩百年（光武帝建武元年，27～獻帝建安二十四年，219）之久。或許，當中央皇權陷於宦官與外戚的政治爭權中，正是這種妥協的政治結構延長了東漢政權的壽命。

小　結

外戚王莽建立新朝一事，成為東漢初年著名的歷史教訓，也連帶影響了東漢初年諸帝對外戚的態度。雖然光武帝明白規定「後宮之家，不得封侯與政」，但是外戚干政仍然成為東漢政治的一大特色，外戚的勢力也和東漢政權相終始。在東漢的后妃政治中，明、章時代的后妃扮演了非常重要的角色，深深影響了後代后妃、外戚與東漢政治的關係。

明德馬后在馬氏勢力最衰微時入宮，肩負起振興家族的大任。聰明的馬后雖然沒有子嗣，藉著侍奉光烈陰后以及和其他嬪妃相處的機會，展現出德行、寬容與謙恭的一面。馬后的努力與自制，贏得明帝的敬重與喜愛，最終被冊封為后。馬后重振了馬氏的聲望與勢力，也為自己贏得「賢后」的美名。馬后與章帝之間的母子情深，則拉近馬氏外戚和章帝的距離，使馬氏成為章帝初期聲勢最盛的外戚。馬后成功扮演了女兒、妻子、媳婦、母親，甚至是皇后的角色，也成為後世嬪妃效法的對象。

在竇氏勢力衰微時入宮的章德竇后，以美色與才華，深深吸引了章帝的目光，入宮不久就被冊立為后。如明德馬后般，竇后也沒有生下任何子嗣。

是以，牧守久任的情況遂成為常態。

為了鞏固自己的后位，竇后一方面撫養梁貴人子和帝，不讓和帝知道自己的身世；另一方面，則是想盡辦法挑撥章帝和太子劉慶的關係，最終廢劉慶、立和帝為太子。章帝早逝，和帝年幼，使竇后成為東漢時代第一個臨朝聽政的皇太后，扶風平陵竇氏也成為第一個以外戚身分輔政的「後宮之家」，打破了光武以來外戚家族不得參政的故事。在章德竇后的支持下，竇氏的聲勢遠遠超過過去的外戚家族，終於導致和帝的不滿，發動了永元政變，也開啟了宦官干政的序曲。

即使明德馬后與馬氏、章德竇后與竇氏都是明章時代著名的后妃與外戚，在皇帝的信任下，影響了朝政的發展，遂使得以三公為首的官僚體制（「公」），嚴重受到外戚（「私」）的干擾。竇氏聲勢最盛時，外朝甚至成為外戚掌控政權的工具，如鄧彪之流，也只能聽竇氏命令行事。外戚勢盛，既說明了東漢政權「私」領域凌駕在「公」領域的困境，也說明了皇帝的私心，正是導致外戚勢盛的關鍵。

即使有西漢的教訓，東漢初年諸帝還是非常信任外戚家族。皇帝之所以信任外戚，正是源於光武帝對以三公為首的官僚體制、參與建國的功臣集團以及地方政府的不信任與懷疑。為了穩固皇權，光武帝排除功臣家族參政的機會，削弱三公的權力，徹底廢止地方的軍隊與武力。為了增強對地方政府的控制，更是時時派遣使者巡行地方，監察地方官吏的行政。然而，光武帝在中央的改革雖然成功了，卻始終無法控制地方上的大族與州郡豪強。度田制的失敗，正說明了中央政府與地方政府二元化的傾向。明帝繼位後，一方面利用諸王獄案的機會，掃蕩地方上的州郡豪強；另一方面，則不斷出巡四方，直接監督地方的狀況。明帝與章帝的頻頻出巡，顯示出東漢中央政府不斷努力解決中央與地方分立的困境。然而，明帝和章帝的努力還是失敗了，中央政府既不能管理地方政府，連二千石都不受節制，更遑論那些盤據於地方的州郡豪強。最末，皇權所能及的範圍，只剩下中央官僚。如何掌控僅有的官僚體制，遂成為光武、明帝嚴苛治吏的原因。當官僚、功臣、宗室都不能信任時，外戚和宦官遂成為皇帝最主要的支持者，也是唯一能依靠的對象。外戚與女主，從此以後，主宰了整個東漢的政局。

第七章 結 論

　　東漢「明章之治」和西漢的「文景之治」被視爲漢代的兩大治世，也是後人耳熟能詳的歷史課題。站在「文景之治」的基礎上，漢武帝開創了前所未見的局面，西漢的內政與外交皆達於頂峰；但是，「明章之治」後的東漢政局，卻走向皇權旁落、外戚與女主相繼主政的局面，王夫之更是直言「東漢之衰自章帝始」。〔註 1〕同樣是治世，兩者的歷史發展卻大不相同。東漢和帝以降的政局，遮掩了明章時代的美名，也影響了後人的認知與興趣。

　　相較於後人對兩漢之際、東漢末年的重視與研究，東漢初年的研究卻顯得冷清而寂寥。在「明章之治」的美名下，掩蓋了後人對東漢初年史事的忽視與陌生，讓明章時代成爲一個既美好卻又十分模糊的時代。對此，我們確實有必要重新檢視明、章二帝時代的政局及歷史演變。透過明、章時代的研究，重新梳理漢代的風貌與精神，或可一窺東漢由盛而衰的關鍵。

　　經過兩漢之際的亂世與戰爭，光武帝劉秀成功建立起統一的東漢帝國。在光武帝的刻苦經營下，東漢明帝所承接的，卻是一個規矩與制度仍有許多缺憾的帝國。在光武帝的喪禮上，明帝親眼見到禮儀制度不全的結果。因此，明帝一方面繼承光武帝的政策與施政方式，將皇權牢牢抓在自己的手上，不讓外戚與朝臣有竊取的機會；另一方面，則和東平王劉蒼重建早已毀壞的禮儀制度，以確立上下尊卑之別，避免諸王的聲勢凌駕在皇帝之上。然而，明帝時代的諸王獄案，說明了明帝「確立上下尊卑之分」的企圖，終究是失敗的。諸王的問題，取代了先前讓光武帝擔憂不已的外戚和功臣，成爲東漢明

〔註 1〕 《讀通鑑論》，卷 7，〈章帝〉，頁 198。

帝政權最大的威脅。在皇權（公）與親情（私）間，明帝毫無選擇的餘地。為了維護皇權的至高無上，明帝懲處了自己的兄弟們，也開啓了永平年間綿延不絕的殘酷獄案。獄案牽連了眾多的宗室、朝臣及地方官吏，加上明帝「察察」的態度，在在影響了皇帝與眾人之間的關係。也就是說，陳寵、第五倫與鮑昱等人的諫言，並不是無的放矢，更不是王夫之所言的「挾怨懟君父之心」，〔註 2〕而是長期身處在緊張的朝廷氣氛下，對君臣關係的反省與反擊。連身處深宮內院的明德馬后，都能感受到來自朝廷的緊張氣氛與獄案四起的壓力，那麼，新繼位的章帝自然是非常清楚。表面上，章帝迫於朝臣的意見，一改父道，採取寬柔的施政風格；事實上，章帝時代政治風格的轉變，卻是在明德馬后的影響下，由章帝個人主導的政治改革。藉著施政態度的改革，章帝為自己塑造出勇於接受臣子建言的明主形象。

　　值得一提的是，章帝即位後，雖然採取不同的施政風格，當時的政治策略及走向，還是可以看到明帝時代留下的影響及痕跡。就如同明帝對光武建制的「遵奉不二」般，章帝同樣嚴格遵守父祖們所留下的政治規劃與制度。在外戚問題上，章帝延續明帝的「以外戚制外戚」的策略，以家道衰微的竇氏制衡聲勢高漲的馬氏及其他外戚家族。在內政方面，治道尚寬的章帝雖然接受臣下的意見，一改父道，三公的權力卻沒有因此獲得提升，皇帝依舊掌握了最大的政治權力。在外交方面，章帝雖然廢除了戊己校尉官和伊吾盧屯兵，中斷了西域地區的經營，卻把國家安全的重心放在離帝國更近的西羌問題上。也就是說，章帝放棄西域的經營，並不是忽視邊疆，而是有比西域更重要的邊境問題需要解決。章帝對西羌問題的積極及重視，並不下於明帝對西域的重視及經營。換言之，永平之政雖是光武時代的延續，「明章之治」則說明了明帝與章帝時代間的延續與繼承，這也是後人在談論明帝、章帝之別時，最容易忽視的課題。

　　章帝對明帝政策的繼承與延續，遠遠超過後人的理解。綜觀東漢初年的光武帝、明帝、章帝三帝的眾多歷史記載，可以爬梳出三帝一脈相傳的策略與態度。章帝在召開白虎觀會議的詔文中，提到光武帝、明帝時代也曾經召開類似的經學會議。章帝此詔，一方面說明了光武帝、明帝、章帝祖孫三代政治與學術的延續性，另一方面也點出了祖孫三代面臨的相同的問題：身為

〔註 2〕　《讀通鑑論》，卷 7，〈章帝〉，頁 193。

政權中心的皇帝，根本沒有辦法用個人的意志來統合朝臣間的歧異，更無法堵住群臣議論紛紛之口。以白虎觀會議為例，章帝無法彌合今文經、古文經的差異，光武帝和明帝也同樣無法辦到。〔註3〕經歷光武帝、明帝、章帝三朝君臣的努力下，古、今文經仍然歧異紛紛、雜音不斷，各學派之間依舊各持己見，無法取得共識。即使章帝以皇權介入仲裁，最後仍然以失敗告終。章帝連「阻止臣僚好議論」一事，都有心無力，面臨萬世大業的國憲，章帝只好屏除眾人的意見，指定曹褒一人制禮。章帝和曹褒的漢禮，終究在眾人的爭論中，變成一場空言。換言之，在大一統的帝國下，仍有許多未統一，也無法統一的事務。

　　正如前文所言，光武帝、明帝、章帝三帝在處理經學、外戚等事務上，有高度的相似性，一方面可以說明祖孫三代的繼承與延續性，另一方面其實也暗示三帝所面臨的問題，也有高度的相似性及延續性。經學的爭議是廣為人知的例子，也吸引了歷代研究者的眼光。暫且不論今、古文經的優劣與真偽，儒學在東漢學術思想界的勝利是不爭的事實，然而，在經學的光芒下，東漢帝國其實潛藏著更深層的危機：即中央政府無法有效控制地方官吏與人民。為了穩定政局，東漢建國後，光武帝、明帝、章帝三帝削弱了三公及官僚體系的權力，將諸王隔絕於政治之外，成功將中央政府的權力收歸於皇帝，加強了皇帝的權威。但是，相較於皇帝對中央政府與官僚的控制，中央政權與皇權卻無法延伸至地方政府與百姓的身上。為了有效控制地方、解決中央與地方二分的困境，光武帝一方面派遣使者巡行天下，另一方面則是廢止地方的武力，把軍隊收歸中央。明帝則利用諸王獄案的機會，趁機掃蕩地方上

〔註3〕《太平御覽》（北京：中華書局，1960），卷560，〈禮儀部三九・冢墓四〉，頁2532。書中引《皇覽・冢墓記》曰：文信君呂不韋冢在河南洛陽，城北邙山道西大冢也。民傳言「呂母冢」，（呂）不韋先墓，故其墓名「呂母」。（呂）不韋死，獲過於始皇矣。民傳云，（呂）不韋好經書，皆以葬。漢明帝朝，公卿大夫諸儒八十餘人論《五經》誤失。符節令宋元上言：「臣聞秦昭王與（呂）不韋好書，皆以書葬。王至尊，（呂）不韋久貴，冢皆以黃腸題湊，處地高燥，未壞。臣願發昭王、（呂）不韋冢，視未燒詩書。」宋元為何要建議挖掘秦昭王和呂不韋的墳呢？除了傳說呂墳中有未燒的詩書陪葬之外，最重要的是當時公卿諸儒80餘人在論及五經誤失時，必有相當多的爭議難決，無法取得共識。因此，解決爭端的唯一方法，只剩下掘墳。

的豪強大族。諸王獄案中，楚王劉英的懲處最重，原因在於劉英藉著任用官吏的機會，與地方勢力相連結，超過了中央政府的權力限度。然而，即使經歷漫長的獄案打擊，中央政府還是無法有效控制地方，特別是地方上的豪強大族。即使中央不斷公佈詔令，章帝時代的吏選還是以「浮華」和「閥閱」為主，地方上則充斥著大大小小的「俗吏」。連中央政府直接任命的州牧刺史等二千石官員，都不需要定時至中央奏事。州牧刺史一方面長期留在地方上，另一方面又自行徵辟掾屬，加強了州牧刺史與地方大族的結合，變成中央政府無法控管的力量。東漢末，天下大亂時，長居地方的州牧刺史往往變成地方官吏與大族擁戴的對象，形成割據一方的軍事勢力。漢末的軍閥割據，和地方官吏與大族的支持脫不了干係。

當中央政權無力控制地方，又要時時防備官僚體系、諸王宗室的威脅時，有親戚關係卻無血緣威脅的外戚，便成為皇帝最信任的幫手，也成為皇權最主要的支持者。這正是建立在新朝之後、以王莽為教訓的東漢帝國，后妃與外戚勢力長存不歇的原因之一。總而言之，整個東漢帝國的衰弱，並不是從章帝時代開始，早在光武帝建國的初期就已經埋下了伏筆。即使先後經歷光武帝、明帝、章帝三帝的努力，東漢政權還是無法突破中央權力的限度，地方上依舊被大大小小的大族所壟斷。因此，整個東漢政權，便是建立在強宗大姓與勢力集團的基礎上。為了鞏固國家的基礎，中央皇權也只能跟地方妥協，換取強宗大姓與勢力集團的支持，「妥協政治」遂成為東漢政治的一大特色。桓、靈之際，當宦官取代了外戚，伴隨而來的「黨錮之禍」破壞了原本的妥協與平衡後，東漢政權就此步上滅亡之途。

附　表

表一：東漢后妃及出身表

諡　號	名　諱	本　籍	注
光武郭皇后	郭聖通	眞定槀人	郡著姓、母爲西漢眞定恭王女
光烈陰皇后	陰麗華	南陽新野人	富家
明德馬皇后	名不詳	扶風茂陵人	馬援小女
明帝賈貴人	名不詳	南陽冠軍人	章帝生母，馬皇后前母姐女
章德竇皇后	名不詳	扶風平陵人	竇融曾孫女，父竇勳、母東海恭王劉彊女（沘陽公主）
章帝宋貴人	名不詳	扶風平陵人	清河孝王劉慶生母。宋、馬爲姻戚，故馬后迎其入宮。
章帝梁貴人	名不詳	安定烏氏人	和帝生母。祖梁統爲竇融之武威太守，父爲梁竦。
和帝陰皇后	名不詳	南陽新野人	光烈陰皇后兄陰識曾孫女
和熹鄧皇后	鄧綏	南陽新野人	鄧禹孫女
安思閻皇后	閻姬	河南榮陽人	祖閻章，明帝時任尚書，二妹爲明帝貴人。
順烈梁皇后	梁妠	安定烏氏人	梁統後人，父梁商
桓帝梁皇后	梁女瑩	安定烏氏人	順烈梁后、梁冀妹
桓帝鄧皇后	鄧猛女	南陽新野人	和熹鄧后從兄子鄧香之女，後母改嫁梁紀，故改姓梁。梁氏敗，方改回鄧姓。梁紀，爲梁冀妻孫壽之舅
桓思竇皇后	竇妙	扶風平陵人	章德竇后從祖弟之孫女
靈帝宋皇后	名不詳	扶風平陵人	章帝宋貴人之從曾孫，姑爲桓帝弟勃海王劉悝妃。
靈思何皇后	名不詳	南陽宛人	少帝生母，家本屠者。

靈帝王美人	名不詳	趙國人	獻帝生母
獻帝伏皇后	伏壽	琅邪東武人	伏湛後人，父伏完、母桓帝女（陽安公主）
獻穆曹皇后	曹節	沛國譙人	曹操中女

按：本文之表，均出自《後漢書》本傳記載。

表二：光武諸王就國表

母氏	就國時的爵號	就國時間	補　　充	卒　　年
郭聖通	東海王劉彊	光武帝建武 28 年		明帝永平元年（58），薨。
	沛王劉輔	光武帝建武 28 年	原封中山王，建武 20 年改封沛王。	章帝元和元年（84），薨。
	濟南王劉康	光武帝建武 28 年		和帝永元 9 年（97），薨。
	淮陽王劉延	光武帝建武 28 年	明帝永平 16 年，因謀反徙為阜陵王。章帝建初元年，復因謀反被降為阜陵侯，至章和元年封為阜陵王。	和帝永元元年（89），薨。
	中山王劉焉	明帝永平 2 年	原封左（馮）翊王，以郭后少子故，留京城。建武 30 年改封中山王，明帝時就國。	和帝永元 2 年（90），薨。
許氏	楚王劉英	光武帝建武 28 年	永平 13 年謀反，國廢。	明帝永平 14 年（71），自殺。
陰麗華	明帝劉莊			明帝永平 18 年（75），薨
	東平王劉蒼	明帝永平 5 年		章帝建初 8 年（83），薨。
	廣陵王劉荊	明帝永平元年	原封山陽王，飛書東海王事件後，永平元年改封廣陵王，並遣就國。	明帝永平 10 年（67），自殺。
	臨淮公劉衡		未封王即薨。	光武帝建武 17 年（41），薨。
	琅邪王劉京	永平 5 年	陰后少子	章帝建初 6 年（81），薨。

表三：光武帝、明帝、章帝出巡表*

東漢光武帝劉秀

出巡時間	地點	目　　的	還宮時間	頁數
建武 6 年 4 月	長安	始謁高廟，遂有事（西漢）十一陵。	不明	48
建武 10 年 8 月	長安	祠高廟，遂有事十一陵。後進幸汧（屬右扶風）。隗囂將高峻降。	同年 10 月	56
建武 11 年 2 月	南陽	至南陽，還至章陵（原舂陵鄉），祠園陵	同年 2 月	57
建武 17 年 4 月	南巡狩	率皇太子及諸皇子至潁川，進幸葉縣（屬南陽郡）、章陵。	同年 5 月	68
建武 17 年 10 月	南陽	幸章陵。修園廟，祠舊宅，觀田廬，置酒作樂，賞賜。為舂陵宗室起祠堂。	同年 12 月	68
建武 18 年 2 月	西巡狩	幸長安，祠高廟，遂有事十一陵。3 月，歷馮翊界，進幸蒲坂（屬河東郡），祠后土。	同年 4 月	69
建武 18 年 4 月	河內		同年 4 月	69
建武 18 年 10 月	宜城	幸宜城（屬南郡）。還，祠章陵，	同年 12 月	70
建武 19 年 9 月	南巡狩	幸南陽，進幸汝南南頓縣舍，至酒會賜吏人，復南頓田租歲。後，進幸淮陽、梁、沛。	次年 2 月	71
建武 20 年 10 月	東巡狩	幸魯（魯王劉興封國）、東海、楚、沛國（諸皇子封國）	同年 12 月	72
建武 22 年春閏月	長安	幸長安，祠高廟，遂有事十一陵。（24～28 年處理諸王交通賓客事。28 年諸王就國）	同年 2 月	74
建武 30 年 2 月	東巡狩	幸魯，進幸濟南。	同年閏二月	80
建武 30 年 7 月	東巡狩	幸魯。	不明	81
建武 30 年 11 月	東巡狩	至自魯。	不明	81
中元元年正月	東巡狩	2 月幸魯，進幸太山。柴望岱宗，登封太山，禪於梁父。	同年 4 月	82
中元元年 4 月	長安	祀長陵（高祖陵寢）。（泰山封禪後，告於高廟）	同年 5 月	82

---

* 本表之時間、頁數皆以《後漢書》記載為主。

東漢明帝劉莊

出巡時間	地點	目的	還宮時間	頁數
永平 2 年 10 月	西巡狩	幸長安，祠高廟，遂有事十一陵。11 月，過蕭何、霍光墓。進幸河東。	同年 11 月	104
永平 3 年 10 月	南陽	陪皇太后（光烈陰后）幸章陵，觀舊廬。	同年 12 月	107
永平 5 年 10 月	鄴	與趙王栩會鄴。	同年 10 月	108
永平 6 年 10 月	魯國	祠東海恭王劉彊陵，會沛王、楚王等諸王。12 月幸陽城（屬潁川郡），遣使者祠中岳。	同年 12 月	110
永平 10 年閏 4 月	南巡狩	幸南陽，祠章陵。夏至，祠舊宅。禮畢，召校官弟子作雅樂，奏〈鹿鳴〉。還，幸南頓，勞饗三老、官屬。11 月，徵淮陽王劉延會平輿（屬汝南郡）、徵沛王劉輔會睢陽（屬梁國，今河南省）	同年 12 月	113 │ 114
永平 13 年 4 月	幸滎陽	汴渠成，行巡河渠。因遂渡河，登太行，進幸上黨。	同年 5 月（22 日後）	116
永平 15 年 2 月	東巡狩	幸偃師（屬河南郡），徵沛王劉輔會睢陽。進幸彭城，明帝耕於下邳。3 月，徵琅邪王劉京會良成（東海郡）、東平王劉蒼會陽都（屬東海郡），又徵廣陵侯劉元壽（故廣陵王劉荊子）及三弟會魯，祠東海恭王陵。還，幸孔子宅，祠孔子及 72 弟子，親御講堂，命皇太子及諸王說經。又幸東平（國）。進幸大梁，至定陶，祠定陶恭王劉康陵（西漢元帝子）。	同年 4 月	118

東漢章帝劉炟

出巡時間	地點	目　的	還宮時間	頁數
建初 7 年 9 月	河南郡	幸偃師，東涉卷津（屬河南郡），至河內。進幸鄴。	同年 9 月	143
建初 7 年 10 月	西巡狩	幸長安，祠高廟，遂有事十一陵。進幸槐里、長平，東至高陵。每所到幸，輒會郡縣吏人，勞賜作樂。	同年 12 月	144
建初 8 年 12 月	東巡狩	幸陳留、梁國、淮陽、潁陽	同年 12 月	145
元和元年 8 月	南巡狩	9 月幸章陵。10 月進幸江陵、幸宛	同年 11 月	147

元和 2 年 2 月	東巡狩	幸東郡，師事東郡太守張酺。章帝耕於定陶。幸太山、柴告岱宗，進幸奉高，宗祀五帝於汶上明堂。3 月幸魯，祠東海恭王陵。祠孔子及 72 弟子。進幸東平，祠東平憲王陵。幸東阿，北登太行，至天井關。	同年 4 月	149 | 150
元和 3 年正月	北巡狩	詔諸王從。章帝耕於懷。2 月進幸中山，遣使者祠北嶽，出長城（李賢注：秦長城，胡三省謂趙長城）。還幸元氏縣，於縣舍祠光武帝與明帝。3 月，進幸趙。	同年 3 月	155
元和 3 年 8 月	河東	幸安邑，觀鹽池。	同年 9 月	156
章和元年 8 月	南巡狩	徵任城王劉尚會睢陽。幸梁、沛，祠沛獻王劉輔陵，徵會東海王劉政。9 月，幸彭城，東海王劉政、沛王劉定、任城王劉尚皆從。幸壽春（九江郡）、汝陰（屬汝南郡）	同年 10 月	157 | 158

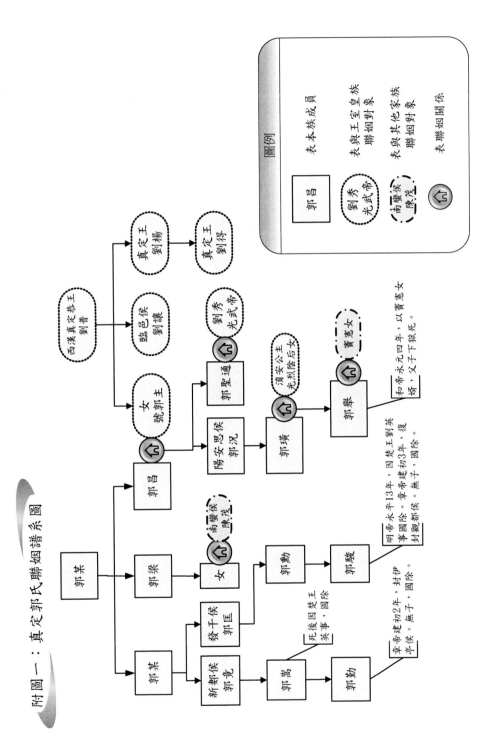

附圖一：真定郭氏聯姻譜系圖

附圖二：南陽新野陰氏聯姻譜系圖

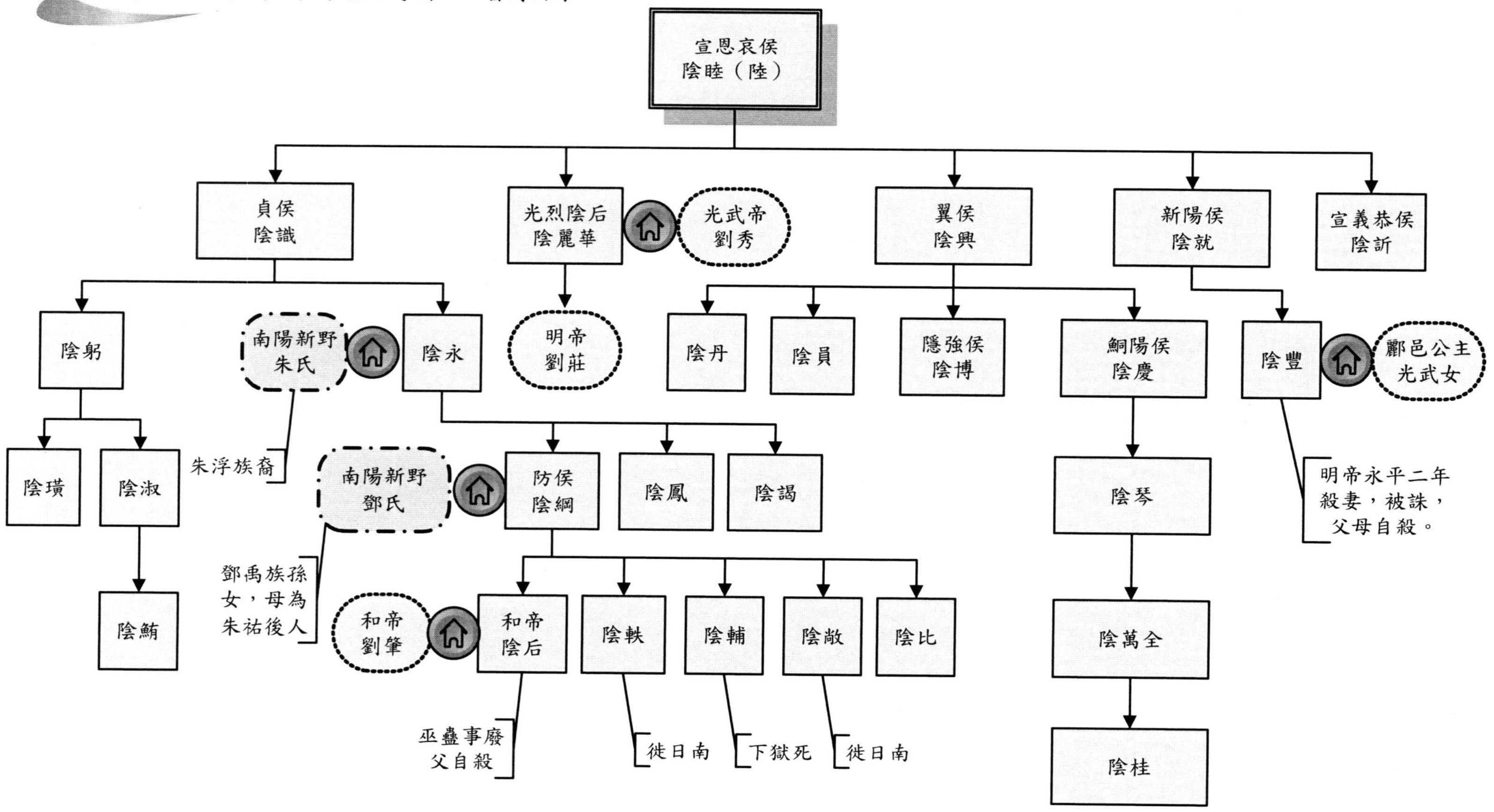

宣恩哀侯
陰睦（陸）

宣恩哀侯
陰陸

員侯
陰識

陰躬

陰璜　　陰淑

陰鮪

光烈陰后
陰麗華

光武帝
劉秀

明帝
劉莊

陰丹　陰員

翼侯
陰興

隱強侯
陰博

新陽侯
陰就

宣義恭侯
陰䜣

陰豐

酈邑公主
光武女

明帝永平二年，被謀，
殺妻，父母自殺。

酈陽侯
陰慶

陰琴

陰萬全

陰桂

防侯
陰綱

陰謁　陰鳳

陰軼　　陰輔　陰歆　陰比

徙日南　　徙日南　下獄死　徙日南

和帝
陰后

和帝
劉肇

巫蠱事廢
父自殺

南陽新野
朱氏

朱浮族裔

南陽新野
鄧氏

鄧禹族孫
女，母為
朱祐後人

陰承

附圖三：扶風茂陵馬氏聯姻譜系圖

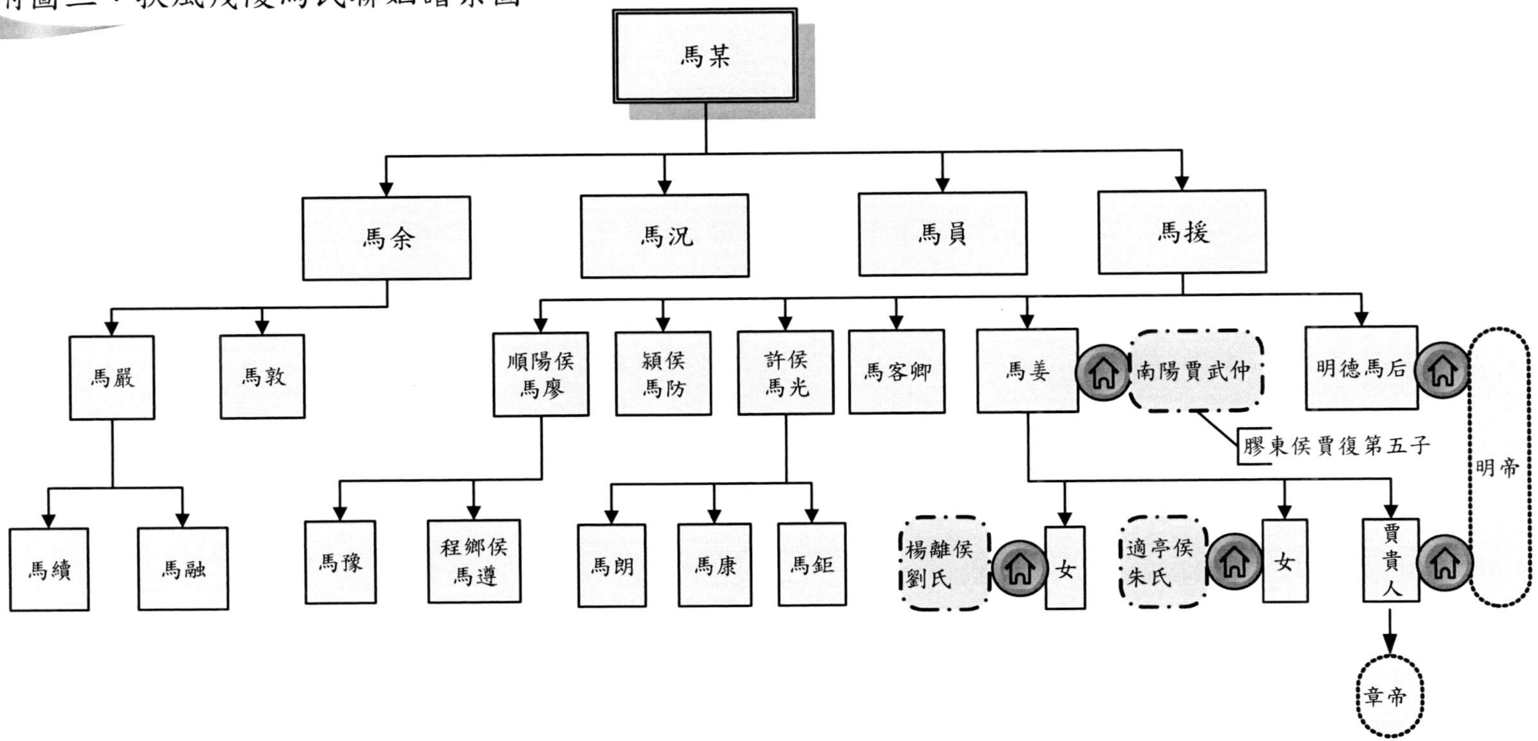

附圖四：扶風平陵竇氏聯姻譜系圖

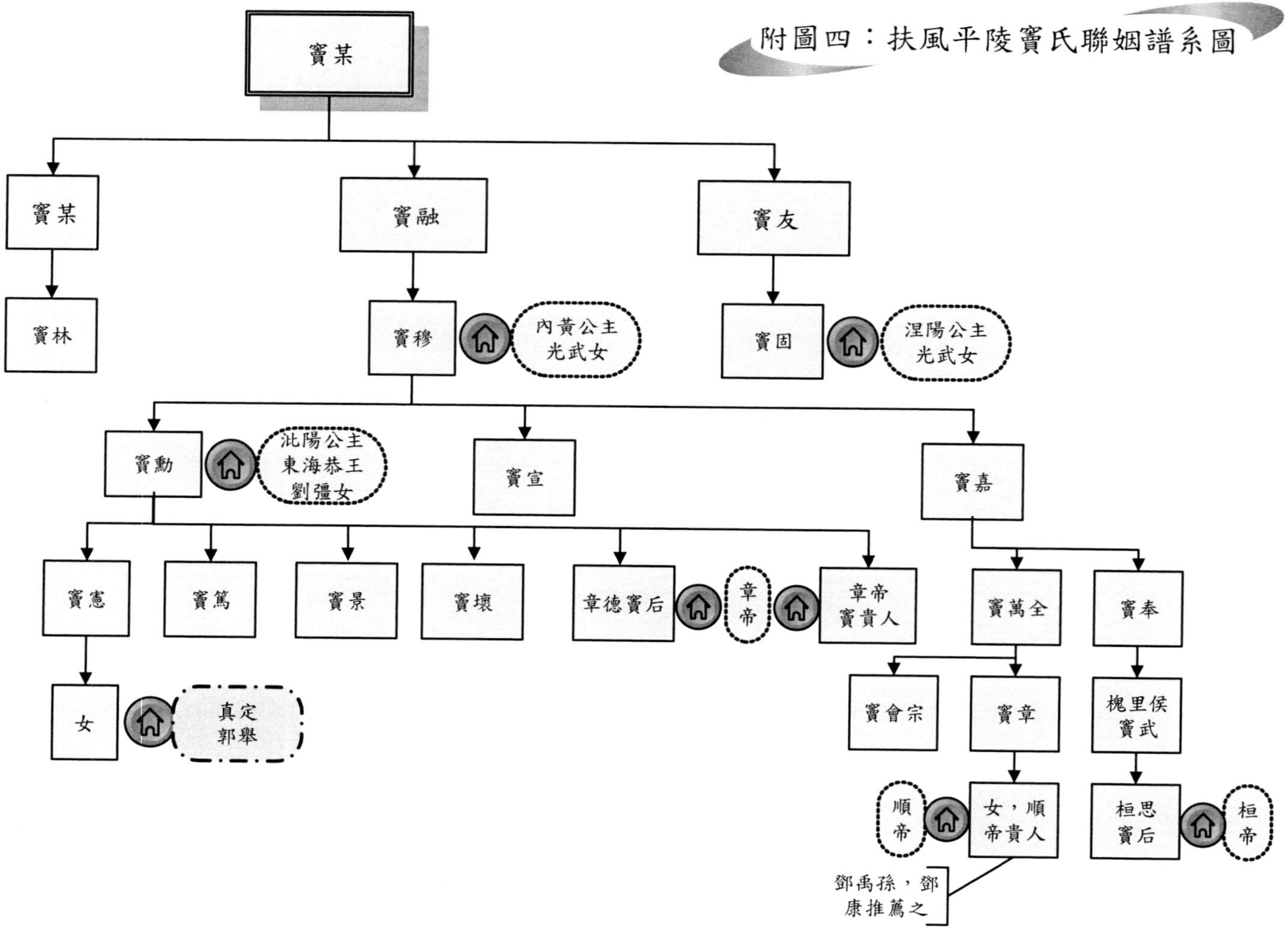

竇某

竇友 ── 竇固 ── 涅陽公主（光武女）

竇融 ── 竇穆 ── 內黃公主（光武女）
竇穆 ── 竇宣
竇穆 ── 竇壞
竇穆 ── 竇景
竇穆 ── 竇勳 ── 沘陽公主（東海恭王劉彊女）
竇勳 ── 竇篤
竇勳 ── 竇憲 ── 女
女 ── 竇定 郭舉

竇某 ── 竇林

竇嘉
竇嘉 ── 竇會宗
竇嘉 ── 竇萬全 ── 竇章 ── 女，順帝貴人
順帝 ── 鄧禹孫、鄧康推薦之
竇嘉 ── 竇奉 ── 槐里侯竇武 ── 桓思竇后
桓帝

章德竇后
章帝
章帝貴人

附圖五：南陽新野鄧氏聯姻譜系圖

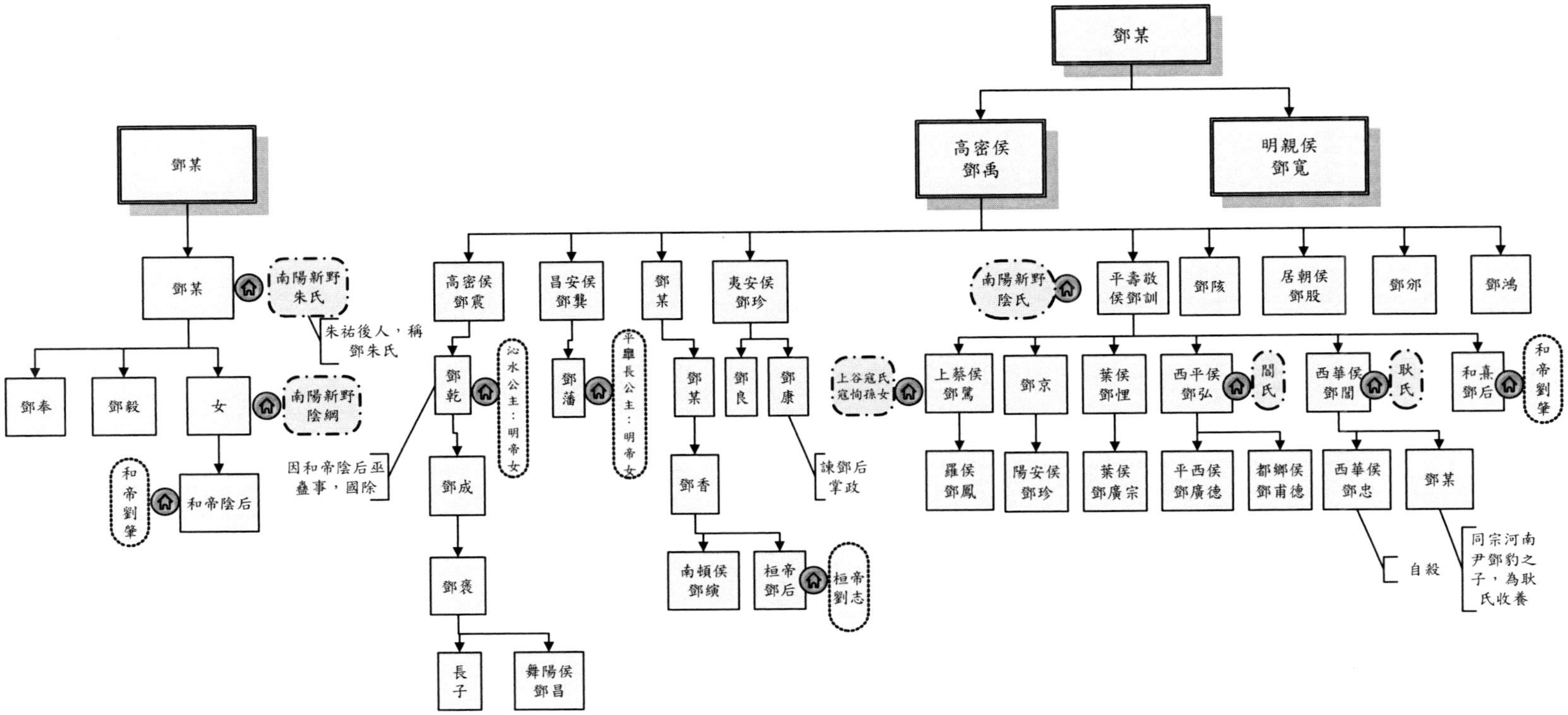

鄧某

明親侯 鄧覽　　　高密侯 鄧禹

鄧鴻　鄧邠　居朝侯 鄧服　鄧陵　平壽收侯 鄧訓

和帝劉肇　和熹鄧后

耿氏　西華侯 鄧閶　西華侯 鄧忠　鄧某

同宗河南尹鄧豹之子，為耿氏收養

自殺

周氏　西平侯 鄧弘　都鄉侯 鄧甫德　平西侯 鄧廣德

葉侯 鄧珵　葉侯 鄧廣宗

南陽新野陰氏

鄧京　陽安侯 鄧珍　陽安侯 鄧珍

上蔡侯 鄧鳳　羅侯 鄧鳳

──

高密侯 鄧震　昌安侯 鄧襲　鄧某　麥安侯 鄧珍

上谷寇氏 寇恂孫女

鄧康　鄧良

誅鄧后，孚政

鄧某　鄧香　南頓侯 鄧績

桓帝鄧后　桓帝劉志

平臯長公主：明帝女

鄧蕃

沁水公主：明帝女

鄧乾　鄧成　鄧襲

舞陽侯 鄧昌　長子

──

鄧某

南陽新野來氏（未祐後人，稱鄧來氏）

南陽新野陰綱

鄧某　女　和帝陰后

和帝劉肇

鄧毅　鄧某

因和帝陰后巫蠱事，國除

徵引書目

（一）史料及專著

1. 新校標點本《後漢書》。

2. 新校標點本《漢書》。

3. 新校標點本《三國志》。

4. 新校標點本《資治通鑑》。

5. 〔清〕陳立，《白虎通疏證》（北京：中華書局，1994）。

6. 〔清〕王夫之，《讀通鑑論》（台北：里仁出版社，1985）。

7. 〔清〕王先謙，《荀子集解》（北京：中華書局，1988）。

8. 〔清〕趙翼，《廿二史箚記》（台北：華世出版社，1977）。

9. 〔清〕何焯著、崔高維點校，《義門讀書記》（北京：中華書局，1987）。

10. 王鳴盛著、黃曙暉點校，《十七史商榷》（上海：上海書店出版社，2005）。

11. 余英時著、侯旭東譯，《東漢生死觀》（台北：聯經書店，2008）。

12. 吳樹平，《東觀漢紀校注》（河南：中州古籍出版社，1987）。

13. 李貞德，《公主之死—你所不知道的中國法律史》（台北：三民書局，2001）。

14. 李開元，《漢帝國的建立與劉邦集團—軍功受益階層研究》（北京：生活・讀書・新知三聯書店，2000）。

15. 周天游，《後漢紀校注》（天津：天津古籍出版社，1987）。

16. 周長山，《漢代地方政治史論》（北京：中國社會科學出版社，2006）。

17. 林富士，《漢代的巫者》（台北：稻鄉出版社，1999）。

18. 林劍鳴，《秦漢史》（上海：上海人民出版社，1989）。

19. 姜忠奎，《緯史論微》（上海：上海書店出版社，2005）。

20. 施之勉，《後漢書集解補》（台北：中國文化大學出版部，1982）。

21. 祝總斌，《兩漢魏晉南北朝宰相制度研究》（北京：中國社會科學出版社，1990 二版）。

22. 馬彪，《秦漢豪族社會研究》（北京：中國書店，2002）。

23. 崔向東，《漢代豪族研究》（武漢：崇文書局，2003）。

24. 張鶴泉，《光武帝劉秀傳》（哈爾濱：黑龍江人民出版社，1993）。

25. 張鶴泉，《漢明帝研究》（長春：吉林文史出版社，2002）。

26. 曹金華，《漢光武帝劉秀評傳》（南京：江蘇古籍出版社，2002）。

27. 曹勝高，《漢賦與漢代政治——以都城、校獵、禮儀爲例》（北京：北京大學出版社，2006）。

28. 陳戌國，《中國禮制史（秦漢卷）》（長沙：湖南教育出版社，1993）。

29. 陳啓雲著、高專誠譯，《荀悅與中古儒學》（瀋陽：遼寧大學出版社，2000）。

30. 傅樂成，《中國通史》（台北：大中國圖書公司，1993）。

31. 湯用彤，《漢魏晉南北朝佛教史》（北京：北京大學出版社，1997）

32. 黃留珠，《劉秀傳》（北京：人民出版社，2003）。

33. 黃曉芬，《漢墓的考古學研究》（長沙：岳麓書社，2003）。

34. 楊永俊，《禪讓政治研究—王莽篡漢及其心法傳替》（北京：學苑出版社，2005）。

35. 楊權，《新五德理論與兩漢政治—「堯後火德」説考論」》（北京：中華書局，2006）。

36. 雷戈，《秦漢之際的政治思想與皇權主義》（上海：上海古籍出版社，2006）。

37. 蒲慕州，《墓葬與生死—中國古代宗教之省思》（台北：聯經出版社，1993）。

38. 趙超，《漢魏南北朝墓誌彙編》（天津：天津古籍出版社，1992）。

39. 劉汝霖，《漢晉學術編年》（台北：長安出版社，1979）。

40. 劉厚琴，《儒學與漢代社會》（濟南：齊魯書社，2002）。

41. 劉咸炘，《後漢書知意》收錄在楊家駱主編《四史知意》（台北：鼎文書局，1976）。

42. 劉修明，《從崩潰到中興》（上海：上海古籍出版社，1989）。

43. 劉增貴，《漢代婚姻制度》（台北：華世出版社，1980）。

44. 錢穆，《秦漢史》（台北：東大出版社，1992 六版）。

45. 閻步克，《士大夫政治演生史稿》（北京：北京大學出版社，1996）。

46. 嚴可均校輯，《全上古三代秦漢三國六朝文》（北京：中華書局，1958 一版 6 刷）。

47. 饒東原注釋，《新譯新書讀本》（台北：三民書局，1998）。

48. 顧詰剛，《秦漢方士與儒生》（台北：里仁出版社，1985）。

49. 〔英〕崔瑞德、魯惟一編，楊品泉等譯，《劍橋中國秦漢史》（北京：中國社會科學出版社，1992）。

50. 〔荷〕Erich Zürcher 許理和，*The Buddhist Conquest of China*（Leiden：E. J. Brill, 1972）。

51. 〔英〕Michael Loewe 魯惟一，*Crisis and Conflict in Han China* 104BC to AD 9（台北：虹橋書店，1975）。

52. 〔日〕東晉次，《後漢時代の政治と社会》（名古屋：名古屋大學出版社，1995）。

53. 〔日〕渡邊義浩，《後漢國家の支配と儒教》（東京：雄山閣出版社，1995）。

54. 〔韓〕具聖姬，《漢代人的死亡觀》（北京：民族出版社，2003）。

（二）期刊論文

1. 王四達，〈是"經學"、"法典"還是"禮典"——《白虎通義》性質的辨析〉，《孔子研究》，2001 第 6 期。

2. 王俊梅，〈明章之治淺論〉，《衡水師專學報》，第 3 卷第 1 期，2001。

3. 王建文，〈西漢律令與國家正當性——以漢律令中的"不道"為中心〉，《新史學》，3 卷 3 期，1992。

4. 王健，〈楚王劉英之獄探析〉，《中國史研究》，1999 第 2 期。

5. 王健，〈漢代君主研習儒學傳統的形成及其歷史效應〉，《中國史研究》，1996 第 3 期。

6. 王藝，〈王莽巡狩封禪制度新証〉，《文史新探》，2005 第 3 期。

7. 甘懷真，〈「舊君」的經典詮釋——漢唐間的喪服禮與政治秩序〉，《新史學》，13 卷 2 期，2002。

8. 甘懷真，〈中國中古時期君臣關係初探〉，《台大歷史學報》，21 期，1997。

9. 甘懷真，〈秦漢的「天下」政體——以郊祀禮改革為中心〉，《新史學》，16 卷 4 期，2005。

10. 余英時，〈東漢政權之建立與士族大姓的關係〉，《中國知識階層史論》（台北：聯經出版社，1980）

11. 巫鴻，〈漢明、魏文的禮制改革與漢代畫像藝術之盛衰〉，《九州學刊》，3 卷 2 期，1989。

12. 周興春，〈論光武帝劉秀度田並沒有失敗——兼論東漢前期土地政策〉，《德州師專學報》，14 卷 3 期，1998。

13. 林聰舜，〈帝國意識形態的重建——扮演「國憲」基礎的《白虎通》思想〉，宣讀於「哲學學門專題計畫研究成果發表會」，後收錄在國科會人文處/中研院社科所主編之《哲學論文集》（台北：中研院社科所，1998）。

14. 金春峰，〈《白虎通》與兩漢神學經學的思想方式〉，《漢代思想史》（北京：中國社會科學出版社，1997）。

15. 孫如琦，〈王充溢美章帝原因辨析〉，《杭州大學學報》，第 24 卷第 3 期，1994。

16. 徐復觀，〈漢代一人專制政治下的官制演變〉，《兩漢思想史‧卷一：周秦漢政治社會結構之研究》（台北：學生書局，1999 七版四刷）。

17. 徐復觀，〈漢代專制政治下的封建問題〉，《兩漢思想史‧卷一：周秦漢政治社會結構之研究》（台北：學生書局，1999 七版四刷）。

18. 秦學頎，〈東漢前期的皇權與外戚〉，《西南師範大學學報（哲學社會科學版）》，1995 第 1 期。

19. 張鶴泉，〈論漢明帝〉，《北華大學學報（社會科學版）》，第 1 卷第 2 期，2000。

20. 曹金華，〈東漢前期統治方略的演變與得失〉，《安徽史學》，2003 第 3 期。

21. 曹金華，〈從馬竇之爭看班固等“反遷都”論戰的實質〉，《揚州大學學報‧人文社會科學版》，1998 第 2 期。

22. 曹金華，〈漢明帝及其“嚴切”政治〉，《揚州大學學報‧人文社會科學版》，1999 第 3 期。

23. 曹金華，〈劉秀“度田”史實考論〉，《史學月刊》，2001 第 3 期。

24. 曹金華，〈論東漢前期的“諸王之亂”〉，《史學月刊》，1996 第 5 期。

25. 陳啟雲，〈中國中古「士族政治」淵源考〉，《漢晉六朝文化‧社會‧制度──中華中古前期史研究》（台北：新文豐出版社，1997）

26. 陳啟雲，〈兩漢樞機職事與三臺制度之發展〉，《漢晉六朝文化‧社會‧制度──中華中古前期史研究》（台北：新文豐出版社，1997）

27. 陳啟雲，〈漢儒理論與價值觀研究的方法論問題之考論篇〉，《史學集刊》，2006 第 1 期。

28. 陳啟雲，〈漢儒與王莽：評述西方漢學界的幾項研究〉，《史學集刊》，2007 第 1 期。

29. 湯其領，〈白虎觀會議與東漢政權苟延〉，《徐州師範學院學報（哲學社會科學板）》，1996 第 2 期。

30. 賀凌虛，〈讖對秦漢政治的影響〉，《東漢政治思想論集》（台北：五南圖書，2002）。

31. 黃清敏，〈東漢中後期女主執政現象試探〉，《廣西社會科學》，2005 第 11 期（總第 125 期）。

32. 楊建宏，〈論東漢明章時期柔道政策的兩極分化〉，《長沙大學學報》，1996 第 4 期。

33. 楊聯陞，〈東漢的豪族〉，《清華學報》，11：4，1936。

34. 楊聯陞，〈國史上的女主〉，《國史探微》（台北：聯經出版社，1983）。

35. 雷戈，〈白虎觀會議和《白虎議奏》、《白虎通義》之關係考〉，《首都師範大學學報（社會科學版）》，1997 第 6 期（總第 119 期）。

36. 翁碩輝，〈東漢政權的轉移——以皇太后爲中心〉，台灣大學歷史學碩士論文，1985。

37. 廖伯源，〈東漢將軍制度之演變〉，《歷史與制度——漢代政治制度試釋》（台北：台灣商務印書館，1998）。

38. 廖伯源，〈東漢楚王英案考論〉，《中國文化研究所學報》，1996 新第 5 期。

39. 廖伯源，〈試論光武帝用人政策之若干問題〉，《中央研究院歷史語言研究所集刊》，61 本第 1 分，1990。

40. 廖伯源，〈試論西漢諸將軍之制度及其政治地位〉，《歷史與制度——漢代政治制度試釋》（台北：台灣商務印書館，1998）。

41. 廖伯源，〈漢代監軍制度試釋〉，《歷史與制度——漢代政治制度試釋》（台北：台灣商務印書館，1998）。

42. 廖伯源，〈漢禁錮考〉，《秦漢史論叢》（台北：五南出版社，2003）。

43. 劉紀曜，〈公與私——忠的倫理內涵〉，《中國文化新論：思想篇二·天道與人道》（台北：聯經出版社，1982）。

44. 蕭陽光、冷鵬飛，〈東漢楚王英謀逆案疑析〉，《湖南行政學院院報》，2000 第 6 期。

45. 閻鴻中，〈唐代以前「三綱」意義的演變——以君臣關係爲主的考察〉，《錢穆先生紀念館刊》，第 7 期，1999。

46. 〔日〕加藤繁，〈漢代的國家財政和帝室財政的區別及帝室財政一斑〉，《日本學者研究中國史論著選譯·第三卷：上古秦漢》（北京：中華書局，1993）。

47. 〔日〕宇都宮清吉，〈劉秀與南陽〉，《日本學者研究中國史論著選譯·第三卷：上古秦漢》（北京：中華書局，1993）。

48. 〔日〕安居香山，〈緯書思想研究的歷史及其課題〉，《日本學者論中國哲學史》（台北：駱駝出版社，1987）。

49. 〔美〕Hans Bielenstein, "The Restoration of The Han Dynasty", Vol.3, The People, The Museum of Far Eastern Antiquities, Bulletin, No.39,1967.